# 新・ケースで学ぶ
# 国際私法

野村美明
*Nomura Yoshiaki*

高杉 直
*Takasugi Naoshi*

長田真里
*Nagata Mari*

［編著］

法律文化社

# はしがき

　この本は，学習者の立場で「わかりやすさ」を最優先にして執筆しました。目的は，国際私法と国際民事手続法を通じて，読者に国際的なビジネスや家族生活に実際に使える法的な考え方を学んでもらうことです。

　この本は『ケースで学ぶ国際私法［第2版］』を元にしていますが，民法，人事訴訟法，家事事件手続法など関係法令の改正を反映させて，授業でも使いやすいように構成も抜本的に見直しました。このため，新しい編者と執筆者にも加わってもらいました。しかし，「役に立たないのは法律学ではない」という思いと「この説明で実際の問題が解決できるのか」という視点は，初版以来この本にも受け継がれています。

　学習者がどのように学べばよいのかは「この本の使い方」に説明しましたが，特徴は3つあります。①具体例を用いて問題点を浮かび上がらせ，問題解決のためのルールや理論的ポイントがイメージできるように工夫しています。②この本だけで基本が学べるように，主要な法的なルールは条文の形で本文中に引用するとともに，理解の助けになる外国法や条約も資料として掲げました。③国際私法と国際民事手続法に加えて，現実の問題解決に必要な国際取引法のポイントも押さえています。

　この本で学ぶ人は，国際私法や国際民事手続法のルールと考え方を身につけ，グローバル社会における現実の問題を解くことができるようになります。この本で学ぶことによって，司法試験（国際関係法（私法系））の論点もカバーすることができるはずです。この本で教える人は，法科大学院や法学部はもちろんそれ以外の学部でも，具体例を用いた双方向型の授業の効果を試してみることが可能になると思います。

　筆者らは，この本を通じてなるべくたくさんの人を国際私法のダイナミックな世界に招待したいと希望しています。国際私法は，日本法と外国法をつなぎ，日本と世界をリンクする役割を果たします。国際私法は，日本の法システムに設けられた世界への窓なのです。

　この本は，多くの方々の協力によってできあがっています。まず，「先生こ

こわからん」と質問してくれた学生諸君と，「ここおかしいです」と指摘して
下さった教員らに感謝です。つぎに，伊藤忠商事株式会社の茅野みつる氏（カ
リフォルニア州弁護士）には，ご著書から貴重な契約資料をご提供いただきまし
た。そして，編集会議での議事録・原稿の整理や主要法令，条約，文献リスト
の作成を献身的にお手伝いいただいた富山大学講師の小池未来さん，ありがと
うございました。最後に，あたらしい企画を熱心に支えて下さった法律文化社
の舟木和久さんに心よりお礼申し上げます。

2020年2月

編著者を代表して

野村　美明

# 目　　次

## 第Ⅰ部　総　　論

# 第Ⅱ部　国際家族法

# 第Ⅲ部　国際財産法

# この本の使い方

## ① この本の構成

　「第Ⅰ部　総論」では，国際私法や国際民事手続法の問題を解くための基本的な考え方を説明している。「第Ⅱ部　国際家族法」と「第Ⅲ部　国際財産法」ではどちらから学びはじめてもよい。「章」には第Ⅰ部から第Ⅲ部まで通し番号をつけた。

　この本では，婚姻や契約など，初学者が自分の体験やテレビ番組や雑誌記事から想像できるケースを【設例】として重要論点ごとに配置している。さらに，学習に役立つよう次のような項目を設けている。

　［1］　章の最初に学習上のポイントを【キーワード】として掲げた。

　［2］　重要事項は【設例】や★判例と関係づけながら，適宜《コメント》を補足して説明した。なお，引用判例中の角型括弧［　］内は，筆者によるものである。

　［3］　【設例】にリアリティを持たせるために，外国の国際私法や民法等の実体法についても可能な限りその概要を参照条文として掲げるようにした。

　［4］　外国の立法例や条約を【立法例】として掲げて，日本の国際私法と比較することによって理解が深まるように工夫している。

　［5］　【もっとくわしく】では，議論が決着していない問題や最先端の問題を論じ，進んだ学習ができるように配慮した。

　［6］　章末の【参考文献】には，各章で扱った内容をもっと深く理解するために役立つと思われる文献を，「1-①，1-②」というように，各章の通し番号を付して掲載した。現行法になる前の文献も含まれているため，そのような文献を参照する際には，過去の法令・判例との相違点に注意されたい。

　［7］　巻末に，通常の授業では参照されにくい婚姻届・離婚届と契約書を収録した。

## ② 論点の相互関係

　この本では，別の章で説明した論点には相互参照のための矢印（→）をつけて，どの章から学びはじめても理解が可能なように工夫した。

　「第Ⅰ部　総論」では，「法律関係の性質決定」や「反致」など国際私法一般に用いられる考え方を説明している。しかし，国際私法の総論は日本法だけを対象にしていないので抽象度が高く，しばしば学習者の「躓（つまづ）きの石」となっている。この本では，国際家族法や国際財産法の具体的な問題の中でも，【総論】というマークを付けて必要に応じて説明することにした。

　最近では，国際私法と国際取引法および国際民事手続法が「国際関係私法」（あるいは司法試験の「国際関係法（私法）」）として一緒に学ばれることも多い。そこで，本文の該当箇所に【国際取引法】，【国際民事手続法】のマークを付けて注意を促している。これらの箇所についてくわしく知りたい場合には，他の教科書を参照したり関係する講義を受講したりしてほしい。

## ③ 主要法令，条約，文献

　略称のある場合は➡の後に表記する。

　その他の略語については，国際私法判例百選の文献略語に従う。

#### 《法令》
- 　法の適用に関する通則法（平成18年6月21日法律78号）　平成19年1月1日に施行された国際私法規則。➡「通則法」
- 　法例（明治31年法律第10号）　通則法が制定される前の国際私法規則。➡「法例」，平成元年改正前の法例に言及する場合には，「平成元年改正前法例」
- 　民事訴訟法（平成8年法律109号）　平成23年改正により国際裁判管轄に関する規定が置かれた（平成24年4月1日施行）。➡「民訴」または「民訴法」
- 　人事訴訟法（平成15年法律109号）　平成30年改正により国際裁判管轄に関する規定が置かれた（平成31年4月1日）。➡「人訴」または「人訴法」
- 　家事事件手続法（平成23年法律52号）　平成30年改正により国際裁判管轄と外国裁判の承認に関する規定が置かれた（平成31年4月1日）。➡「家事」または「家事法」

#### 《条約》
##### 1　日本について効力のある条約
- 　工業所有権の保護に関するパリ条約（Convention of Paris for the Protection of

Industrial Property）（1883年3月20日締結）➡「パリ条約」

- 文学的及び美術的著作物の保護に関するベルヌ条約（Berne Convention for the Protection of Literary and Artistic Works）（1886年9月9日締結）➡「ベルヌ条約」

- 船舶衝突ニ付テノ規定ノ統一ニ関スル条約（Convention pour L'unification de Certaines Règles en Matière D'abordage）（1910年9月23日締結，1913年3月1日発効）➡「船舶衝突条約」

- 海難ニ於ケル救援救助ニ付テノ規定ノ統一ニ関スル条約（Convention pour L'unification de Certaines Règles en Matière D'assistance et de Sauvetage Maritimes）（1910年9月23日締結，1913年3月1日発効）➡「海難救助条約」

- 子に対する扶養義務の準拠法に関するハーグ条約（Convention on The Law Applicable to Maintenance Obligations Towards Children）（1956年10月24日締結，1962年1月1日発効）

- 外国仲裁判断の承認及び執行に関する条約（Convention on the Recognition and Enforcement of Foreign Arbitral Awards）（1958年6月10日締結，1959年6月7日発効）➡「ニューヨーク条約」

- 遺言の方式に関する法律の抵触に関するハーグ条約（Convention on the Conflicts of Laws relating to the Form of Testamentary Dispositions）（1961年10月5日締結，1964年1月5日発効）

- 文化財の不法な輸出，輸入及び所有権移転を禁止し及び防止する手段に関する条約（Convention on the Means of Prohibiting and Preventing the Illicit Import, Export and Transfer of Ownership of Cultural Property）（1970年11月14日締結，1972年4月24日発効）➡「ユネスコ条約」

- 扶養義務の準拠法に関するハーグ条約（Convention on the Law Applicable to Maintenance Obligations）（1973年10月2日締結，1977年10月1日発効）➡「ハーグ扶養条約」

- 国際物品売買契約に関する国連条約（United Nations Convention on Contracts for the International Sale of Goods）（1980年4月11日締結，1988年1月1日発効）➡「国連国際売買条約」

- 国際的な子の奪取の民事上の側面に関するハーグ条約（Convention on the Civil Aspects of International Child Abduction）（1980年10月25日締結，1983年12月1日発効）➡「子奪取条約」

## 2　日本について効力のない条約

- 欧州特許の付与に関する条約（Convention on the Grant of European Patents）（1973年10月5日締結，1977年10月7日発効）

- 婚姻の挙行及びその有効性の承認に関するハーグ条約（Convention on Celebration and Recognition of the Validity of Marriages）（1978年 3 月14日締結，1991年 5 月 1 日発効）
- 代理の準拠法に関するハーグ条約（Convention on the Law Applicable to Agency）（1978年 3 月14日締結，1992年 5 月 1 日発効）
- 夫婦財産制の準拠法に関するハーグ条約（Convention on the Law Applicable to Matrimonial Property Regimes）（1978年 3 月14日締結，1992年 9 月 1 日発効）
- 契約債務の準拠法に関する条約（Convention on the law applicable to contractual obligations）（1980年 6 月19日締結，1991年 4 月 1 日発効）➡「ローマ条約」
- 信託の準拠法及び承認に関するハーグ条約（Convention on the Law Applicable to Trusts and on their Recognition）（1985年 7 月 1 日締結，1992年 1 月 1 日発効）
- 民事及び商事に関する裁判管轄並びに判決の執行に関するルガノ条約（Convention on jurisdiction and the enforcement of judgments in civil and commercial matters）（1988年 9 月16日締結）
- 死亡による財産の相続の準拠法に関するハーグ条約（Convention on the Law Applicable to Succession to the Estate of Deceased Persons）（1989年 8 月 1 日締結，未発効）
- 国際養子縁組に関する子の保護及び協力に関するハーグ条約（Convention on Protection of Children and Cooperation in Respect of Intercountry Adoptions）（1993 5 月29日締結，1995年 5 月 1 日発効）
- 親責任及び子の保護措置についての管轄権，準拠法，承認，執行及び協力に関するハーグ条約（Convention on Jurisdiction, Applicable Law, Recognition, Enforcement and Co-operation in respect of Parental Responsibility and Measures for the Protection of Children）（1996年10月19日締結，2002年 1 月 1 日発効）
- 成年者の国際的保護に関するハーグ条約（Convention on the International Protection of Adults）（2000年 1 月13日締結，2009年 1 月 1 日発効）
- 可動物件の国際的権益に関するケープタウン条約（Convention on International Interests in Mobile Equipment）（2001年11月16日締結，2004年 4 月 1 日発効）
- 国際取引における債権譲渡に関する国連条約（United Nations Convention on the Assignment of Receivables in International Trade）（2001年12月12日締結，未発効）
- 管轄合意に関するハーグ条約（Convention on Choice of Court Agreements）（2005年 6 月30日締結，2015年10月 1 日発効）
- 口座管理機関が保有する証券に関するある権利についてのハーグ条約（Convention of 5 July 2006 on the Law Applicable to Certain Rights in respect of Securities held with an Intermediary）（2006年 7 月 5 日締結，2017年 4 月 1 日発効）

➡「ハーグ証券条約」
- 子及びその他の親族の扶養料の国際的な回収に関するハーグ条約（2007年11月23日締結，2013年1月1日発効）
- 民事及び商事事件における外国判決の承認及び執行に関するハーグ条約（Convention of 2 July 2019 on the Recognition and Enforcement of Foreign Judgments in Civil or Commercial Matters）（2019年7月2日締結，未発効）

### 《外国国際私法・国際民事手続法》

- ドイツ民法施行法（Einführungsgesetz zum Bürgerlichen Gesetzbuche）➡「ドイツ国際私法」
- 韓国国際私法（2001年4月7日改正，法律第6465号）
- 中華人民共和国渉外民事関係法律適用法（2010年10月28日公布，2011年4月1日施行）➡「中国国際私法」
- 民事及び商事事件における裁判管轄及び裁判の執行に関する2012年12月12日規則（Regulation（EU）No 1215/2012 of the European Parliament and of the Council of 12 December 2012 on jurisdiction and the recognition and enforcement of judgments in civil and commercial matters（recast），OJ L 351/1, 2012.）（2015年1月10日発効）➡「改正ブリュッセルⅠ規則」
- 契約外債務の準拠法に関する規則（Regulation（EC）No 864/2007 of the European Parliament and of the Council of 11 July 2007 on the law applicable to non-contractual obligations（Rome II），OJ L 199/40, 2007.）（2007年7月11日成立，2009年1月11日発効）➡「ローマⅡ規則」
- 契約債務の準拠法に関する規則（Regulation（EC）No 593/2008 of the European Parliament and of the Council of 17 June 2008 on the law applicable to contractual obligations（Rome I），OJ L 177/6, 2008.）（2008年6月17日成立，2009年12月17日以降締結の契約に適用）➡「ローマⅠ規則」（ローマⅠ規則は「ローマ条約」を現代化し，それに取って代わるものである）
- 相続事件における裁判管轄，準拠法，裁判の承認及び執行，公文書の受領及び執行並びに欧州相続証明書の導入に関する規則（Regulation（EU）No 650/2012 of the European Parliament and of the Council of 4 July 2012 on jurisdiction, applicable law, recognition and enforcement of decisions and acceptance and enforcement of authentic instruments in matters of succession and on the creation of a European Certificate of Succession, OJ L 201/107, 2012.）（2012年7月4日成立，2015年8月17日以後に死亡した者の相続に適用）➡「EU相続規則」

### 《主要文献》

池田綾子編著『詳解　国際家事事件の裁判管轄』（日本加除出版，2019年）

池原季雄『国際私法（総論）』法律学全集59（有斐閣，1973年）

石黒一憲『現代国際私法（上）』（東京大学出版会，1986年）

内野宗揮編著『一問一答　平成30年人事訴訟法・家事事件手続法等改正——国際裁判
　　管轄法制の整備』（商事法務，2019年）

折茂豊『国際私法（各論）［新版］』法律学全集60（有斐閣，1972年）

金子修編集代表『一問一答　国際的な子の連れ去りへの制度的対応　ハーグ条約及び
　　関連法規の解説』（商事法務，2015年）

神前禎・早川吉尚・元永和彦『国際私法［第4版］』（有斐閣，2019年）

木棚照一・松岡博・渡辺惺之『国際私法概論［第5版］』（有斐閣，2007年）　価格も
　　内容も手頃で，標準的な教科書である。➡「木棚・松岡・渡辺」

木棚照一・松岡博編『国際私法——法例・扶養義務の準拠法に関する法律・遺言の方
　　式の準拠法に関する法律』別冊法学セミナー130，基本法コンメンタール（日本評
　　論社，1994年）　法例その他の国際私法規則について条文毎に注釈を加えており，
　　日本の国際私法の実際を知るのに有益である。➡「基本法コンメ」

国友明彦『国際私法上の当事者利益による性質決定』（有斐閣，2002年）

小出邦夫編著『一問一答　新しい国際私法　法の適用に関する通則法の解説』（商事
　　法務，2006年）立法担当者による解説。

小出邦夫編著『逐条解説・法の適用に関する通則法』（商事法務，2009年）

櫻田嘉章『国際私法［第6版］』（有斐閣，2012年）　図表，条文を随所で引用した初
　　心者向け概説書である。くわえて他の教科書のコピーではなく，独自の研究・考察
　　に基づき説明が加えられた部分も多い。➡「櫻田」

櫻田嘉章・道垣内正人編『注釈国際私法第1巻　法の適用に関する通則法　§§1〜
　　23』（有斐閣，2011年）➡「注釈Ⅰ」

櫻田嘉章・道垣内正人編『注釈国際私法第2巻　法の適用に関する通則法　§§24〜
　　43・附則，特別法』（有斐閣，2011年）➡「注釈Ⅱ」

佐藤達文・小林康彦編著『一問一答　平成23年民事訴訟法等改正　国際裁判管轄法制
　　の整備』（商事法務，2012年）

佐藤やよひ・道垣内正人編『渉外戸籍法リステイトメント』（日本加除出版，2007年）
　　現行実務の原則をルール化し，さらに学問的にあるべきルールの姿を提案してい
　　る。

佐野寛『国際取引法［第4版］』（有斐閣，2014年）

澤木敬郎・道垣内正人『国際私法入門［第8版］』（有斐閣，2018年）　コンパクトな
　　体裁ながら，論拠を示してわかりやすく説明しようという姿勢が随所に示されてい
　　る。本書により，国際民事訴訟法に関する最近の動向も知ることができる。

須網隆夫・道垣内正人編『国際ビジネスと法』（日本評論社，2009年）

高桑昭『国際取引における私法の統一と国際私法』（有斐閣，2005年）➡「高桑・私法」

高桑昭『国際民事訴訟法・国際私法論集』（東信堂，2011年）➡「高桑・論集」

高桑昭『国際商取引法［新版］』（東信堂，2019年）

高桑昭・道垣内正人編『新・裁判実務大系第3巻　国際民事訴訟法（財産法関係）』（青林書院，2002年）

溜池良夫『国際家族法研究』（有斐閣，1985年）

溜池良夫『国際私法講義［第3版］』（有斐閣，2005年）　くわしく高度なわりにはわかりやすい体系書。

道垣内正人『ポイント国際私法（総論）［第2版］』（有斐閣，2007年）

道垣内正人『ポイント国際私法（各論）［第2版］』（有斐閣，2014年）　従来の学説の受け売りではなく，「自分で考える」ことを重視して，納得のいく説明をしようと工夫されている。

中西康・北澤安紀・横溝大・林貴美『国際私法［第2版］』（有斐閣，2018年）

日本国際経済法学会編『国際経済法講座Ⅱ——取引・財産・手続』（法律文化社，2012年）➡「日本国際経済法学会編」

パウル・ハインリッヒ・ノイハウス著，櫻田嘉章訳『国際私法の基礎理論［第2版］』（成文堂，2000年）

本間靖規・中野俊一郎・酒井一『国際民事手続法［第2版］』（有斐閣，2012年）

松岡博『国際私法における法選択規則構造論』（有斐閣，1987年）

松岡博『国際家族法の理論』（大阪大学出版会，2002年）

松岡博編『レクチャー国際取引法［第2版］』（法律文化社，2018年）

松岡博編『国際関係私法入門［第4版］』（有斐閣，2019年）

松岡博著，高杉直補訂『国際関係私法講義［改題補訂版］』（法律文化社，2015年）

南敏文『改正法例の解説』（法曹会，1992年）　法例の平成元年改正の経緯についてくわしい。

南敏文編著『Q&A 渉外戸籍と国際私法［全訂］』（日本加除出版，2008年）

山田鏐一『国際私法［第3版］』（有斐閣，2004年）➡「山田」

山田鏐一・早田芳郎編『演習国際私法［新版］』（有斐閣，1992年）➡「山田・早田編」

横山潤『国際家族法の研究』（有斐閣，1997年）

横山潤『国際私法』（三省堂，2012年）➡「横山」

渡辺惺之・野村美明編『論点解説　国際取引法』（法律文化社，2002年）　国際取引法の重要論点について，簡潔ながら理論水準を落とさないで解説している。国際私法の論点も多く含まれている。『争点』より新しい。➡「渡辺・野村編」

法務省大臣官房司法法制調査部監修『法典調査會法例議事速記録』（商事法務研究会，1986年）➡「法例議事速記録」

「国際私法の現代化に関する要綱中間試案補足説明」『法の適用に関する通則法関係資料と解説』別冊 NBL 編集部（商事法務，2006年）　適用通則法の趣旨を知るのに便利な立法関係資料が収められている。研究者志望者には必携。➡「補足説明」

法例研究会編『法例の見直しに関する諸問題（1 ～ 4）』別冊 NBL80，85，88，89号（商事法務，2003年～2004年）

『国際私法の争点［新版］』ジュリスト増刊法律学の争点シリーズ 8（有斐閣，1996年）　国際私法および国際民事訴訟法を，論点ごとにかなり詳しく解説している。➡「争点」

『国際私法判例百選』別冊ジュリスト第172号（有斐閣，2004年）

『国際私法判例百選〔新法対応補正版〕』別冊ジュリスト185号（有斐閣，2007年）➡「百選新法対応補正版」

『国際私法判例百選［第 2 版］』別冊ジュリスト210号（有斐閣，2012年）　国際私法および国際民事訴訟法に関する日本の代表的な判例の概要を示し，解説している。司法試験受験者には必携。➡「百選」

『渉外判例百選（第 3 版）』別冊ジュリスト133号（有斐閣，1995年）➡「渉外判例百選」

国際私法判例「重要判例解説」ジュリスト（有斐閣）➡「重判」

国際私法判例「私法判例リマークス」（日本評論社）➡「リマークス」

『国際私法年報』（国際私法学会，1999年～）国際私法学会の公式の機関誌である。最新で最良の論文が掲載されているので，学会の傾向を知るのに最適である。➡「年報」


国際私法学会ホームページ http://www.pilaj.jp/

ハーグ国際私法会議 http: www.hcch.net

# 第 I 部

# 総　論

## 1　概　　観

　日本国内で日本の法令が適用されるのはあたりまえのようであるが，事件によっては外国法を適用すべき場合がある。たとえば日本に住所を有する外国人が死亡したような場合には，相続の問題は日本法ではなくその人の本国の法で判断される。このように，国内でも外国法が適用されるのは，国際私法があるからである。次の設例を考えてみよう。

> **［設例1－1］　在日中国人の相続問題は日本法で解決できるか**
> 　日本に住所を有する中国国籍の女性Ａさんが突然なくなった。遺言はない。Ａさんには夫Ｘと子供2人がいるが，全員日本国籍を有しており，生まれも育ちも東京である。Ａさんの父親Ｙも中国国籍であるが，日本に住んでいる。日本法では夫ＸとＡさんの共同相続人となるが，中国法では法定相続の第1順位者は配偶者と子と父母である。Ａさんが所有する東京の土地と建物を相続するのはだれか。

　設例のような国際的な相続の問題は，日本の国際私法のルールを適用して，どの国の法律に従うべきかを決定する必要がある。国際私法のルール（**国際私法規則**という）によれば，国際的な相続問題はＡさん（被相続人）の本国の法律（本国法）に準拠して解決することになっている（通則法36条）。この結果，中国

法によればAさんの父親Yも相続人となる。原則として（例外→反致および国際私法上の公序），在日中国人の相続の**準拠法**は中国法なのである（→第**11**章**3**【**2**】）。

設例では，「相続は被相続人の本国法による」という国際私法規則を適用して，土地と建物に関する相続問題の準拠法は中国法だといえる。その結果，Aさんの父親も相続人として認められる。これに対して，準拠法である中国法をみてみたところ，中国人が在外不動産を相続するときまたは外国人が中国人の在外不動産を相続するときは不動産所在地法によるという国際私法規則（中国国際私法31条）があったらどうか。この場合は「反致」（通則法41条）というテクニック が使える【**総論**】（→第**3**章**5**）。Aさんの本国法である中国法によれば日本法を適用せよといっていると解釈して，日本法を適用するのである。

設例で反致が使えなければ準拠法は中国法になるから，Aさんの父親Yも相続人として認めなければならない。しかし，この結果が日本の**国際私法上の公序**に反するといえれば，本来の準拠法である中国法の適用を排除することができる（通則法42条）【**総論**】（→第**3**章**6**）。

反致や公序が使えなければ，国際私法の指定に反して日本法によってYを排除しても，当事者によるそのような財産の処分は認められない。また紛争が裁判所に持ち込まれたら，裁判官は国際私法が指定する準拠法に従わなければならない。この意味で，国際私法は**強行性**を持っているといわれる【**総論**】（争点1［溜池良夫］，争点23［野村美明］参照）。

以上の例からわかるように，国際私法は国際的な事案を日本法によって判断すべきかそれとも外国法を適用して判断すべきかを指示する役割を持っている。このように，国際私法は，いわば，日本の法システムと世界各国の法システムを結ぶ接点（インターフェース）またはリンクといえる。

## **2** 国際私法の定義

国際私法とは，外国的要素を含んだ生活関係（「国際的生活関係」または「渉外的生活関係」という）のうち，**私法**の規律する対象となる生活関係（「**私法関係**」）

図1-1

**生活関係**，社会関係＞**法律関係**＞国際的（渉外的）法律関係＞国際的（**渉外的**）**私法関係**

に適用すべき法（準拠法）を決定する法である（**図**1-1）。つまり，国際私法とは，国際的（**渉外的**）私法関係に適用すべき法を決定する法といえる。

　実際の国際私法規則では，「相続は被相続人の本国法による」（通則法36条）というように，「相続」という法律関係をとりだして準拠法を定めるという方法をとっている。このように国際私法規則を定立するための単位となる法律関係を，**単位法律関係**という。しかし，なにを法律関係と考えるか，なにを私法関係と考えるかは国によって異なる。したがって，国際私法上の「相続」という法律関係は，国内法上の相続ではなく，およそ外国でも相続の問題と理解されるような制度を含んでいる。つまり，国際私法の単位法律関係は，日本法か外国法かを決定するための入り口として，一応日本法上の概念で表現しているにすぎない。したがって，世界の法秩序を相手にする国際私法では，日本的な法律概念や常識にとらわれずに，相対的な見方をする必要がある。

　国際私法に対して，**国際刑法**という言葉もある。しかし，各国の私法は，いかに内容が異なっていても同等だ，同価値だ（「等価性」がある）と考えてもよい場合が多いのに対して，刑法の場合には同じようにはいえないだろう。そこで，国際刑法という場合には，渉外的な事件に自国の刑法が適用できるかどうか（刑法の国際的適用範囲）を決定するルールを指すのが一般的である。国際私法は，自国法と外国法の双方向で考えるのに対して，国際刑法は自国法から「一方的」に適用を考えるといえる。このような相違はあるが，国際私法や国際刑法のような，渉外的法律関係を規律すべき法を決定する法を，一般的に**抵触法**という。同じ渉外的な事件に異なった国の法律が適用される可能性を法の「抵触」とか「衝突」という言葉であらわしているのである。国際私法学では，法律関係に直接適用される法を「法の法」である抵触法と対比して，**実質法**と呼ぶ。実質法には実体法と手続法が含まれる（**図**1-2参照）。

図1-2　抵触法と実質法

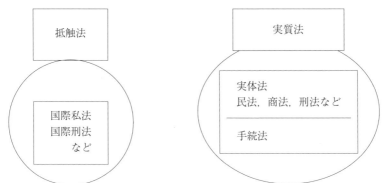

▼▼【もっとくわしく1－1】　双方的抵触規則と一方的抵触規則

　次の(a)(b)の規定はいずれも抵触法の規則であるが，どこに違いがあるか。

　(a)　通則法　第36条（相続）

　　　相続は，被相続人の本国法による。

　(b)　刑法　第3条（国民の国外犯）

　この法律は，日本国外において次に掲げる罪を犯した日本国民に適用する。

……［中略］……

　六　第199条（殺人）の罪及びその未遂罪

……［以下略］……

▼▼【もっとくわしく1－2】　法の適用に関する通則法とはどのような法律か

　通則法が制定される以前は，国際私法規則は「法例」という単行法に含まれていた。1890（明治23）年法律第97号の法例は，民法および商法の実施に関する論争（法典論争）の影響で，公布はされたが実施されなかった（旧法例）。2006（平成18）年改正前の法例は，旧法例を修正する形で，1898（明治31）年法律第10号として制定された。2006（平成18）年の法例から通則法への大改正によっても，両者の法律としての性質は変わっていない。

　通則法は，法の効力に関する法律である。同法2条（法例1条）は，法令の効力を実際に発生させる施行時期について

の大原則を定めている。法令は制定され公布されても，施行されなければ絵に描いた餅なのである。

　幕藩体制下の日本は，地域によって法が異なっていた（このように，複数の法域のことを，異法地域という）。たとえば地域によって慣習法で認められている色々な物権的権利が存在した。法例2条（通則法3条）は，各地域の慣習法を国家として統一する役割を担った。つまり，従来の地域の慣習「法」は，法例2条の要件を充足しない限り，法律としての効力を認められなくなったのである。

　以上のように法の効力の観点から通則法をながめれば，通則法第3章（4条以

下）の国際私法規則は，外国法の法としての効力を承認するルールだと説明できる。慣習でも条約でも外国法でも，通則法の定める要件を充足しないと日本法秩序において法としての効力を与えられない。紙に書かれた法にすぎない。したがって，通則法は日本法における「承認のルール」（H.L.A.ハート，矢崎光圀監訳『法の概念』（みすず書房，1976年）112頁，103-108頁参照）を定めた基本法といえる。なお，憲法に違反する法令の効力は否定されるから，憲法もある種の承認のルールである。承認のルールで承認されたルールのみが，国家の法秩序において法令としての効力，すなわち妥当性を認められるのである。

通則法1条はこの法律は法の適用に関する通則について定めると規定しているが，以上の説明からは，通則法は法規の具体的な適用のみに関する法律ではなく，一般的な適用範囲や法の妥当性に関する法律だというべきである。

なお，通則法が法の適用に関する「通則法」と呼ばれるのは，この法律に含まれる国際私法規則は国際私法の一般的規則であり，特別の国際私法規則（あるいは法律の施行期日に関する規則）は別の法律に含まれているからである。たとえば手形法88条以下，小切手法76条以下，遺言の方式の準拠法に関する法律，扶養義務の準拠法に関する法律参照。

# *3* 国際私法の基本的な考え方

　国際私法は，渉外的な私法関係に適用すべき法を決定する法である。したがって，①当該事案が**私法関係**でない場合や，②私法関係であっても**渉外性**がない場合には，国際私法は適用されない。さらに国際私法が適用されるような渉外的私法関係であっても，③どの国際私法規則を適用するかを決定するためには，問題となる渉外的法律関係の性質を決定する必要がある（**【総論】法律関係の性質決定**または**法性決定**の問題という）。★**判例1―1**は，以上3つの問題にどう答えているだろうか。

### ★判例1―1　カードリーダー事件

最一小判平成14・9・26民集56巻7号1551頁［百選51事件：島並良］

　Xは，アメリカ合衆国において，発明の名称を「FM信号復調装置」とする米国特許権（以下，上記特許権を「本件米国特許権」といい，その発明を「本件発明」という。）を有している。なお，Xは，我が国において，本件発明と同一の発明についての特許権を有していない。

　Ｙは，平成４年ころから，我が国においてカードリーダー（以下，「Ｙ製品」という。）を製造してアメリカ合衆国に輸出し，米国子会社は，同国においてこれを輸入し，販売していた。

　本件は，Ｘが，Ｙ製品が本件発明の技術的範囲に属し，米国子会社の行為は本件米国特許権を侵害するものであるところ，ＹがＹ製品をわが国からアメリカ合衆国に輸出する等の行為が，アメリカ合衆国の特許法（以下「米国特許法」という。）271条(b)項に規定する特許権侵害を積極的に誘導する行為に当たり，Ｙは本件米国特許権の侵害者として責任を負うなどと主張して，Ｙに対し，〔１〕Ｙ製品をアメリカ合衆国に輸出する目的で我が国で製造すること，我が国で製造したＹ製品をアメリカ合衆国に輸出すること及びＹの子会社その他に対しアメリカ合衆国においてＹ製品の販売又は販売の申出をするようわが国において誘導することの差止め，〔２〕Ｙがわが国において占有するＹ製品の廃棄，〔３〕不法行為による損害賠償を請求する事案である。

　原審は，次のように本件差止請求及び本件廃棄請求を棄却すべきものとした。

　特許権については，国際的に広く承認されている属地主義の原則が適用され，外国特許権を内国で侵害するとされる行為がある場合でも，特段の法律又は条約に基づく規定がない限り，外国特許権に基づく差止め及び廃棄を内国裁判所に求めることはできないというべきであり，外国特許権に基づく差止め及び廃棄の請求権については，法例で規定する準拠法決定の問題は生ずる余地がない。

　そして，外国特許権に基づく差止め及び廃棄請求を我が国で行使することができるとする法律または条約は存しないので，本件差止請求及び本件廃棄請求は，いずれも理由がない。

　最高裁は，以下のように判示して，上告を棄却した（下線筆者）。

　「(1)本件差止請求及び本件廃棄請求は，私人の財産権に基づく請求であり，本件両当事者が住所又は本店所在地を我が国とする日本人及び日本法人であり，我が国における行為に関する請求ではあるが，米国特許法により付与された権利に基づく請求であるという点において，渉外的要素を含むものであるから，準拠法を決定する必要がある。特許権についての属地主義の原則とは，各国の特許権が，その成立，移転，効力等につき当該国の法律によって定められ，特許権の効力が当該国の領域内においてのみ認められることを意味するものである（最高裁平成７年(オ)第1988号同９年７月１日第三小法廷判決・民集51巻６号2299頁参照）。すなわち，各国はその産業政策に基づき発明につきいかなる手続でいかなる効力を付与するかを各国の法律によって規律しており，我が国においては，我が国の特許権の効力は我が国の領域内においてのみ認められるにすぎない。しかし，このことから，外国特許権に関する私人間の紛争において，法例で規定する準拠法の決定が不要となるものではないから，原審の……［中略］……判断は，相当でない。

(2)米国特許権に基づく差止め及び廃棄請求は，正義や公平の観念から被害者に生じた過去の損害のてん補を図ることを目的とする不法行為に基づく請求とは趣旨も性格も異にするものであり，米国特許権の独占的排他的効力に基づくものというべきである。したがって，米国特許権に基づく差止め及び廃棄請求については，その法律関係の性質を特許権の効力と決定すべきである。

特許権の効力の準拠法に関しては，法例等に直接の定めがないから，条理に基づいて，当該特許権と最も密接な関係がある国である当該特許権が登録された国の法律によると解するのが相当である。けだし，(ア)特許権は，国ごとに出願及び登録を経て権利として認められるものであり，(イ)特許権について属地主義の原則を採用する国が多く，それによれば，各国の特許権が，その成立，移転，効力等につき当該国の法律によって定められ，特許権の効力が当該国の領域内においてのみ認められるとされており，(ウ)特許権の効力が当該国の領域内においてのみ認められる以上，当該特許権の保護が要求される国は，登録された国であることに照らせば，特許権と最も密接な関係があるのは，当該特許権が登録された国と解するのが相当であるからである。

したがって，特許権に基づく差止め及び廃棄請求の準拠法は，当該特許権が登録された国の法律であると解すべきであり，本件差止請求及び本件廃棄請求については，本件米国特許権が登録された国であるアメリカ合衆国の法律が準拠法となる。その準拠法が我が国の特許法又は条約であるとした原審の上記1(2)の判断は，相当でない。

(3)米国特許法271条(b)項は，特許権侵害を積極的に誘導する者は侵害者として責任を負う旨規定し，直接侵害行為が同国の領域内で行われる限りその領域外で積極的誘導が行われる場合をも含むものと解されている。また，同法283条は，特許権が侵害された場合には，裁判所は差止めを命ずることができる旨規定し，裁判所は侵害品の廃棄を命ずることができるものと解されている。したがって，同法271条(b)項，283条によれば，本件米国特許権の侵害を積極的に誘導する行為については，その行為が我が国においてされ，又は侵害品が我が国内にあるときでも，侵害行為に対する差止め及び侵害品の廃棄請求が認容される余地がある。

しかし，我が国は，特許権について前記属地主義の原則を採用しており，これによれば，各国の特許権は当該国の領域内においてのみ効力を有するにもかかわらず，本件米国特許権に基づき我が国における行為の差止め等を認めることは，本件米国特許権の効力をその領域外である我が国に及ぼすのと実質的に同一の結果を生ずることになって，我が国の採る属地主義の原則に反するものであり，また，我が国とアメリカ合衆国との間で互いに相手国の特許権の効力を自国においても認めるべき旨を定めた条約も存しないから，本件米国特許権侵害を積極的に誘導する行為を我が国で行ったことに米国特許法を適用した結果我が国内での行為の差止め又は我が国内にある物の廃棄を命ずることは，我が国の特許法秩序の基本理念と相いれないというべきである。

　　したがって，米国特許法の上記各規定を適用して被上告人に差止め又は廃棄を命ずることは，法例33条［通則法42条］にいう我が国の公の秩序に反するものと解するのが相当であるから，米国特許法の上記各規定は適用しない。」

《コメント》
　カードリーダー事件判決は，特許権に基づく差止請求と廃棄請求を私法関係とし，米国法に基づく請求だから渉外的要素を含むと判断した（判旨(1)）。

### [1]──　なにが私法的法律関係か

　原審は，特許権の「属地主義」を根拠としてこの事件は私法的法律関係ではないから，法例で規定する準拠法決定の問題は生じないと考えているようである。国賠法に関する事件についても同様に考える裁判例がある。国が公権力の行使によって他人に損害を与えたという法律関係は，行為地が外国であり，また，被害者が外国籍または外国に住所を有する者であって渉外的要素を有しているとしても，国際私法規則が対象としている渉外的私法関係には当たらず，このような場合の国の損害賠償責任の問題は法例11条１項（通則法17条参照）の「不法行為」という単位法律関係には当たらず同項の適用を受けないというのである（東京地判平成14・3・29判時1804号50頁。東京地判平成11・9・22［百選新法対応補正版16事件：早川吉尚］は同旨をより詳細に述べている）。この立場では，日本の国賠法が渉外的関係に適用されるかは，国際私法を介さず，国賠法の国際的適用範囲の決定の問題となる【総論】（国際私法を適用して準拠法を決定すべきだという見解については，→第16章【もっとくわしく16－2】）。

### [2]──　渉外的要素はどこにあればよいか

　通説によれば，原則として行為地，事実発生地など日本の国際私法上連結点となりうる法律関係の要素がその法律関係の発生当時外国的である場合には，渉外的私法関係として，国際私法の規律対象とされる（争点1［溜池良夫］）。連結点とは，相続の場合の被相続人の国籍や物権の場合の所在地など，相続や物権などの法律関係を本国法や所在地法に結びつける（連結する。送致するともいう）ための基準である。最高裁は外国法に基づく請求であることを根拠として

渉外的要素があるというので，連結点以外に渉外的要素がある場合にも国際私法を適用して準拠法を決定すべきだと考えていることになる【総論】。

### [ 3 ]──　法律関係の性質決定とはなにか

カードリーダー事件判決の判旨(2)は，米国特許権に基づく差止めおよび廃棄請求については，その法律関係の性質を特許権の効力と決定すべきであるという。しかし，特許権の効力の準拠法について定めた成文の国際私法規則は当時の法例（通則法）にもその他の法令にも見あたらないので，条理によって国際私法規則を導いている。これに対して最高裁は同じ事件における損害賠償請求については，その法律関係の性質を不法行為と決定しているから，不法行為は不法行為地法によるという国際私法規則を適用して準拠法を決定することができるのである（★判例16─2）。

以上のように，国際私法では，渉外的法律関係の性質を決定することによって，どの国際私法規則を適用して準拠法を決めればよいかを判断することが可能となる【総論】。

### [ 4 ]──　最密接関係地法をさがせ

判旨(2)は，特許権の効力の準拠法に関しては日本の国際私法に直接の定めがないから，条理に基づいて，当該特許権と最も密接な関係がある国である当該特許権が登録された国の法律によると解釈している。このように，国際私法では，成文の国際私法規定がない場合には，条理によって国際私法規則を導くことがある。もともと成文規定の数が少ないから，条理の果たす役割が重要となるのである。

次に，国際私法では，渉外的な問題を判断するための準拠法をみつけるのに，問題となる渉外的法律関係と最も密接な関係を有する国の法秩序をさがすという方法を用いる。つまり，最密接関係地法を探すことが国際私法の基本的方法なのである。前にみた（[ 3 ]）不法行為は不法行為地法によるという国際私法規則の例では，不法行為の最密接関係地法は不法行為があった法秩序だとして立法の際に織り込み済みだとも考えられる（通則法20条参照）。

このように，日本の国際私法は，国際私法規則であらかじめ定められた類型

的な法律関係（「単位法律関係」という）について，一定の連結点を介して最も密接な関係を有する地の法律を指定する方法を建前としている。これに対して，「特許権の効力」の場合には，成文の国際私法規則がなかったので，事案に即した最密接関係地法をさがさなければならなかったのである。なお，契約や事務管理，不当利得および不法行為については国際私法規則が定められている（通則法7条以下および14条以下）が，補助的または例外的に最密接関係地法または「明らかにより密接な関係地法」をさがす方法が用いられている（→第12章**4**[1]，第16章**4**）。

### ▼▼【もっとくわしく1－3】　アメリカ抵触法のアプローチ

アメリカ合衆国は，州ごとに法が異なっている（1つの国に異法地域がある）**不統一法国**であるので，州際的事件でも抵触法が必要とされる。アメリカでは「国際」私法という言葉よりも抵触法（conflict of laws）という言葉が用いられる理由である。さて，アメリカでは抵触法は州法であり，そのほとんどが判例法（コモン・ロー）として形成されてきた。伝統的なコモン・ローでは，契約締結地法や不法行為地法を指定する抵触法規則を形式的に適用する傾向があったので，契約当事者の意思を無視したり，事案と関係の薄い不法行為地法を適用するケースが多かった。

このような形式主義に対する反動として，20世紀半ばには実質的な妥当性を重視する「抵触法革命」が起こった。こうして，個別のケースにおける争点について，内容が抵触する実質法規を分析することによって複数州の対立する政策を特定し抵触を解決するための抵触法アプローチが通説・判例となった。

一般的で形式的な抵触法規則より，個別的で実質的な抵触法アプローチを重視

するというアメリカ抵触法の考え方は，ヨーロッパや日本の国際私法学に大きな影響を与えた。

しかし，現在の日本の国際私法は，アメリカのアプローチとは異なり，ヨーロッパの国際私法と同様に，例外条項，類型的な密接関係地法，消費者・労働者保護規定や優遇の原則の採用によって，具体的な妥当性の確保をはかろうとしている。また，アメリカにおいても，各州が採用している統一商事法典（Uniform Commercial Code）が，合理的な抵触法規則を明文で定めるようになっている（担保権に関するUCC 9-301などがUCC 1-301(c)に列挙されている）。

アメリカ抵触法については松岡博『国際私法における法選択規則構造論』（有斐閣，1987年）参照。

### [ 5 ]──　法の国際的共存と調和

　国際私法が渉外的私法関係に「どこの国の法を適用すべきか」を決める法だということは，外国法と自国法を原則的に代替可能で等価なものと考えていることを意味する。すなわち，**内外法平等の原則**に立っているのである（例外の例→離婚，不法行為，公序）。また，国際私法が外国法を準拠法として指定している場合には，裁判官は外国法を適用しなければならない。国際私法規則の指定と異なった準拠法を適用した場合には，国際私法規則の適用違背として上告ができる。準拠外国法の適用を誤った場合も同様と考えられている。

　国際私法規則が外国法の適用を命じていても，裁判所がその内容を確定するのにはしばしば困難がともなう。「裁判官は法を語れ，当事者は事実を語れ」という法諺がある。しかし，裁判所が職権で外国法を調査するのは簡単ではない。当事者（または訴訟代理人）の協力や外国法情報に関する国家間の協力が不可欠である。この点で，大学における外国法や比較法の教育は有用である（→**【もっとくわしく1-4】**）。

　国際私法は，世界に異なる内容の法秩序が共存することを前提にしている。これに対して，各国の私法の内容を統一しようという動きがある。日本ではあまり意識されていないが，手形法や小切手法も，もともと**統一法**を制定する条約に基づく。国際取引に関する法の統一については，1980年の国際物品売買契約に関する国連条約が有名である。しかし，手形小切手の場合には重要な国（英米）が統一に参加しなかった。また，世界には統一法を統一的に解釈できる機関がない。このように，世界的な法の統一・制度の調和には困難がともなう。

　以上に対して，国際私法を統一して世界のどこでも同じ法律が適用されるようにしようとする動きがある。代表的なものは**ハーグ国際私法会議**が作成した条約である（→条約および主要文献）。日本も遺言や扶養など7条約を批准している。

　欧州連合（EU）では契約債務に関する準拠法については統一的な国際私法が成立しており（ローマⅠ規則），契約外債務の準拠法についても統一規則がある（ローマⅡ規則）。物や人や資本の自由移動を確保して統一市場を作るためには，どこの国で裁判しても同じ結果となることが必要である。**判決の国際的調**

和を達成することによって，当事者による法廷地あさり（フォーラム・ショッピング forum shopping）をなくそうというわけである。このために，EU 域内に住所を有する者には裁判管轄および外国判決の承認執行に関する統一規則（→改正ブリュッセル I 規則）が適用される。統一的ルールの解釈権限は，欧州司法裁判所（Court of Justice of the European Union）に委ねられるのが原則である。なお，多国間での裁判管轄と判決の承認執行に関するハーグ条約を作成する試みは，成功していない。

### ▼▼【もっとくわしく1－4】　外国法の適用　【総論】

訴訟における当事者と裁判官の役割の違いは，「裁判官は法を知る」とか「我に事実を与えよ，さらば汝に法を与えん」という法諺にあらわれている。当事者は事実を主張して立証すれば，あとは裁判官が適切な法を適用してくれるというのである。英国法では，外国法も事実として扱われ，当事者が外国法を主張立証しなければ，英国法が適用される。

これに対して，日本法では，国際私法の強行性から，日本の裁判所は日本の国際私法規則が指定する準拠法を適用しなければならない。準拠法が外国法の場合であっても，その適用は裁判所の職務である。これは次の2つのことを意味する。①当事者の主張・立証がなくても，裁判所は職権で外国法を探知しなければならない（職権探知主義）。②当事者が一致して，たとえば準拠法ではない外国法や日本法の適用を主張したとしても，裁判所は当事者の主張には拘束されない（弁論主義の不適用）（争点23［野村美明］参照）。もちろん，国際私法が当事者に法の選択を委ねている場合（たとえば通則法7条）は，裁判所は当事者が指定した法を適用しなければならない。

日本の国際私法が準拠法として指定する可能性のある外国法のすべての内容を裁判所が知るのは不可能である。この限りで，当事者は外国法の内容を調査して裁判所に協力すべきである。以上のような考え方は，ドイツの民事訴訟法の解釈としても採用されている（ドイツ民事訴訟法293条参照）。

経済活動や家族生活が国境を越えることがあたりまえになった世界では，外国法の内容の調査・確定を一国の裁判所や当事者任せにするよりも，国際的に法情報の交換を可能とするような条約その他の仕組みが必要である。EU には「民事及び商事に関する欧州司法ネットワーク」がある。

なお，離婚や親子関係などに関する多くの人事訴訟においては，事実についても弁論主義ではなく職権探知主義が採用されている（人訴20条）ことに注意すべきである（百選新法対応補正版102事件［中西康］参照）。

# 第2章　国際民事手続法一般

【キーワード】　国際民事手続法／渉外事件／「手続は法廷地法による」の原則／国際裁判管轄／当事者／送達／証拠／外国判決の承認・執行／仲裁

## 1 概 観

　この章では，国際民事手続一般に問題となる法律上の諸問題を取り上げる。

　日本の裁判所における手続は，民事訴訟法などの日本の手続法に従って実施される。この点は，渉外的私法関係から生じた紛争（**渉外事件**）についても同様である。「手続は法廷地法による」という法原則が，一般に認められているからである。ただし，渉外事件のもつ特殊性から，国内事件とは異なる扱いを検討すべき問題がある。たとえば，そもそも日本での裁判が認められるのか（国際裁判管轄），外国の法主体も当事者として訴訟行為を行うことができるのか（当事者能力，訴訟能力，当事者適格），国外に所在する者に対して送達できるのか（国外送達），国外に所在する証拠方法を調べることができるのか（国外証拠調べ），外国裁判所が下した判決が日本国内で効力を有するのか（外国判決の承認），外国判決に基づいて日本国内で強制執行が可能なのか（外国判決の執行）などの問題である。

　このような渉外事件に特有な手続法上の問題を扱う法分野が「国際民事手続法」である。渉外事件の場合には，準拠法決定の問題だけでなく，国際民事手続法上の諸問題も同時に争点となることが多いため，国際私法の一部ないし関連領域として，国際私法の授業や教科書等でも国際民事手続法が併せて論じられることが多い。

　本章では，これらの問題に対する基本的な考え方を説明したい。個々の事案

ごとのルールについては，各章を参照されたい。

## **2**　国際裁判管轄

> **[設例2－1]　マレーシア航空事件**
> 　日本に住所を有する太郎は，マレーシアに旅行に行った際，マレーシア航空会社
> が運航するペナン発クアラルンプール行きの航空機に搭乗した。運悪く，その航空
> 機はハイジャックされ，マレーシア国内で墜落した。太郎の妻である花子は，マ
> レーシア航空会社を被告として，日本の裁判所に損害賠償請求訴訟を提起した。こ
> の訴えについて，日本の裁判所は審理を行うことができるか。

### [1]──　国際裁判管轄の意義・機能

　**[設例2－1]** のような渉外事件については，そもそも日本の裁判所で審理
すべきなのかという問題（国際裁判管轄の問題）が生ずる。国内事件について
は，憲法の保障する「裁判を受ける権利」の観点からも日本の裁判所が審理す
べきことは当然であるが，日本と全く関係のない事件についても日本の裁判所
が審理すべきかどうかは問題となる。たとえば，当事者・関係者がすべて海外
在住であり，証拠方法も全て海外に所在するような事案については，適正・迅
速な審理を行うことができないのではないか，当事者の一方にとってきわめて
不利となって不公平ではないかなどの懸念が生ずる。

　どの国で裁判をするかによって，法廷言語や手続が異なるだけでなく，適用
される国際私法が異なることから準拠法も異なり，最終的な判断結果も異なり
得ることから，国際裁判管轄の問題は実際上も大きな意義を有する。

　以下では，財産権上の事件（財産関係事件）と身分法上の事件（人事・家事事
件）に分けた上で，日本の国際裁判管轄ルールの概要を見ておく。

### [2]──　財産関係事件（民訴3条の2以下）

　財産関係事件の国際裁判管轄については，民訴法3条の2以下に規定が置か
れている。これらの規定によれば，日本の国際裁判管轄が認められるために

は，①管轄原因（管轄権の基礎）が日本国内に認められること（民訴3条の2から3条の8），②「特別の事情」（民訴3条の9）が存在しないことが必要である。

　(a)　管轄原因が日本国内にあること

　日本の裁判所が事件の審理を行うためには，国際裁判管轄の基礎（管轄原因）が日本国内にあることを要する。民訴法3条の2から3条の8までの規定は，管轄原因を定めており，これらの管轄原因の少なくとも1つが日本国内にあることを要する。

　第1に，被告の本拠地の一般管轄である（民訴3条の2）。自然人が被告となる場合には，その住所が日本国内にあるときに（同条第1項），法人その他の社団・財団が被告となる場合には，その主たる事務所又は営業所が日本国内にあるときに（同条第3項），日本の国際裁判管轄が認められる。一般管轄というのは，その被告について，訴えの種類内容に関する限定なく，あらゆる種類内容の訴えについて管轄が認められるという意味である。被告が有する日本とのきわめて密接な関連性に着目して，日本の国際裁判管轄を肯定する管轄原因である。被告の本拠地は，被告にとって最も訴訟追行に適した地であり，最も被告の手続上の利益に適う地だからである。

　第2に，事件と日本との関連性に着目した特別管轄が認められている（民訴3条の3）。たとえば，「契約上の債務に関する請求を目的とする訴え」については，「契約において定められた当該債務の履行地が日本国内にあるとき，又は契約において選択された地の法によれば当該債務の履行地が日本国内にあるとき」（同条1号）に，「不法行為に関する訴え」については，「不法行為があった地が日本国内にあるとき（外国で行われた加害行為の結果が日本国内で発生した場合において，日本国内におけるその結果の発生が通常予見することのできないものであったときを除く。）」（同条8号）に，日本の国際裁判管轄が認められている。また，日本国内に事務所又は営業所を有する者を被告とする当該日本国内の事務所又は営業所における業務に関する訴え（同条4号）や，日本において事業を行う者を被告とする当該者の日本における業務に関する訴え（同条5号）についても，日本の国際裁判管轄が認められる。これらは，いずれも当事者の予測可能性や証拠所在の蓋然性などを根拠とする。さらに，財産権上の訴えであれ

ば，「請求の目的が日本国内にあるとき，又は当該訴えが金銭の支払を請求するものである場合には差し押さえることができる被告の財産が日本国内にあるとき（その財産の価額が著しく低いときを除く。）」（同条 3 号）にも，日本の国際裁判管轄が肯定される。特に，金銭支払請求については，日本国内に所在する被告財産と原告の請求との間の関連性も不要である。被告の日本所在の財産と日本との関連性に着目した管轄原因であり，権利の現実的満足の容易性ないし判決の実効性などを根拠とするものである。

　第 3 に，消費者や労働者の保護を目的とする管轄が定められている（民訴 3 条の 4 ）。弱者保護の観点から，弱者の裁判所へのアクセスを実質的に保障するものである（→第 **13** 章）。

　第 4 に，専属管轄が定められている（民訴 3 条の 5 ）。一定の事件類型については，必ず日本の裁判所で審理しなければならないと考えられる。すなわち，他国の裁判所での審理を排除するということである。たとえば，日本の会社に関する設立無効の訴え，日本の登記手続をすべき意思表示を求める訴え，日本の特許権の存否・有効性に関する訴えなどである。これらの訴えについては，多数当事者間の画一的な処理の必要性，国際的な結果の統一性や日本の公益保護を図ることが必要であることから，日本の裁判所の専属管轄が認められている。したがって，これらの訴えについては，特別の事情による訴えの却下（民訴 3 条の 9 ）は認められず，常に日本の裁判所で審理が行われることになる（民訴 3 条の10を参照）。また，これらの訴えについて，外国の裁判所が裁判をしたとしても，当該外国判決は，日本国内では承認されないことになる。

　第 5 に，請求間の関連性に基づく管轄が認められている。まず，民訴法 3 条の 6 は，「一の訴えで数個の請求をする場合において，日本の裁判所が一の請求について管轄権を有し，他の請求について管轄権を有しないときは，当該一の請求と他の請求との間に密接な関連があるときに限り，日本の裁判所にその訴えを提起することができる。ただし，数人からの又は数人に対する訴えについては，第38条前段に定める場合に限る。」と規定し，主観的併合管轄および客観的併合管轄を認めている。

　次に，民訴法146条 3 項は，反訴について，「日本の裁判所が管轄権の専属に関する規定により反訴の目的である請求について管轄権を有しないとき」を除

き，「本訴の目的である請求又は防御の方法と密接に関連する請求を目的とする場合に限り」，日本の裁判所に反訴を提起することができると規定している。

第6に，当事者間の合意による管轄（合意管轄）を原則として認めている（民訴3条7）。当事者は，日本の裁判所または外国裁判所の専属管轄を合意することができる。日本の裁判所の専属管轄を合意した場合には，特別の事情があるとして訴えを却下することはできない（民訴3条の9括弧書き）。

第7に，いわゆる応訴管轄も認められる。すなわち，「被告が日本の裁判所が管轄権を有しない旨の抗弁を提出しないで本案について弁論をし，又は弁論準備手続において申述をしたとき」にも，日本の裁判所の管轄権が認められる（民訴3条の8）。

**[設例2－1]** の事案で，被告であるマレーシア航空会社の主たる営業所はマレーシアに所在し，日本国内にはないから，民訴法3条の2第3項による国際裁判管轄は日本に認められない。契約債務の履行地も不法行為地もマレーシアであるため，契約債務不履行に基づくものであれ，不法行為に基づくものであれ，損害賠償請求の国際裁判管轄も日本に認められない（民訴3条の3第1号・第8号）。これに対して，太郎が日本国内に所在するマレーシア航空の営業所から航空券を購入していた場合（民訴3条の3第4号）や，太郎とマレーシア航空の運送契約が消費者契約とされる場合（民訴3条の4第1項）には，日本の国際裁判管轄が認められる余地があろう。

(b)　「特別の事情」が存在しないこと

日本国内に管轄原因がある場合（日本の裁判所が管轄権を有することとなる場合）であっても，「特別の事情」があるときには，日本の裁判所での審理が認められない。民訴法3条の9によれば，「事案の性質，応訴による被告の負担の程度，証拠の所在地その他の事情」を考慮して，日本の裁判所が審理及び裁判をすることが「当事者間の衡平」を害し，又は「適正かつ迅速な審理の実現」を妨げることとなる特別の事情があるか否かの判断を行うことが必要であるとされている。

前述のとおり，法定専属管轄の場合（「訴えについて法令に日本の裁判所の管轄権の専属に関する定めがある場合」（民訴3条の10））や専属管轄合意の場合（「日本の裁判所にのみ訴えを提起することができる旨の合意に基づき訴えが提起された場合」

（民訴 3 条の 9 括弧書き））には，「特別の事情」があるとして訴えを却下することはできない。

### [3]—— 人事・家事事件（人訴 3 条の 2 以下，家事法 3 条の 2 以下）

人事・家事事件についても，財産関係事件と同様に，日本の国際裁判管轄が認められるためには，①管轄原因（管轄権の基礎）が日本国内に認められること（人訴 3 条の 2 から 3 条の 4，家事 3 条の 2 から 3 条の13），②「特別の事情」（人訴 3 条の 5，家事 3 条の14）が存在しないことが必要である。

以下では，人事・家事事件の管轄原因を簡単に見ておく（→くわしくは，各章を参照）。なお，財産関係事件とは異なり，人事・家事事件の管轄原因については，その判断の対象である身分関係が公益性の強いものであることなどを踏まえ，遺産分割に関する審判事件や家事調停事件を除き，その国際裁判管轄を定める規律につき一般的に合意管轄や応訴管轄を認めていない。

(a)　人事訴訟

「人事訴訟」とは，身分関係の形成や存否の確認を目的とする訴えに係る訴訟をいい，具体的には，婚姻無効の訴え，離婚の訴え，嫡出否認の訴え，認知の訴え，養子縁組の無効の訴え，離縁の訴え，親子関係の存否確認の訴えなどである（人訴 2 条）。人事訴訟の国際裁判管轄については，人訴法 3 条の 2 以下に規定されている。

第 1 に，人事に関する訴えについては，基本的に，被告とされる身分関係の当事者の「住所」を管轄原因として，日本の国際裁判管轄が認められる（人訴 3 条の 2 第 1 号から第 4 号）。これらの訴えは，いずれも原告と被告とが対立して主張立証を行い，夫婦や親子といった身分関係の形成の可否等を争うものであるため，最も被告の手続上の利益に適う地である被告の住所を管轄原因とするものである。国際的な要素を有する事件においては，応訴の負担が特に重大なものとなり得るため，応訴を余儀なくされる被告の負担に配慮したものである。

第 2 に，身分関係の当事者双方が日本国籍を有する場合にも，日本の国際裁判管轄が認められる（同条第 5 号）。これは，①当事者双方が日本の国籍を有する場合であれば，「日本の国籍」を基準に我が国の裁判所の管轄権を認めるこ

とは，当事者双方にとって衡平であると考えられること，②日本国籍を有する
者の身分関係について日本として関心を有すべきこと，③日本国籍を有する者
は，日本に近親者の住所等があるなど，日本との関連性を有しているものと考
えられることなどを根拠とする。

　第3に，申立人が日本国内に住所を有する場合であって，当事者の最後の共
通の住所が日本国内にあったときや，日本の裁判所が審理・裁判すべき「特別
の事情」があるときにも，日本の国際裁判管轄が認められる（同条第6号・第7
号）。最後の共通の住所は，身分関係の当事者双方に関連性が強い場所であり，
当事者双方にとって衡平な管轄原因であることや，関連する証拠が存在する蓋
然性が高いからである。また，同条第1号から第6号までに具体的に規定する
管轄原因に該当しない場合であっても，原告の利益の保護の為に日本での審理
を認めるべき事案があり得るため，「特別な事情」があるときに日本の国際裁
判管轄を認めると定めている。

　第4に，たとえば，夫婦の一方が他方に対し，その不貞を理由として離婚の
請求をするとともに，その不貞を不法行為としてこれに基づく慰謝料の請求を
する場合には，離婚原因を認定するための資料と，慰謝料請求権の存否や額を
認定するための資料が共通しているため，これらを同時に解決し得るものとす
るのが適切であると考えられる。そこで，人訴法3条の3では，人事に関する
訴えの原告がその被告に対し，当該人事訴訟に係る請求と関連損害賠償請求と
を一の訴えで行う場合には，財産権上の訴えについての国際裁判管轄に関する
一般的規律（民訴3条の2等）に従えば当該関連損害賠償請求については日本の
国際裁判管轄が認められないときであっても，当該人事訴訟に係る請求につい
て日本の国際裁判管轄が認められるときには，当該関連損害賠償請求について
も日本の国際裁判管轄を肯定する。

　第5に，日本の裁判所が婚姻の取消し又は離婚の訴えについて管轄権を有す
るときは，親権者指定や子の監護に関する処分の裁判や，財産分与に関する処
分の裁判についても，日本の国際裁判管轄が認められる（人訴3条の4）。

　なお，人事訴訟について，日本の裁判所の国際裁判管轄が認められる場合で
あっても，「事案の性質，応訴による被告の負担の程度，証拠の所在地，当該
訴えに係る身分関係の当事者間の成年に達しない子の利益その他の事情を考慮

して，日本の裁判所が審理及び裁判をすることが当事者間の衡平を害し，又は適正かつ迅速な審理の実現を妨げることとなる特別の事情があると認めるとき」は，日本の裁判所は，その訴えの全部又は一部を却下することができる（人訴3条の5）。

　(b)　家事事件

　家事事件とは，家事審判及び家事調停に関する事件をいい（家事1条），家事審判の対象となる事項には，同法別表第一及び第二に掲げる事項が含まれ（同法39条），家事調停の対象となる事項は，人事に関する訴訟事件（人訴2条）その他家庭に関する事件（家事法別表第一に掲げる事項を除く。）についての事項である（同法244条）。

　家事事件の国際裁判管轄については，家事法3条の2以下に規定がある。具体的には，次の通りである（→詳細は，各章を参照）［左が単位事件類型（条文）で，矢印の右が管轄原因］。

　①　不在者の財産管理に関する処分の審判事件（家事3条の2）→不在者の財産所在地。

　②　失踪宣告の取消しの審判事件（家事3条の3）→審判地，失踪者の住所又は国籍。

　③　嫡出否認の訴えの特別代理人の選任の審判事件（家事3条の4）→嫡出否認の訴えの管轄地。

　④　養子縁組をするについての許可・特別養子縁組の成立の審判事件（特別養子適格の確認の審判事件を含む）（家事3条の5）→養親又は養子の住所等。

　⑤　死後離縁をするについての許可の審判事件（家事3条の6）→養親又は養子の住所等，双方の国籍。

　⑥　特別養子縁組の離縁の審判事件（家事3条の7）→人訴3条の2に準拠。

　⑦　親権や子の監護に関する処分（子の監護に要する費用の分担に関する処分を除く）の審判事件等（家事3条の8）→子の住所等。

　⑧　未成年後見人の選任の審判事件等（家事3条の9）→未成年者の住所・居所・国籍。

　⑨　夫婦，親子その他の親族関係から生ずる扶養の義務に関する審判事件

（家事3条の10）→申立人でない扶養義務者の住所等又は扶養権利者の住所等。

⑩　相続に関する審判事件（家事3条の11）→被相続人の住所等（ただし，遺産管理等は相続財産所在地，遺産分割等は合意管轄可）。

⑪　財産の分与に関する処分の審判（家事3条の12）→人訴3条の2に準拠。

⑫　家事調停事件（家事3条の13）→調停を求める事項の管轄地，相手方の住所等，合意管轄可。

以上の規定によって日本の国際裁判管轄が認められる場合（遺産分割等で日本の裁判所の専属管轄合意がある場合を除く）であっても，「事案の性質，申立人以外の事件の関係人の負担の程度，証拠の所在地，未成年者である子の利益その他の事情を考慮して，日本の裁判所が審理及び裁判をすることが適正かつ迅速な審理の実現を妨げ，又は相手方がある事件について申立人と相手方との間の衡平を害することとなる特別の事情があると認めるときは，その申立ての全部又は一部を却下することができる。」（家事3条の14）。

なお，後見開始の審判等については，通則法5条に，失踪宣告については，通則法6条に，それぞれ国際裁判管轄が定められている。

## **3**　訴訟手続

日本の裁判所に国際裁判管轄が認められたとしても，次に，日本の裁判所での手続に関して種々の問題が生ずる。たとえば，外国法上の団体などが日本の裁判所で当事者として訴訟手続を行うことができるのか（当事者能力・訴訟能力などの問題），外国に所在する当事者に対してどのように送達をするのか（国外送達の問題），外国に所在する証拠方法に対してどのように証拠調べを行うのか（国外証拠調べの問題），日本語以外の言語での陳述や日本語以外で記載された文書等を証拠とすることが許容されるのかなどの諸問題である。

### [1]―― 「手続は法廷地法による」の原則
国際的な事件についても，裁判所は，その手続については自国の手続法を適

用することが，各国の国際私法で認められている。これが「手続は法廷地法による」という原則である。

　この原則の根拠として，①手続法上の問題は，外国法によろうと内国法によろうと，事件の最終的な結果（当事者の実体的な権利・義務の帰属）に影響を及ぼさないのが通常であること，②外国の手続法を適用することは，手続の画一的処理，手続経済の要請に反し，不必要に裁判所に負担を課することになり適切ではないこと，③手続法は公法であって，属地的に適用されるべきこと，④手続上の問題について，当事者が特定国の法の適用を想定していないから，法廷地法を適用しても当事者の正当な期待を損なうことにはならないことなどがあげられる。

　したがって，日本の裁判所における手続，たとえば，裁判所の構成，訴え提起の方法，法廷言語，送達の方法，証拠調べの方法などの諸問題については，原則として，日本法によることになる。

## ［2］——　当事者

------------------------------------------------

＊民訴法28条
　（原則）
　当事者能力，訴訟能力及び訴訟無能力者の法定代理は，この法律に特別の定めがある場合を除き，民法（明治29年法律第89号）その他の法令に従う。訴訟行為をするのに必要な授権についても，同様とする。
＊民訴法29条
　（法人でない社団等の当事者能力）
　法人でない社団又は財団で代表者又は管理人の定めがあるものは，その名において訴え，又は訴えられることができる。
＊民訴法33条
　（外国人の訴訟能力の特則）
　外国人は，その本国法によれば訴訟能力を有しない場合であっても，日本法によれば訴訟能力を有すべきときは，訴訟能力者とみなす。

------------------------------------------------

　日本の裁判所における当事者や代理人の資格などの諸問題についても，原則として，日本法による。
　第1に，日本での訴訟における当事者能力については，当事者の本国の訴訟

法によるとの説もあるが，日本の民訴法28条以下の規定によると解するのが多数説である。その上で，「民法」（3条2項や35条）によって権利能力が認められるのであれば，当事者能力をもつこととなる。さらに，「その他の法令」として，通則法4条の準用や国際私法上の条理によって当事者の本国（設立準拠法国）の実体法を参照し，権利能力が認められるのであれば当事者能力が認められるとの主張が有力になされている。

第2に，日本での訴訟における訴訟能力についても同様である。もっとも外国人の訴訟能力については民訴法33条に特則が置かれており，日本法によれば訴訟能力を有する場合には，訴訟能力者とみなされる。

第3に，日本での訴訟における訴訟代理人の資格についても，日本法による。

**[設例2―1]** で，マレーシア航空会社は「外国法人」であるから，日本でも権利能力が認められるため（民法35条を参照），民訴法28条によって当事者能力が認められる。訴訟能力については，民訴法28条に基づき通則法4条又は条理によりその本国（設立準拠法国）であるマレーシアの法によることになる。マレーシア法上，会社には行為能力が認められるため，訴訟能力が認められる。なお，マレーシア航空会社が日本での訴訟において代理人を選任する場合，代理人は日本の弁護士でなければならない（民訴54条）。

## [3]――― 送達・証拠調べ

---

\*民訴法108条
（外国における送達）
　外国においてすべき送達は，裁判長がその国の管轄官庁又はその国に駐在する日本の大使，公使若しくは領事に嘱託してする。
\*民訴法184条
（外国における証拠調べ）
　外国においてすべき証拠調べは，その国の管轄官庁又はその国に駐在する日本の大使，公使若しくは領事に嘱託してしなければならない。
2　外国においてした証拠調べは，その国の法律に違反する場合であっても，この法律に違反しないときは，その効力を有する。

---

日本での訴訟における送達や証拠調べの方法についても，日本法による。

外国に所在する者に対する裁判上及び裁判外の文書の送達については，その外国の所轄官庁やその外国に駐在する日本の大使等に嘱託して行うことになる（民訴108条）。そのためには当該外国との間の取り決めが必要となるが，日本は，1954年「民事訴訟手続に関する条約」（ハーグ民訴条約），1968年「民事又は商事に関する裁判上及び裁判外の文書の外国における送達及び告知に関する条約」（ハーグ送達条約）の当事国となっているほか，日米領事条約その他の二国間条約および二国間の司法共助取極などを締結している。そして，ハーグ民訴条約およびハーグ送達条約の国内実施法として，民事訴訟手続に関する条約等の実施に伴う民事手続の特例等に関する法律（特例法）を定めている（最高裁による民事訴訟手続に関する条約等の実施に伴う民事手続の特例等に関する規則（特例規則）も定められている）。このような条約・法令等に基づいて送達が国際的に行われている。

日本での訴訟における，外国所在の証拠方法についての証拠調べの方法についても，外国の所轄官庁やその外国に駐在する日本の大使等に嘱託して行う（民訴184条）。具体的な実施は，ハーグ民訴条約や日米領事条約その他の二国間条約および二国間の司法共助取極などに基づいて行われることになる。

なお，逆に，外国の裁判所からの日本に所在する者への送達や日本所在の証拠方法についての証拠調べなどについては，ハーグ民訴条約・ハーグ送達条約や二国間の条約や取極によるほか，日本の国内法として外国裁判所ノ嘱託ニ因ル共助法（共助法）が定められており，これらの条約・法令等に基づいて行われることになる。

## 4　外国判決の承認・執行

外国裁判所で下された判決（外国判決）について，日本においても効力を認めるべきか，当該外国判決に基づく強制執行を日本国内で行うべきかという問題（外国判決の承認・執行）もある。

## [1]──── 外国判決の承認

> **［設例2−2］ 萬世工業事件**
> 　米国企業Ｘは，米国裁判所において日本企業Ｙを被告として損害賠償請求訴訟を
> 提起し，米国裁判所は，Ｘの請求を認め，塡補的損害賠償としてαドル，懲罰的損
> 害賠償としてβドルを，それぞれＹがＸに支払うことを命ずる判決（米国判決）を
> 下した。Ｙが米国に十分な財産を有していなかったため，Ｘは，日本の裁判所にお
> いて，米国判決に基づく強制執行を求めて訴えを提起した。

　外国の裁判所が下した判決は，日本の国内において効力を有しないのが原則
である。国家は独立・対等の関係であり，国際法上，各国は，他国の判決の効
力を認める義務（承認義務）はないからである。もっとも，日本が自発的に一
定の要件の下で外国判決を承認することは可能であるし，実際に，日本は，一
定の場合に外国判決（決定等を含む）の効力を承認し，一定の手続に従って外
国判決に基づく強制執行を認めている。

　日本が外国判決を承認する理由は，第1に，判決の国際的調和（国際的な法
律関係の安定）である。外国の判決の効力を日本でも認めることにより，判決
国と日本とで同一の法律関係を実現できる。第2に，国際的な訴訟経済・司法
エネルギーの節約である。判決国で適切な手続の下で判断が下されているので
あれば，それを認めることによって日本での無駄な手続を回避することができ
る。これは，日本の公的利益にも適うものである。第3に，当事者間の衡平で
ある。判決国で適切な手続の下で判断が下されているにもかかわらず，あらた
めて日本で紛争の蒸し返しを認めることは，判決国で敗訴した当事者を不当に
利することになり，勝訴した当事者に過度の負担を課すことになる。

　このような理由に照らすと，日本で承認される外国判決は，一定の要件を満
たすものに限られることになる。すなわち，判断を行った主体（裁判所）や手
続が適切であり，かつ，日本の公的利益に反しないものに限られる。

　このような観点から，外国判決の承認要件を定めているのが，民訴法118条
である。

------------------------------------------------

＊民訴法118条
　（外国裁判所の確定判決の効力）
　外国裁判所の確定判決は，次に掲げる要件のすべてを具備する場合に限り，その効力を有

する。
一　法令又は条約により外国裁判所の裁判権が認められること。
二　敗訴の被告が訴訟の開始に必要な呼出し若しくは命令の送達（公示送達その他これに類する送達を除く。）を受けたこと又はこれを受けなかったが応訴したこと。
三　判決の内容及び訴訟手続が日本における公の秩序又は善良の風俗に反しないこと。
四　相互の保証があること。
＊家事法79条の2
　（外国裁判所の家事事件についての確定した裁判の効力）
　　外国裁判所の家事事件についての確定した裁判（これに準ずる公的機関の判断を含む。）については，その性質に反しない限り，民事訴訟法第118条の規定を準用する。
-------------------------------------------------

　第1に，民訴法118条の対象は，「外国裁判所の確定判決」である。外国裁判所の判決が「確定」したものに当たるか否かについては，その判決がされた手続において通常の不服申立ての手段が尽きており終局性を有するか否か等の観点から実質的に判断される。「判決」とは，「外国の裁判所が，その名称，手続，形式のいかんを問わず，私法上の法律関係について当事者双方の手続的保障の下に終局的にした裁判」（最三小判平成10・4・28民集52巻3号853頁）をいい，財産関係事件の判決だけでなく，人訴訴訟事件の判決をも含むと解するのが多数説である。
　第2に，外国判決が承認されるためには，①裁判権が認められる国の裁判所の判決であること（1号），②適切な送達又は応訴があったこと（2号），③日本の公序に反しないこと（3号），④相互の保証があること（4号）の4要件を満たすことが必要である。
　1号の要件は，日本の国際民訴法の原則から見て，判決国がその事件につき国際裁判管轄（間接管轄）を有すると積極的に認められることをいう（平成10年最判を参照）。そして，間接管轄の有無については，基本的に日本の民訴法（人事に関する訴えについては人事訴訟法）の定める国際裁判管轄に関する規定に準拠しつつ，個々の事案における具体的事情に即して，外国裁判所の判決を日本が承認するのが適当か否かという観点から，条理に照らして判断すべきものと解される（最一小判平成26・4・24民集68巻4号329頁を参照）。
　2号の要件のうち，判決国での訴訟における「訴訟の開始に必要な呼出し若しくは命令の送達」は，日本の民事訴訟手続に関する法令の規定に従ったもの

であることを要しないが，被告が現実に訴訟手続の開始を了知することができ，かつ，その防御権の行使に支障のないものでなければならない。のみならず，訴訟手続の明確と安定を図る見地からすれば，裁判上の文書の送達につき，判決国と我が国との間に司法共助に関する条約が締結されていて，訴訟手続の開始に必要な文書の送達がその条約の定める方法によるべきものとされている場合には，条約に定められた方法を遵守した送達でなければならない（平成10年最判を参照）。また，「応訴したこと」とは，いわゆる応訴管轄が成立するための応訴とは異なり，被告が，防御の機会を与えられ，かつ，裁判所で防御のための方法をとったことを意味し，管轄違いの抗弁を提出したような場合もこれに含まれる（平成10年最判を参照）。

　3号の要件は，外国判決の内容だけでなく，判決国での訴訟手続も日本の公序に反しないことを求めている。外国判決の内容や外国判決に係る訴訟手続が，日本の採用していない制度に基づくものを含むからといって，その一事をもって直ちに公序に反することにはならないが，それが日本の法秩序の基本原則ないし基本理念と相いれないものと認められる場合には，当該外国判決は公序に反することとなる（最二小判平成9・7・11民集51巻6号2573頁，最二小判平成31・1・18民集73巻1号1頁を参照）。

　4号の要件である「相互の保証があること」とは，判決国において，日本の裁判所がしたこれと同種類の判決等が民訴法118条に定めるの要件と重要な点で異ならない要件の下で承認されることをいう（最三小判昭和58・6・7民集37巻5号611頁を参照）。

　【設例2―2】と同様の事案に関する最判平成9年7月11日は，「我が国においては，加害者に対して制裁を科し，将来の同様の行為を抑止することは，刑事上又は行政上の制裁にゆだねられているのである。そうしてみると，不法行為の当事者間において，被害者が加害者から，実際に生じた損害の賠償に加えて，制裁及び一般予防を目的とする賠償金の支払を受け得るとすることは，右に見た我が国における不法行為に基づく損害賠償制度の基本原則ないし基本理念と相いれないものであると認められる」として，「本件外国判決のうち，補償的損害賠償及び訴訟費用に加えて，見せしめと制裁のために被上告会社に対し懲罰的損害賠償としての金員の支払を命じた部分は，我が国の公の秩序に反

するから，その効力を有しないものとしなければならない」と判示した。

　なお，外国裁判所の家事事件についての裁判の承認については，家事法79条の2に規定が置かれ，民訴法118条が準用されている。家事法79条の2の対象となる「外国裁判所の家事事件についての確定した裁判」に該当するか否かは，日本法の立場から判断すべきであり，当該外国裁判所の裁判の対象となる事項が日本法において家事事件の対象とされているものといえるか否か等の観点から判断されることになる（→第5章5）。

　家事事件については，対立当事者が存在し訴訟事件に類似した性質を有する事件（たとえば子の監護に関する処分など）もあれば，対立当事者の存在が前提とされておらず国が後見的に関与をする事件（たとえば失踪宣告など）もあるなど，多様な事件の性質に応じた柔軟な承認要件の設定を許容する必要があることから，「その性質に反しない限り」民訴法118条を「準用」するとされている。

## [2]—— 外国判決の執行

-------------------------------------------------

**＊民事執行法22条**
（債務名義）
　強制執行は，次に掲げるもの（以下「債務名義」という。）により行う。
一　確定判決
……（中略）……
六　確定した執行判決のある外国裁判所の判決（家事事件における裁判を含む。第24条において同じ。）
六の二　確定した執行決定のある仲裁判断
七　確定判決と同一の効力を有するもの（第3号に掲げる裁判を除く。）
**＊民事執行法24条**
（外国裁判所の判決の執行判決）
　外国裁判所の判決についての執行判決を求める訴えは，債務者の普通裁判籍の所在地を管轄する地方裁判所（家事事件における裁判に係るものにあつては，家庭裁判所。以下この項において同じ。）が管轄し，この普通裁判籍がないときは，請求の目的又は差し押さえることができる債務者の財産の所在地を管轄する地方裁判所が管轄する。
2　前項に規定する地方裁判所は，同項の訴えの全部又は一部が家庭裁判所の管轄に属する場合においても，相当と認めるときは，同項の規定にかかわらず，申立てにより又は職権で，当該訴えに係る訴訟の全部又は一部について自ら審理及び裁判をすることができる。
3　第1項に規定する家庭裁判所は，同項の訴えの全部又は一部が地方裁判所の管轄に属す

る場合においても，相当と認めるときは，同項の規定にかかわらず，申立てにより又は職権で，当該訴えに係る訴訟の全部又は一部について自ら審理及び裁判をすることができる。

4　執行判決は，裁判の当否を調査しないでしなければならない。

5　第 1 項の訴えは，外国裁判所の判決が，確定したことが証明されないとき，又は民事訴訟法第118条各号（家事事件手続法（平成23年法律第52号）第79条の 2 において準用する場合を含む。）に掲げる要件を具備しないときは，却下しなければならない。

6　執行判決においては，外国裁判所の判決による強制執行を許す旨を宣言しなければならない。

----------------------------------------------

　日本国内において強制執行を行うためには，「債務名義」が必要となる（民事執行法22条）。外国判決それ自体は，債務名義とされていないが，「確定した執行判決のある外国裁判所の判決」は，債務名義とされている（同条 6 号）。すなわち，外国判決に基づく強制執行を行うためには，日本の裁判所に「執行判決」を請求する必要がある。

　執行判決の請求手続は，民事執行法24条に規定されている。第 1 に，債務者の普通裁判籍の所在地を管轄する地方裁判所又は家庭裁判所に国内管轄が認められる（ 1 項ないし 3 項）。

　第 2 に，執行判決の請求手続で審理されるのは，民訴法118条の要件（外国判決の承認要件）を具備しているか否かの点である（ 5 項）。外国裁判所で行われた裁判の当否を改めて審理するわけではない（実質的再審査の禁止。 4 項）。

# 5　その他の問題

　渉外事件に特有な手続上の諸問題は，判決手続や執行手続だけでなく，保全手続や倒産処理手続などでも生ずる（たとえば，民事保全法11条，「外国倒産処理手続の承認援助に関する法律」などを参照）。

　また，近年，国際商事紛争の解決方法として，仲裁などの裁判外手続が活発に利用されている。仲裁では，原則として当事者の合意によって手続内容を定めることが可能であり，前述のような手続上の諸問題についても，当事者にとって衡平な態様での解決が可能である。さらには，1958年「外国仲裁判断の

承認及び執行に関する条約」（ニューヨーク条約）に多数の諸国が加盟しており，仲裁判断については，ほぼ全世界的に承認・執行が可能となっていることも，実務上，大きな意味をもっている。世界の中では信頼できる裁判所をもつ国ばかりではないこともあり，国際取引については，訴訟ではなく，むしろ仲裁が主たる紛争解決方法となっている。

【参考文献】

2-① 池田綾子編著『詳解　国際家事事件の裁判管轄』（日本加除出版，2019年）

2-② 澤木敬郎「『手続は法廷地法による』の原則について」立教法学13号31頁（1974年）

2-③ 澤木敬郎＝青山善充編『国際民事訴訟法の理論』（有斐閣，1987年）

2-④ 高桑昭・道垣内正人編『新・実務裁判大系(3)国際民事訴訟法（財産法関係)』（青林書院，2002年）

2-⑤ 多田望『国際民事証拠共助法の研究』（大阪大学出版会，2000年）

2-⑥ 芳賀雅顯『外国判決の承認』（慶應義塾大学出版会，2018年）

# 第3章　準拠法決定

【キーワード】　法性決定／連結点と属人法／不統一法国／反致／公序

## *1*　準拠法決定プロセス

　第1章で見たように，国際私法において最も重要となるのは，準拠法の決定になる。ここで準拠法決定プロセスを，カードリーダー事件最判（→**★判例1 ─1**）を参考にみてみよう。

①　「米国特許権に基づく差止め及び廃棄請求は，正義や公平の観念から被害者に生じた過去の損害のてん補を図ることを目的とする不法行為に基づく請求とは趣旨も性格も異にするものであり，米国特許権の独占的排他的効力に基づくものというべきである。したがって，米国特許権に基づく差止め及び廃棄請求については，その法律関係の性質を特許権の効力と決定すべきである。」

②　「特許権の効力の準拠法に関しては，法例等に直接の定めがないから，条理に基づいて，当該特許権と最も密接な関係がある国である当該特許権が登録された国の法律によると解するのが相当である。けだし，㋐特許権は，国ごとに出願及び登録を経て権利として認められるものであり，㋑特許権について属地主義の原則を採用する国が多く，それによれば，各国の特許権が，その成立，移転，効力等につき当該国の法律によって定められ，特許権の効力が当該国の領域内においてのみ認められるとされており，㋒特許権の効力が当該国の領域内においてのみ認められる以上，当該特許権の保護が要求される国は，登録された国であることに照らせば，特許権と最も密接な関係があるのは，当該特許権が登録された国と解するのが相当であるからである。」

③　「したがって，特許権に基づく差止め及び廃棄請求の準拠法は，当該特許

権が登録された国の法律であると解すべきであり，本件差止請求及び本件廃棄請求については，本件米国特許権が登録された国であるアメリカ合衆国の法律が準拠法となる。」

　ここで，最高裁は，まず，米国特許権に基づく差止めと廃棄請求につき，それがどのような性質を帯びた法律関係であるかを検討している（上記①：ここでは特許権の効力という性質の法律関係と判断している）。その次に，そこで決定された性質の法律関係について，どこの国に最も密接な関係があるかを検討している（上記②：ここでは当該特許権が登録された国と判断している）。最後にその国が具体的な事案に照らしてどこの国になるのか，すなわち準拠法がどこの国の法になるかを判断している（上記③：ここではアメリカ合衆国と判断している）。このうち，①でしている作業のことを法律関係の性質決定（法性決定）ということはすでに説明した通りである。また②でしている作業，すなわち，ある性質の法律関係がどこの国に最も密接な関係があるかを探る作業については，通常はカードリーダー事件最判のしているような複雑な検討をする必要がない。適用通則法に規定がおかれている性質の法律関係については，どこの国に最も密接な関係があるかにつき，条文で示されているからである。この，各条文で示される当該法律関係が最も密接な関連を有する場所のことを連結点という。以下，それぞれのプロセスでの作業及び注意点をみておこう。

## 2　法性決定

　準拠法を決定するためにしなければならない作業の１つ目は，上で見たように，法性決定である。法性決定をするためには，まず，問題となる法律関係を切り出す作業が必要となる。たとえば，カードリーダー事件では，アメリカ合衆国特許権の侵害があると主張した原告は，侵害行為の差止め，侵害行為の結果作られた製品の廃棄，侵害行為により生じた損害の賠償の３つの請求をしているが，裁判所はこれらの請求を前２者と後１者に分けて，前２者を特許権の効力，後１者を不法行為と法性決定した。このように法律関係の性質に応じて切り分けられた法律関係のことを単位法律関係という。国際私法上は，原則と

して1つの単位法律関係につき準拠法は1つと考えられている。

## *3*　連結点と属人法

------------------------------------------------

**＊通則法38条**

（本国法）

　当事者が2以上の国籍を有する場合には，その国籍を有する国のうちに当事者が常居所を有する国があるときはその国の法を，その国籍を有する国のうちに当事者が常居所を有する国がないときは当事者に最も密接な関係がある国の法を当事者の本国法とする。ただし，その国籍のうちのいずれかが日本の国籍であるときは，日本法を当事者の本国法とする。

2　当事者の本国法によるべき場合において，当事者が国籍を有しないときは，その常居所地法による。ただし，第25条（第26条第1項及び第27条において準用する場合を含む。）及び第32条の規定の適用については，この限りでない。

3　当事者が地域により法を異にする国の国籍を有する場合には，その国の規則に従い指定される法（そのような規則がない場合にあっては，当事者に最も密接な関係がある地域の法）を当事者の本国法とする。

**＊通則法39条**

（常居所地法）

　当事者の常居所地法によるべき場合において，その常居所が知れないときは，その居所地法による。ただし，第25条（第26条第1項及び第27条において準用する場合を含む。）の規定の適用については，この限りでない。

**＊通則法40条**

（人的に法を異にする国又は地の法）

　当事者が人的に法を異にする国の国籍を有する場合には，その国の規則に従い指定される法（そのような規則がない場合にあっては，当事者に最も密接な関係がある法）を当事者の本国法とする。

2　前項の規定は，当事者の常居所地が人的に法を異にする場合における当事者の常居所地法で第25条（第26条第1項及び第27条において準用する場合を含む。），第26条第2項第2号，第32条又は第38条第2項の規定により適用されるもの及び夫婦に最も密接な関係がある地が人的に法を異にする場合における夫婦に最も密接な関係がある地の法について準用する。

------------------------------------------------

## [1]——　本国法

　単位法律関係毎に法性決定をする作業が終わると，次の連結点の確定という作業に進むことになる。上で述べたように，連結点は通常通則法の条文で示さ

れている。たとえば，通則法4条は「人の行為能力は，その本国法によって定める」と規定する。この条文を丁寧に読み解くと，「人の行為能力と法性決定された単位法律関係の連結点は問題となっている人の本国であり，その本国が属する国の法が準拠法となる」ということを言っているわけである。本国以外の連結点として，たとえば目的物の所在地（通則法13条）や加害行為の結果発生地（通則法17条）などがあるが，具体的には各章で確認することとなる。

　ここで，通則法を眺めてみると，上で触れた4条以外に，24条以下の条文で「本国」という連結点が多用されていることが分かるだろう。24条以下の条文は家族法に関するものであり，そこで本国という連結点が多用されていると言うことは，日本の国際私法が国籍を基準として人の身分関係を規律しようと考えていることを表している。このことを，日本の国際私法では属人法を決定する基準として国籍を採用する本国法主義に立っていると説明することもある。ここでいう属人法とは，人がどこへ行ってもその人に追随して適用される法律である。比較法的には属人法の基準を国籍とするか，住所とするかにより以下の2つの主義に分かれる。

① 　本国法主義：ある者が国籍を有する国の法をその属人法として適用する主義。属人法決定のための連結点として国籍を基準とすることから国籍主義ともいう。

② 　住所地法主義：ある者が住所を有する地の法をその属人法として適用する主義。属人法決定のための連結点として住所を基準とするため住所主義ともいう。

このうち，日本の国際私法は本国法主義に立っていることは上に述べたとおりである。

　また，通則法上，本国という連結点を採用する結果，本国が2つ以上ある重国籍者，あるいは本国が存在しない無国籍者の扱いについてルールを定める必要がある。通則法38条は重国籍者の本国法，無国籍者の本国法を決定するための規定である。

　まず1項では，重国籍の1つが，日本国籍の場合には，常に，日本法が本国法となるといういわゆる内国国籍優先の原則を定め，重国籍のいずれもが外国国籍の場合でかつその外国のいずれかに当事者が常居所を有するときには，そ

の常居所を有する国の法律が本国法となり，重国籍のいずれもが，外国国籍の場合，その外国のいずれにも当事者が常居所を有しないときには，その中で当事者に最も密接な関係のある国の法律が本国法となる，とする。

2項は無国籍者については本国法に代えて常居所地法を適用すると規定する（なお，この規定は婚姻の効力についての通則法25条など段階的連結が採用されている法律関係には適用がない）。

### [2]—— 常居所地

また，適用通則法をながめると，本国という連結点と並んで常居所地という連結点が多く利用されていることに気がつくだろう。この常居所地とは，人が相当期間居住することが明らかな地を意味する。この概念は，ハーグ国際私法会議の作成する条約において，住所に代えて用いられるようになった概念であり，法律概念である「住所」とは異なり事実概念であるのでその決定について議論が生じる余地はないとされるが，具体的な基準は不明確である。実務においては，平成元年10月2日法務省民二第3900号民事局長通達（基本通達）で示されている基準が利用されている。

▽▽《参考》
日本国際私法上の「常居所」—平成元年10月2日法務省民二第3900号民事局長通達
　(a)　日本における常居所の認定の場合
①　日本人：　住民票がある場合認定する。国外転出のため，住民票が削除された場合でも出国1年以内であれば，常に日本に常居所を認定する。また，特別の場合を除き，出国後1年以上5年以内であれば同様とする。
②　外国人：　出入国管理及び難民認定法による在留資格に応じて，1年以上または5年以上在留している場合認定する。ただし，出生以来出国していない場合には，常に常居所を認定する。外交官，不法入国者，観光ビザなどの来日者には常居所は認定されない。
　(b)　外国における常居所の認定の場合
①　日本人の場合：　通常の居住目的の場合は，その外国に5年以上，永住目的等特別の場合は1年以上居住する場合認定する。
②　外国人の場合：　本国における常居所の認定については，本国に住民登録している場合はその本国に常居所を認定する。その他日本における日本人の常居所の認定の場合に準じる。第三国における常居所の認定については，日本における外国人の常居

所の認定の場合に準じる。

# 4　不統一法国

　日本の法制度上は民法，商法などの法律について，地域や人の属している集団によってその内容が異なることはない。したがって東京でしか適用されない法律は存在しないし，大阪府出身の人間にしか適用されない法律もない。しかし，世界の国をみてみると，日本のように一国に１つの法体系しか存在しない国ばかりではなく，地域ごとに法律が異なる「地域的不統一法国」や，地域差はなく人の属している集団ごとに集団に適用される法律が異なる「人的不統一法国」が存在している。このような国の国籍を有している人の本国法が準拠法となる場合，複数存在する法のどれを準拠法とすれば良いか問題となり得る。この問題は，連結点が本国となる場合に，準拠法を決定する３番目のプロセスで典型的には問題となり得る。

　通則法は，地域的不統一法国や人的不統一法国が本国である者について特別なルールを設けている。まず，地域的不統一法国については，38条３項が「その国の規則に従い指定される法（そのような規則がない場合にあっては，当事者に最も密接な関係がある地域の法）を当事者の本国法とする」としており，準拠法として指定される本国法が何らかのルールを定めていれば，それによって本国法を決定する旨を定めている。これを間接指定主義という。また，人的不統一法国に属する者の本国法については，通則法40条１項が，「その国の規則に従い指定される法（そのような規則がない場合にあっては，当事者に最も密接な関係がある法）を当事者の本国法とする」と定め，地域的不統一法国の場合と同じく間接指定主義を採用している。

# 5 反　致

---

**＊通則法41条**
（反致）
　当事者の本国法によるべき場合において，その国の法に従えば日本法によるべきときは，日本法による。ただし，第25条（第26条第１項及び第27条において準用する場合を含む。）又は第32条の規定により当事者の本国法によるべき場合は，この限りでない。

---

　上で述べた３つのプロセスを経て準拠法が決まったとしても，そのまま準拠法が事案に適用されない場合がある。その１つが反致といわれる問題である。反致とは，法廷地の国際私法の本来の法則だけに基づくのではなく外国の国際私法の規定をも考慮して準拠法を決定する原則である。通則法は41条で反致について「当事者の本国法によるべき場合において，その国の法に従えば日本法によるべきときは，日本法による」旨を規定している。しかしただし書で「ただし，第25条（第26条第１項及び第27条において準用する場合を含む。）又は第32条の規定により当事者の本国法によるべき場合は，この限りでない」として，いわゆる段階的連結が採用されている各条を反致の適用対象から外している。そのため，実際に反致の適用があるのは通則法４条・24条・28条から31条・33条から37条によって本国法が適用される場合に限られる。

### ▼▼【もっとくわしく3－2】　反致の根拠　【総論】

　従来，国際私法において反致が認められる理論的根拠として，総括指定説（外国法の指定を総括指定，すなわち，その外国の国際私法を含む全法律秩序への指定と解する），棄権説（国際私法によりある外国法が準拠法として指定された場合，その外国の国際私法が他国の法律を指定しているときには，その外国は，その法律関係に関して自国法の管轄を否定

しているということができる），また実際的根拠として内国法適用拡大説（内国法への反致を認めると，本来外国法を適用すべき場合に内国法を適用すればよいことになるから，内国法の適用される場合を拡大することになり，内国にとって利益が大きい）および国際的判決調和説（反致を認めることは，諸国の国際私法の対立，ことに属人法に関する本国法主

義と住所地法主義の対立の調和に役立つ
という見地から望ましい）が主張される。

しかし，わが国においては反致に対して
全面的に肯定する見解は有力ではない。

# *6* 公　　序

---------------------------------------------

＊通則法42条
　（公序）
　外国法によるべき場合において，その規定の適用が公の秩序又は善良の風俗に反するとき
は，これを適用しない。

---------------------------------------------

## ［1］—— 国際私法上の公序

　反致以外にも，3プロセスを経て決定された準拠法がそのまま準拠法として
適用されない場合がある。それが公序（通則法42条）である。公序についても，
反致と同じく，外国法が準拠法となる場合にのみ問題となることについては注
意が必要である。

　国際私法上の公序を適用するためには，①外国法の適用の結果が法廷地の公
序良俗に反すること，および②問題となる事案が法廷地と密接な関係（内国牽
連性ともいう）を有することが必要である。

【参考文献】
《主要文献》リスト掲載のもの。

# 国際家族法

# 第**4**章　婚姻の成立

【キーワード】　属人法／配分的適用／一方的要件／双方的要件／本国法／婚姻挙行地法
／選択的連結／日本人条項

--------------------------------------------

＊通則法24条
　（婚姻の成立及び方式）
　　婚姻の成立は，各当事者につき，その本国法による。
２　婚姻の方式は，婚姻挙行地の法による。
３　前項の規定にかかわらず，当事者の一方の本国法に適合する方式は，有効とする。ただ
　し，日本において婚姻が挙行された場合において，当事者の一方が日本人であるときは，
　この限りでない。

--------------------------------------------

# *1*　概　　観

　この章では，婚姻の成立に関する問題を取り上げる。婚姻が成立するために
は，当事者に婚姻意思があるか，婚姻することができる年齢であるかなどの実
質的成立要件と，届出や儀式といった婚姻を成立させるのに必要な外面的行為
としての形式的成立要件（方式）とが満たされなければならない。その準拠法
については，通則法24条が規定する。同条は，1項において「婚姻の成立」の
準拠法を定めているが，「婚姻の方式」については2・3項に従う。つまり，
通則法24条1項は婚姻の実質的成立要件の準拠法を，2・3項は婚姻の形式的
成立要件の準拠法を規定しているのである。これらの準拠法は，日本で挙行さ
れる婚姻が有効に成立したかということだけでなく，外国で挙行された婚姻が
日本でどのように取り扱われるかについても規律する。
　婚姻の成立についての争いは，裁判では，婚姻の無効・取消事件の形で現れ

る。これらの事件の国際裁判管轄については，離婚事件の国際裁判管轄の箇所で述べる（→第**6**章**2**）。

## **2**　婚姻の成立の準拠法──婚姻の実質的成立要件

### [1]──　総　　論

> **[設例4-1]　一郎と琳のケース**
> 日本人の20歳の男性一郎と，中国人の20歳の女性琳は結婚できるか。

【参照条文】　日本民法731条
　　　　　　　中国婚姻法6条　男22歳，女20歳

　婚姻の実質的成立要件に適用されるべき法，すなわち，婚姻の実質的成立要件の準拠法については，比較法的にみて，2つの立場がある。1つは，婚姻挙行地法主義，もう1つは，属人法主義である。第1の婚姻挙行地法主義とは，婚姻の実質的成立要件の問題は，婚姻挙行地（婚姻関係の締結行為がされた地）の法律により規律されるべきであるとする主義である。第2の属人法主義とは，婚姻の実質的成立要件の問題は，人の身分に関する問題であるから，一般に人の身分の問題に適用される属人法によるべきであるとする主義であり，属人法決定の基準として国籍をとる本国法主義と，住所をとる住所地法主義とにわかれる【総論】（→第**3**章**3**）。

　通則法24条1項は，このうち属人法主義（本国法主義）を採用している。属人法主義では，当事者2人の属人法が異なる場合に2つの法がどのようにして適用されるのかが問題となる。通則法24条1項は，当事者の属人法，すなわち本国法を対等に考慮するために，各当事者の婚姻の実質的成立要件をそれぞれの本国法により判断し，それぞれの本国法上の婚姻の実質的成立要件が満たされていれば婚姻が成立するという方法を採用している。このように1つの単位法律関係を当事者ごとに各自の準拠法秩序（設例では，当事者それぞれの本国法である日本法と中国法）に結びつけ（連結し），各当事者につきその準拠法を適用する方法を配分的適用という。設例の一郎と琳は，それぞれ本国法を配分的に適用した結果，婚姻年齢に達しているため結婚することができる。

## ［2］―――　個別の問題

　婚姻の実質的成立要件には，実質法上，積極的要件（婚姻が成立するために存在することを必要とする要件）と消極的要件（存在しないことを必要とする要件）との区別がある。ただし，これらの区別は準拠法を決定する上ではそれほど大きな影響を与えない。準拠法を決定する場合に重要なのは，一方の当事者についてのみ問題となる要件（一方的要件あるいは一方的婚姻障害）と双方の当事者について問題となる要件（双方的要件あるいは双方的婚姻障害）との区別である。ある要件が一方的か双方的かの決定はいかなる基準によるべきだろうか。この点，法性決定の問題であり国際私法規則（通則法24条1項）の解釈問題とする見解と，準拠実質法たる各当事者の本国法の解釈問題として解決すべきであるとする見解とがあり，前者が通説とされる。

　(a)　婚姻年齢

> **［設例4－2］　次郎とヤスミンのケース**
> 20歳の日本人次郎は，10歳のイラン人女性ヤスミンと結婚できるか。

【参照条文】　日本民法731条
　　　　　　　イラン法　婚姻年齢についての定めなし（なお，女13歳，男15歳に達する前に婚姻する場合には，親権者の同意と裁判所の許可が必要となる。）

　国際私法規則の解釈として，婚姻年齢は，一方当事者の状態のみで判断可能であるため，一方的要件であるととらえるのが一般的である。したがって，**［設例4－1］**の一郎と琳の場合については，先ほど解答を示したとおり，一郎が日本法上の要件を満たしており，琳が中国法上の要件を満たしているため婚姻が許される。**［設例4－2］**の場合も，次郎は日本法上の要件を，ヤスミンはイラン法上の要件を満たしているといえそうである。しかしながら，この場合には公序（通則法42条→**第3章6**参照）の問題が生じる。

　(b)　再婚禁止期間

> **［設例4－3］　ジャン・ピエールと美津子のケース**
> 日本国籍の善雄と離婚した日本国籍の女性美津子は，できるだけ早くＸ国籍の男性ジャン・ピエールと再婚したいと思っている。美津子が昨年末に離婚していたとすれば，今年の6月にめでたくジューン・ブライドになることができるだろうか。なお，Ｘ国の婚姻法では，女性は前婚解消後300日間結婚することができない。

　日本民法733条に規定するように離婚の後一定の期間をおかなければ再婚することができない制度のことを，再婚禁止期間または待婚期間という。この婚姻障害が一方的要件か双方的要件かについては争いがあるが，通説は，夫，妻の両者にとって出生子の法律上の父親の確定の問題が生じるため，双方に関わる問題であるとしてこれを双方的要件ととらえる。その上で，両当事者の本国法においてその期間に差異がある場合には，より長い期間を定める法によるとする。このように2つ以上の法が準拠法となりうる場合に，要件の欠缺に対してより厳格な効果を認める法や，より厳格な要件を定める法によることを一般に厳格法の原則という。

　**[設例4−3]** の場合は，日本民法の定める100日の再婚禁止期間とX国婚姻法の定める300日間の再婚禁止期間とが重なって適用され，300日間というより長い期間の要件を満たしていなければ婚姻が許されないことになる。

　なお，再婚禁止期間内にしたアメリカ人（カリフォルニア州民）同士の婚姻を無効とした浦和家裁の審判（**★判例4−1**）がある。

### ★判例4−1　再婚禁止期間
**浦和家審昭和38・6・7家月15巻8号131頁［百選56事件：金汶淑］**
　「本件についての準拠法は，法例13条［通則法24条］により，それぞれ当事者の本国法であるカルフォルニア州法によるべきところ」，同「法によれば該判決はその言渡の日から満1ケ年を経過するまでその効力を発生しないすなわち判決言渡の日から満1ケ年間は離婚の効力を発生しないことが明らかであって，上記州法によればその離婚の当事者の一方が判決言渡後1ケ年以内に次の婚姻をなしたときは，それがカルフォルニア州外でなされた場合においてもその婚姻は，無効であることが認められる。そうすると申立人と相手方との本件婚姻は，申立人の上記離婚判決言渡後1年以内になされたものであるから，無効であるといわなければならない。」

(c)　近親婚

### [設例4−4]　ユキとペーター
日本人女性ユキは，自分のおじに当たるドイツ人ペーターと結婚できるか。

【参照条文】　日本民法734条，735条
　　　　　　ドイツ民法1307条　婚姻は，直系血族間，父母の双方または一方を同じくする兄弟姉妹間では，締結することができない。

> **[設例4―5]　同姓同本不婚**
> 　Ｙ国では，儒教の家父長制の思想により，父系血族の純粋性を保つため，同姓同本（姓が同じでその姓の発祥地も同一であることをいう）の結婚が禁止されている。いずれもＹ国籍を有し，同姓同本の遠い親戚であるＡ男とＢ女は日本で結婚できるか。
> 　なお，韓国は，Ｙ国と同様の制度を有していたが，現在では改正法により同姓同本の結婚は認められるようになった。

　近親婚に関する要件は，相手との関係を見ないでは決定できない問題であることから，双方的要件とされる。したがって，いずれか一方の本国法により禁止される近親婚は認められない。つまり，**[設例4―4]** では，ユキの本国法である日本民法上禁止されるため，婚姻は許されない。また，**[設例4―5]** のような場合，2人の婚姻はその本国法上禁止されるが，日本民法では許容されているものであり，そうすると公序（→第3章**6**参照）との関係が問題となりうる。しかしながら，単に日本法の定める近親婚の範囲と準拠法上の範囲が異なるだけでは公序違反とならないとするのが通説の見解である。

　(d)　重婚の禁止

> **[設例4―6]　ブディと明子のケース**
> 　イスラム教国のインドネシアでは，一夫多妻制が認められている。日本人女性明子は，インドネシア国籍を有する男性ブディと大恋愛中であるが，彼にはすでに妻がいる。明子はブディと結婚できるか。

　同様に重婚の禁止も双方的要件とされる。**[設例4―6]** では，明子の本国法である日本法で重婚が禁止されているため結婚できない。また，仮に両当事者の本国法上重婚が禁止されていない結果，重婚が本国法上認められるとされる場合であったとしても，わが国において重婚を成立させることは公序（→第3章**6**）に反することとなり認められない。


**[3]―― 婚姻の無効・取消し**

　婚姻の実質的成立要件を欠いた結果，婚姻が無効となるのか，取り消されうるのかの決定は，その要件の欠缺が問題となっている一方当事者の本国法によるものとされる。当事者双方について要件の欠缺が生じている場合には，要件

の欠缺についてより厳格な効果を発生させる法律によることとなる。

## 3　婚姻の方式の準拠法——婚姻の形式的成立要件

---

**［設例4－7］　春男と建英のケース**

　日本国籍の春男はG国人女性建英とG国の台北酒家で盛大な結婚披露宴を催して結婚した。春男は建英をともない帰国したが，まだ日本の戸籍吏（市区町村長）に届出をしていない。2人の結婚は日本で有効な婚姻といえるか。

　婚姻の方式は，G国民法によれば，公開の儀式と2人以上の証人の存在を要する（儀式婚）が，日本民法739条によれば届出が必要とされ（憲法24条1項と比較），民法742条は届出がない婚姻は無効とする。

　なお，台湾民法はG国法と同様の規定を有していた（982条）が，現在では婚姻の登記を要する。

---

**［設例4－8］　春男と建英のケース　その2**

　春男と建英の披露宴が京都の上海飯店で催されたが，まだ日本の戸籍吏に届出をしていない。この婚姻は有効に成立しているか。

---

**［設例4－9］　ソジンと建英のケース**

　G国人女性建英と韓国人男性ソジンが日本で**［設例4－7］**のような儀式婚の方式により挙行した婚姻は，日本法上の届出がなくとも有効に成立しているか。

---

　通則法24条2・3項は，婚姻の形式的成立要件（方式→**第14章2，3**）の準拠法について，原則として，婚姻挙行地法と当事者の一方の本国法の選択的連結を定めている。選択的連結とは，ある法律関係の成立について，連結すべき準拠法を複数挙げ，そのいずれかの準拠法により要件が満たされる場合は，その法律関係の成立を認めることにするという連結方法のことである。さらに同条3項ただし書は，日本で婚姻が挙行された場合で当事者の一方が日本人のときには，必ず日本法によるべきと定めている。このような規定を，日本人条項という。婚姻の方式について日本人条項がおかれた理由は，わが国において，日本人と外国人との婚姻に外国方式によることを認めると，その日本人の戸籍に反映されないまま婚姻の成立が認められることになり，本人のほか，その出生

子について，国籍の決定その他の関係において不都合が生じるおそれがあるか
ら，とされる。

　通則法24条 2 項の婚姻挙行地は，日本に限定されるものではなく，外国で婚
姻を挙行する場合には，当該外国法の定める方式によることができる。このよ
うに，通則法24条は，外国での婚姻も適用対象とする（→ 4 ）。

　この条文に沿って設例を考えてみると，**[設例 4 ― 7 ]** では G 国で G 国法に
従って婚姻を挙行しているため（挙行地法上有効），たとえ日本法上は形式的成
立要件を満たしていなくとも，有効な婚姻であるといえる。もっとも，この場
合，婚姻の有効性にかかわることではないが，戸籍への反映のため報告的届出
が要求される（戸籍法41条）。**[設例 4 ― 8 ]** の婚姻は，日本での日本人の関係
する婚姻であるため，たとえ当事者の一方の本国法である G 国法上の形式的
成立要件を満たしているとしても，日本法上有効な方式に則って婚姻を挙行し
ていない（届出をしていない）ため，この婚姻は成立していない。日本人条項が
あるからである。**[設例 4 ― 9 ]** では，当事者の双方が外国人でありかつ一方
が G 国人であるため，原則に従い，当事者の一方の本国法に従った方式で挙
行された婚姻として有効なものと認められる。

---

**[設例 4 ―10]　ユリとポールのケース**
　日本人女性ユリと英国人男性ポールは，英国でともに生活している。この度， 2
人は結婚しようと，婚姻届をユリの本籍地（日本）に直接郵送することによって提
出した。この婚姻は有効に成立しているか。

---

　婚姻の形式的成立要件については，前述のとおり，日本で婚姻が挙行された
場合で当事者の一方が日本人であるときを除いて，婚姻挙行地法と当事者の一
方の本国法のいずれかの要件を満たせばよいことになっている（通則法24条
2 ・ 3 項）。ユリの本国法である日本法では，婚姻には届出という方式が要求さ
れており（民法739条），この届出は郵送によってすることができる（戸籍法47条
参照）。 2 人の婚姻の方式は日本法に適合しており，婚姻は有効に成立する。

　この **[設例 4 ―10]** は，神戸地判平成 9 ・ 1 ・29判時1638号122頁［百選58事
件：奥田安弘］をモデルにしている。問題となった婚姻の届出がされた当時は，
婚姻の方式は原則として婚姻挙行地法によるとされ，外国にいる日本人同士の

婚姻についてのみ例外的に在外領事館への届出が認められていた（平成元年改正前法例13条・民法741条）。この判決では，そのような状況を前提に，「『婚姻挙行地』は，婚姻という法律行為をなす地であって，身分登録官吏に対する届出，宗教的儀式，公開の儀式等をする地を意味するものであり，当事者が現在しない地は右『婚姻挙行地』には当たらない」としつつも，婚姻の保護のため，「既に婚姻届がなされている日本の地において後に婚姻の実質を有する共同生活が営まれるようになった場合には，少なくともその時点においては右婚姻生活の営まれる日本が『婚姻挙行地』となる」と解釈して，婚姻を有効なものと認めた。このような解釈には学説上批判が多かったが，現在では，外国人と婚姻する日本人が婚姻届を本籍地に直接郵送することは，前述のとおり，通則法24条3項本文により当事者の一方の本国法である日本法に適合するものとして方式上有効であるため，このような解釈は不要となった。

## 4　外国での婚姻

> **［設例4−11］　友介とミシェルのケース**
> 日本人男性友介とフランス人男性ミシェルがフランスで婚姻を挙行した。2人の婚姻は，フランスでは有効なものとして登録されている。この婚姻は，日本ではどのように取り扱われるか。

【参照条文】　フランス民法143条　婚姻は，異性または同性の2人の者によって締結される。
フランス民法202-1条(1)　婚姻を締結するために必要な資格および条件は，各当事者につき，その属人法（本国法）による。適用される属人法（本国法）がどのようなものであれ，婚姻は，146条および180条1項の意味における当事者双方の同意を必要とする。
(2)　同性の2人の者は，少なくともその一方につき，その属人法（本国法）またはその者が住所または居所を有する領域の属する国の法が認める場合には，婚姻を締結することができる。

外国において挙行された婚姻が日本において有効に成立したものとして取り扱われるかどうかは，当該外国での取扱いにかかわらず，これまで説明してきた日本の国際私法規則で定まる準拠法によって判断される。**［設例4−7］**についてみたように，外国で挙行される婚姻の方式は，通則法24条2・3項により，婚姻挙行地法と当事者の一方の本国法のいずれかの定める方式に適合して

いればよい。外国で挙行される婚姻の実質的成立要件については，通則法24条
1項に従う。このことは，外国で登録されているなど，外国国家が関与してい
るかどうかで変わることではない。

　**【設例 4 ─ 11】**の婚姻は，フランスではフランスの国際私法規則に従い有効
なものとして登録される。フランスの国際私法規則によると，同性婚は，当事
者の一方の本国法，住所地法，居所地法のいずれかにより有効であれば成立す
る。**【設例 4 ─ 11】**では，ミシェルの本国法が同性婚を認めるフランス法であ
るため，2 人はフランスで有効に婚姻することができる。しかしながら，この
婚姻は日本では成立していないものとして取り扱われる。なぜなら，婚姻の実
質的成立要件は，通則法24条 1 項により，各当事者の本国法によるところ，友
介の本国法である日本法は現在，同性婚を認めないという立場であるためであ
る。

　**【参考文献】**
　4 -①　北坂尚洋「外国で挙行された婚姻の有効性の承認──1978年ハーグ条約及びスイ
　　　　ス国際私法のアプローチ」阪大法学50巻 1 号167-194頁（2000年）
　4 -②　佐藤やよひ「国際結婚」国際法学会編『個人と家族』（日本と国際法の100年）127
　　　　-151頁（三省堂，2001年）
　4 -③　中西康「比較国際私法における登録パートナーシップ」法学論叢156巻 3 ・ 4 号
　　　　293-355頁（2005年）
　4 -④　林貴美「日本国際私法における同性カップルの法的保護の可能性」年報14号 2 -32
　　　　頁（2012年）

# 第**5**章　婚姻の効力・夫婦財産制

【キーワード】　属人法／段階的連結／本国法／常居所地／法性決定／契約財産制／法定財産制／意思主義／客観的連結／動産・不動産区別主義／変更主義・不変更主義／当事者自治／量的制限説／分割指定または部分指定／内国取引の保護

## 1　概　　観

　第5章では，婚姻効力・夫婦財産事件の国際裁判管轄を紹介したうえで，婚姻の効力の準拠法を定めた通則法25条と夫婦財産制の準拠法を定めた通則法26条を扱い，最後に外国判決の承認として，婚姻の効力・夫婦財産制に関連する外国家事裁判の承認にも言及する。

## 2　婚姻効力・夫婦財産事件の国際裁判管轄

　婚姻の効力や夫婦財産制に関する渉外事件の類型として，夫婦財産契約による財産の管理者の変更（家事法別表第1の58項），夫婦間の協力扶助に関する処分，婚姻費用の分担に関する処分（同法別表第2の1，2の項）などがある。

　このうち，夫婦財産契約による財産の管理者の変更について，2018（平成30）年改正の家事法には国際裁判管轄の規定が設けられていない。その理由は，家庭裁判所の後見的な関与が必要な事件があれば，家庭裁判所による当事者間の利害関係の調整が必要な事件もあり，その性質が一概には決められないためとされる。その結果，従前どおり，条理に基づき，個別具体的な事案に応じて解釈に委ねることになるが，婚姻費用の分担に準じて処理すべきとする見解や，管理者の住所ないし夫婦財産契約の登記地が日本にあれば日本の裁判所が国際

裁判管轄を有するとする見解が主張されている。

　一方，夫婦間の協力扶助に関する処分と婚姻費用の分担に関する処分については，家事法3条の10は，申立人以外の扶養義務者又は扶養権利者の住所（住所がない場合又は住所が知れない場合には，居所）が日本国内にあるときは，日本の裁判所が国際裁判管轄を有する旨定めている（→第10章3[1]）。また，これらの処分は家事調停の対象であるところ，家事法3条の13第1項3号によれば，当事者が日本の裁判所に家事調停の申立てをすることができる旨の合意をしたときにも，日本の裁判所は国際裁判管轄を有する。

## *3*　婚姻の効力の準拠法

＊通則法25条
　（婚姻の効力）
　婚姻の効力は，夫婦の本国法が同一であるときはその法により，その法がない場合において夫婦の常居所地法が同一であるときはその法により，そのいずれの法もないときは夫婦に最も密接な関係がある地の法による。

### [1]──　婚姻の効力の準拠法決定

　通則法25条は，婚姻の効力の準拠法として，いわゆる段階的連結を採用している。その結果，第1段階として「夫婦の本国法が同一であるときはその法」により，第2段階として，そのような法律のない場合「夫婦の常居所地法が同一であるときはその法」により，第3段階として，そのような法律もない場合「夫婦に最も密接な関係がある地の法」が準拠法となる。

　段階的連結とは，ある法律関係について，連結すべき準拠法を複数，段階的に順序をつけて掲げ，第1段階の準拠法のないときには，第2段階の準拠法により，第2段階の準拠法もないときには，第3段階の準拠法によるというように，段階的に補充的準拠法を定める連結方法である。

(a)　同一本国法

> **［設例5-1］　二重国籍と同一本国法**
>
> 　オランダの国籍を持つ男性ヘルマンとオランダと日本の二重国籍を持つ女性コ
> リーの場合，通則法25条の適用上，夫婦の本国法が同一といえるか。この夫婦間で
> 扶養の問題が生じた場合，扶養義務の準拠法に関する法律2条1項ただし書の適用
> 上，当事者の共通本国法はどこか。

　通則法25条の第1段階にいう「夫婦の本国法が同一であるとき」という文言
には注意が必要である。夫婦の一方もしくは双方が重国籍者の場合には，まず
通則法38条1項により重国籍者の本国法を決定した後に，その本国法ともう一
方当事者の本国法とが同一であるかを判断することになる（→第3章**3**[ **1**]）。

　したがって，設例では，コリーの本国法は日本法となり，オランダ法を本国
法とするヘルマンとの間には，通則法25条の意味での同一の本国法は存在しな
いことになる。ただし，扶養義務の準拠法に関する法律には，通則法38条の適
用はないので（通則法43条→第**10**章**3**[ **2**]），同法が適用される限りでは，オラ
ンダ法が共通の本国法となる。

　なお，通則法38条2項は無国籍者については本国法に代えて常居所地法を適
用すると規定するが，この規定は婚姻の効力についての25条など段階的連結が
採用されている法律関係には適用がない。

(b)　同一常居所地法

　第2段階の常居所地法の判断について，第3章**3**[ **2**]で述べたとおりであ
る。なお，通則法39条は当事者の常居所が知れないときに，常居所地法に代え
て居所地法を適用すると規定するが，この規定は婚姻の効力についての25条な
ど段階的連結が採用されている法律関係には適用がない。

(c)　最密接関係地法

　第3段階の最密接関係地法については，具体的にどのように認定するのかが
問題となる。まず，他の段階の準拠法が，同一本国法，同一常居所地法とし
て，婚姻の効力に関するすべての問題について統一的に適用すべきものとされ
ることから，最密接関係地法についても統一的・画一的に判断すべきとする有
力説がある。それに対して，通説は，統一的・画一的な準拠法の指定は同一本
国法，同一常居所地法までにとどめるべきであり，それらがない場合には具体

的な事件ごとに最密接関係地法を判断するのが具体的正義の実現に資するとする。

### [2]── 通則法25条（により決定される準拠法）の適用範囲

(a)　日常家事債務の責任

> **[設例5-2]　ロナウドとダニエラのケース**
> ロナウドとダニエラは，6か月ほど以前から日本に居住するブラジル人夫婦である。ダニエラは，日本での生活のために冷蔵庫と大画面薄型テレビを購入した。ロナウドが，その代金について支払う責任があるかどうかについて判断する準拠法はなにか。

【参照条文】　日本民法761条
　　　　　　　ブラジル民法1643条1号および1644条は，配偶者の一方は家計に必要な物を購入することができ，このために生じた債務は配偶者双方の連帯責任とすると定める。

日常家事債務に対する配偶者の連帯責任については，夫婦間の財産関係の問題として通則法26条によるとする見解がある（たとえば，民法761条は民法第4編第2章第3節夫婦財産制に含まれている）。これに対して，この種の制度は夫婦の共同生活の円滑な運営のために強行的に認められるものであり，婚姻関係そのものの効果と考えられるから婚姻の効力の問題と解すべきとする見解もある。後者の見解によれば，設例の問題は，当事者の同一本国法であるブラジル法に従って判断されることになる。

(b)　婚姻費用の分担

> **[設例5-3]　婚姻費用分担の法的性質（→[設例10-2]）**
> 生まれて以来ずっと日本に居住し，かつ，中国籍を有する申立人麗華（女性）は，1969年，中国籍を有する建国と結婚し，A（女子）B（男子）2子をもうけたが，麗華・建国は不仲となり，麗華がA・Bを連れて建国のもとを出ていって以来，別居状態にある。別居後麗華は夫婦関係調整（離婚）調停の申立てをしたが，不調に終わったので，1991年（平成3年）に離婚訴訟を提起し，現在神戸地裁に係属中である。麗華は建国を相手に，1992年（平成4年）3月1日以降当事者の離婚または別居状態解消に至るまでの生活費の分担額の支払いを求めて，神戸家裁に審判の申立てをした。この請求は認められるだろうか。

婚姻費用の分担に関して，多数説は，扶養義務の準拠法に関する法律の適用範囲に属するものとして，婚姻の効力の適用範囲にはあたらないとする。扶養

義務の準拠法に関するハーグ条約が，各国の法制上用いられている名称のいかんにかかわらず，人の生活に必要なあらゆるカテゴリーの財産給付を同条約の対象とする扶養義務としていることから，扶養義務の準拠法に関する法律に定める扶養義務も広く解するべき，との理由からである。他方，婚姻生活維持のための財産的出捐についての問題は，婚姻生活費用負担の問題であるから夫婦財産制の準拠法によらしめ，その準拠法上定められた婚姻生活費用の負担の分配に関する原則に従い，負担義務者がその負担に耐えることができないようなときには，夫婦扶養の問題として扶養義務の準拠法によらしめるのが適当とする見解もある。

　設例の場合には，多数説に従えば，扶養義務の準拠法に関する法律2条により，扶養権利者麗華の常居所地法である日本法に従い扶養が受けられれば，それによることになる。一方，反対説に従えば，基本的に婚姻生活維持のため必要な出費については夫婦財産制の準拠法によることになるので，当事者間に準拠法の合意がなければ，同一本国法である中国法が適用される（→本章**4**）。ただし，負担義務者建国がその負担に耐えられなければ，扶養義務の準拠法によることになる（→第**10**章**3**[**2**]）。

(c)　婚姻と夫婦の氏

---

**[設例5-4]　氏の変更と準拠法**
　日本人男性の東山一郎と韓国人女性李貞姫が婚姻した。2人とも長期にわたって日本に住んでいる。
(1)　李貞姫は氏を東山に変えられるか。
(2)　李貞姫が氏を変更したくない場合認められるか。

---

【参照条文】　民法750条　戸籍法107条2項［外国人と結婚した日本人の氏の変更］
　　　　　　韓国法：婚姻により氏は変更しない。

　婚姻によって氏の変動があるのか否かの問題をどのように法性決定するかについては，諸説ある。まず，この問題を氏名権という夫婦それぞれの人格権に関する問題ととらえながらも，婚姻という身分変動の効果として生ずる問題であることを重視し婚姻にともなう夫婦の氏の問題は，婚姻の身分的効力の問題として通則法25条によるべきとする見解が従来の多数説であった。

　これに対して，氏の問題は，1つの独立の人格権たる氏名権の問題であるか

ら，夫婦の氏の問題も夫婦各自の属人法によるべきとする見解も有力に唱えられ，近時の判例にはこの説に立つものが散見される。設例の場合，前者の見解に立てば，夫婦の同一常居所地法の日本法により，夫または妻の氏のいずれかによることができるため，(1)の場合，李貞姫は東山姓に変更することができるし，(2)のように変更したくない場合には東山に氏を変更してもらえばよい。後者の見解では，各々本国法に従うため，(1)(2)いずれの場合でも李貞姫の氏は韓国法によることになり，変更しない。またこれら有力説等とは異なり，日本民法上の氏の規定は公法としての戸籍法体系の一部であって，外国人を含む婚姻の身分的効力の準拠法が日本法となっても当然には適用されるわけではないとする見解，原則として当事者の本国法によるものとしつつ，当事者に準拠法選択を認めて身分関係の効力の準拠法によることもできるものと解釈する方が条理にかなうとする見解もみられる。

　この点に関連して★判例5―1では，属人法説に拠りつつ，外国人配偶者が民法750条に規定する氏を有しえないとする戸籍実務を疑問視する判断を下した。

### ★判例5―1　夫婦の氏

京都家審昭和55・2・28家月33巻5号90頁［百選86事件：清水響，渉外判例百選93事件：海老沢美広］

*事実の概要

　日本人男子である申立人村松某（仮名）はスイスでスイス人女性マリア・コーネル（仮名）と婚姻した。スイス法では妻は夫の姓を称することから，スイス家族簿には夫婦の氏として Muramatu と登録された。夫婦は京都府宇治市で婚姻生活を送り長女が誕生した。長女の戸籍中の母欄には「コーネリア，マリア」と記載された。申立人はこれを「ムラマツ，マリア」と訂正させたもののそれだけでは満足できず，あらためて「ムラマツ」は「村松」に他ならないから母欄に「ムラマツ」と書く必要はない（たとえば，「父　村松某　母　マリア　長女　〇子」とする）として，その削除を求めた。

　「渉外関係にある婚姻による氏の問題の準拠法については，争いのあるところであるが，氏の問題は人の独立の人格権たる氏名権の問題として本人の属人法によるべきものと解すべきである。ところが，従来の国際私法上の通説によると，右に関する氏の問題は婚姻の身分的効力の問題として（旧）法例第14条［通則法25条］により夫の本国法によるものとし，夫が日本人の場合は民法第750条によるべきであるとするが，マリアは上記の人格権説に従い同人の本国法であるスイス民法により申立人の氏を取

得したものと解される。

　ところで，戸籍実務においては，国際私法上の通説に従い婚姻により外国人である妻が日本人夫と協議のうえ夫の氏を称するに至つたような場合においても，民法第750条の適用はなく，かつ，その法条の適用されない根拠として外国人は民法第750条に規定する氏を有しえない（昭和24年11月15日民事甲第2670号，昭和40年4月12日民事甲第838号民事局長回答等）との解釈により，外国人たる妻は，婚姻によりその氏を日本法上の氏に変動することはないものとして処理している。右戸籍実務のいう民法第750条の適用されない根拠については明らかではないが，戸籍法が日本国籍を有する者についてだけ戸籍を編製する建前であるから，外国人は戸籍に編製されない以上，日本法上の氏を称することは出来ず，したがつて夫婦同一氏を規定する民法第750条の規定の適用の余地がないとの解釈に立つているものと推論しうる。右の推論によれば，前記人格権説をとつた場合でも，外国人は日本法上の氏を称しえないとの結論に帰すると解せられる。しかしながら戸籍は実体法上の身分関係を反映するものであつて，戸籍法の規定から実体法たる国際私法や民法の規定を規制するがごとき戸籍実務のあり方は疑問とせざるをえない。又，戸籍実務の上記の解釈は，日本法上の氏は日本人固有のものと解していることによるものと考えられるが，氏は旧法下においては，家の呼称とされ日本人すべてはいずれかの家に属し，その家の呼称をもつて氏としていたが，日本国憲法の施行に伴い，家制度が廃止され，その結果氏が個人の呼称に変つたものと解されるので，渉外関係における氏の問題も個人の呼称という諸国に共通した概念でとらえるべきを相当と解する。したがつて，外国人が日本法上の氏を称することはなんら妨げないものと解される。」

## 4　夫婦財産制（婚姻の財産的効力）の準拠法

＊通則法26条
（夫婦財産制）
前条の規定は，夫婦財産制について準用する。
2　前項の規定にかかわらず，夫婦が，その署名した書面で日付を記載したものにより，次に掲げる法のうちいずれの法によるべきかを定めたときは，夫婦財産制は，その法による。この場合において，その定めは，将来に向かつてのみその効力を生ずる。
一　夫婦の一方が国籍を有する国の法
二　夫婦の一方の常居所地法
三　不動産に関する夫婦財産制については，その不動産の所在地法
3　前2項の規定により外国法を適用すべき夫婦財産制は，日本においてされた法律行為及

び日本に在る財産については，善意の第三者に対抗することができない。この場合におい
て，その第三者との間の関係については，夫婦財産制は，日本法による。
4　前項の規定にかかわらず，第1項又は第2項の規定により適用すべき外国法に基づいて
された夫婦財産契約は，日本においてこれを登記したときは，第三者に対抗することがで
きる。

---------------------------------------------------

## [1]—— 総　　説

　夫婦財産制とは，婚姻によって生ずる夫婦間の財産関係を規律する制度であ
る。民法は，夫婦が任意の契約で財産関係を規律できる契約財産制を認め，そ
のような契約がない場合は法定財産制に従うものとする。

　渉外事件では，契約財産制が認められるかどうか，認められるとすればその
要件と効力はなにか，また契約財産制が許されないか締結していない場合の法
定財産制はどのような内容なのかなどの問題があり，これらの問題はすべて夫
婦財産制の準拠法による。

　夫婦財産制には身分法的な側面と財産法的な側面があり，そのいずれを重視
するかによって，準拠法の決定について属人法主義か当事者自治（意思主義）
か，さらには個々の財産の準拠法によるという3つの立場が採用されている。
つまり，夫婦財産制の身分法的側面を重視する立法は，夫婦財産制も婚姻の一
効果の問題であるとして，他の身分関係の問題と同様に当事者の属人法により
しめ，その結果婚姻の効力の準拠法またはそれに準じて決定される準拠法を適
用する。これに対して，夫婦財産制の財産法的側面を重視する立法は，債権契
約における当事者自治の原則が夫婦財産制にも妥当するとして，当事者による
準拠法の選択を認める。また，これらとは別に，英米の国際私法は動産に関し
て夫婦の住所地法，不動産に関して不動産所在地法を適用し，いわゆる動産・
不動産区別主義を採用している。

### ▼▼【もっとくわしく5－1】　主観的連結と客観的連結　【総論】

　通則法26条2項は，夫婦財産制の問題を当事者の意思（主観）を介して当事者が選択した法秩序に結びつけ（連結し）ている。このような連結の方法を主観的連結と呼ぶ。通則法7条も同じである。これに対して，通則法26条1項は当事者の意思とは関係なく，本国（国籍）や常居所という客観的な要素を介して準拠法となる法秩序に連結している。このような連結方法を客観的連結と呼ぶ。他の例として，通則法13条の所在地の法秩序への連結がある。

58

## ［2］── 原則─婚姻の効力の準拠法を準用

---

### ［設例5－5］ 敬子の不動産のケース

日本人女性敬子とＡ国人男性ジョンは，日本で婚姻し，それ以来日本で同居している。敬子は，婚姻後に取得した家屋と土地を自分名義で登記していたが，現在その売却を考えている。これを阻止しようとするジョンが，敬子名義の上記不動産に対する共同所有権の確認を求めて，日本の裁判所に訴えを提起した。その訴えは認められるだろうか。なお，ジョンの本国法であるＡ国法によると，本件のような婚姻存続中に取得された不動産は夫婦の共通財産となり，それぞれが2分の1の持分を持つと仮定する。

＊東京高判昭和61・1・30家月39巻6号46頁［百選59事件：北澤安紀，渉外判例百選62事件：三井哲夫］参照。

---

【参照条文】 通則法26条，日本民法755条，762条

　夫婦財産制について，通則法26条1項（25条準用）によれば，まず夫婦の同一本国法，それがない場合には夫婦の同一常居所地法，それもない場合には夫婦の最密接関係地法が適用される。ここでいう最密接関係地法の決定については，夫婦の財産関係という視点を考慮に入れるべきであり，したがって通則法25条における婚姻の身分的効力の夫婦の最密接関係地法とは異なることもありうる。

　準拠法決定の基準時について，平成元年改正前法例15条は，夫婦財産制に関して婚姻当時における夫の本国法を準拠法としており，いわゆる不変更主義を採用していたが，改正後の法例ではこの文言が削除され，変更主義に改められた。**不変更主義**とは準拠法決定における連結点の定め方に時間的限定をつけることであり，**変更主義**とは限定をつけないことである。改正前に不変更主義が採用されたのは，夫婦財産制の恒久的性質の尊重とともに，夫が国籍を変更することによって妻および第三者が不利益を被ることを避けるためであった。しかし，法例改正後では，夫の本国法主義を撤廃したこと，第三者の利益の保護規定を後述のように設けたこと，夫婦財産制を婚姻の効力と基本的に統一して扱い，なるべく夫婦の現在の生活に密接な関係を持つ法律を適用するのが望ましいことなどの理由から，基準時を現在とする変更主義にしたのである。もっとも，準拠法が変更になった場合，その効力は将来に向かってのみ生じるのか，それとも変更以前に有する財産にも遡及的に適用されるのかについて，学

説がわかれる。

　設例では，もしＡ国法が準拠法となれば，当該不動産が夫婦の共通財産となり，ジョンの訴えが認められるが，逆に日本法が準拠法となれば，民法755条および762条によって当該不動産が敬子の特有財産となり，ジョンの訴えが認められない。通則法26条１項によれば，準拠法選択がない本件の場合通則法25条が準用され，結局夫婦の同一常居所地法である日本法が準拠法となるため，ジョンの訴えは認められない。

### ［3］── 例外──当事者自治の採用

> **【設例5－6】　敬子の不動産のケース　その2**
> 　**【設例5－5】**において，もし敬子とジョンの夫婦間で，日付および両当事者の署名のある書面によって，夫婦財産関係をＡ国法による旨の合意をしていた場合，ジョンの訴えは認められるか。

　通則法26条２項において当事者自治を例外として採用し，夫婦による準拠法の選択を認めている。したがって，当事者の準拠法選択がある場合，その選択された準拠法が属人法に優先して適用される。この場合の準拠法選択は，日付および両当事者の署名のある書面という方式によってなされなければ有効とならない。

　このように通則法が，夫婦財産制の準拠法決定について当事者自治を採用したが，これは夫婦財産制の財産法的側面をも配慮し，また段階的連結を採用することによって生じる準拠法の不明確性を避けるためである。夫婦財産制の準拠法に関する1978年ハーグ条約などの国際的な立法例を考慮し，国際私法の統一をはかることも理由の１つといわれる。

　当事者が選択しうる夫婦財産制の準拠法の範囲について，通則法26条２項は，夫婦財産制の婚姻共同体としての性質から，通則法７条におけるような広範な当事者自治を認めず，夫婦の一方が国籍を有する国の法律，夫婦の一方の常居所地法および不動産に関しては不動産の所在地法に限定している（→もっとくわしく5－2）。本国法ではなく国籍を有する国の法律としているため，当事者が重国籍の場合，そのいずれの国籍を基準とする法律も選択することが可能である。

また，通則法26条2項は，夫婦による夫婦財産制の準拠法選択についてその選択時を特に限定していないが，選択は将来に向かってのみ効力を生ずるとし，遡及的効果を有しないことを新たに規定している。法例15条の下における解釈を明文化したものである。

▼▼【もっとくわしく5－2】　量的制限説　【総論】

26条2項のように，当事者の選択しうる準拠法の範囲を一定の法域の法に限定する立場は，量的制限説と呼ばれる。

諸国の国際私法上，夫婦財産制の準拠法選択に量的制限を設ける例がしばしばみられる。たとえば，スイス国際私法は国籍国法または同一住所地法への選択を認め，ドイツ民法施行規則は本国法，常

居所地法または不動産所在地法への選択を認めている。近隣諸国において，中国渉外民事関係法律適用法は常居所地法，本国法または主たる財産の所在地法を選択可能と定めており，また韓国国際私法は通則法26条2項と同様の量的制限を設けている。

▼▼【もっとくわしく5－3】　準拠法の分割指定の可否　【総論】

当事者による準拠法の選択については，さらに，夫婦財産の一部について異なった準拠法を選択すること（分割指定または部分指定）の可否が問題となる。明文の規定はないが，不動産については

所在地法の適用を認めていることなどを根拠として，これを認める見解と，不動産の場合を例外として，これを一般的に否定する見解がある。

設例では，敬子とジョンは通則法26条2項に定めた方式に従って，夫が国籍を有する国の法を準拠法として選択したため，その選択は有効であり，したがってジョンの訴えは認められる。

[4]──　内国取引の保護

**[設例5－7]　敬子の不動産のケース　その3**
**[設例5－6]** において，敬子がジョンに無断でマンションを第三者に売却し所有権移転登記もなされたとして，ジョンはその第三者に対して所有権移転登記の抹消を請求できるか。

夫婦財産制に関する各国の実質法の内容が大きく異なっており，通則法26条1項・2項によって決定される夫婦財産制の準拠法が外国法の場合，その外国

法の規定する夫婦財産制の効力を無制限に認めると，内国取引の安全を害する
おそれがある。平成元年法例改正前は，民法757条が内国取引の安全保護の規
定として，外国法による夫婦財産契約に限って，善意の第三者に対抗できない
と定めていたが，その範囲が狭すぎるなど種々の不備があったため削除され，
法例15条の2項と3項に内国取引保護の規定が新しく設けられることになり，
その内容は通則法26条3項・4項に継承されたのである。これにより，原則的
に，外国法による夫婦財産制は，それが法定財産制か夫婦財産契約かを問わ
ず，「日本においてされた法律行為及び日本に在る財産」については，善意の
第三者に対抗できないとされている（3項前段）。この場合に，その第三者との
関係では，日本の法定財産制が適用されることになる（3項後段）。善意とは，
夫婦の国籍，常居所，法選択の事実を知らないことと解される。

　しかし，善意の第三者との関係で外国法上の夫婦財産制をまったく適用され
ないとすれば，夫婦の期待に反する場合が生じうる。そこで，4項は例外的
に，外国法に基づく夫婦財産契約を日本で登記したときに限り，第三者に対抗
できると規定している。なお，日本法に従って締結された夫婦財産契約は，日
本法の法定財産制と異なる限り，婚姻の届出までに登記しなければ第三者に対
抗できない（民法756条）。

　設例では，3項によれば日本法の法定財産制と異なるA国法の法定財産制
をもって善意の第三者に対抗することはできないため，第三者が敬子とジョン
の間の準拠法合意を知らない限り，ジョンはその第三者に対して所有権移転登
記の抹消を請求できない。

　これに対して，仮に敬子とジョンがA国法の法定財産制と同様の内容の夫
婦財産契約を締結し，これを日本で登記したときには，4項によって第三者に
対抗することができる。しかし，A国法を準拠法とする合意のみの登記は認
められない。

## ［5］━━　夫婦財産制の準拠法選択の方式と夫婦財産契約の方式の区別

　夫婦財産制の準拠法に関する合意の方式は，通則法26条2項によるが，夫婦
財産契約の方式に関しては，通則法26条に規定はなく，他の身分関係の法律行
為と同様に，通則法34条による。したがって，夫婦財産制の準拠法に関する合

意は，通則法26条2項に規定される日付および両当事者の署名ある書面による
ものでなければ有効ではないが，夫婦財産契約は，その契約に適用される夫婦
財産制の準拠法上認められている方式だけでなく，契約締結地法上の方式によ
るものでも有効である。

## ［6］——　夫婦財産制の準拠法決定のまとめ

夫婦財産制の準拠法はどの法域の法によるか？

(a)　夫婦財産契約がある場合＝契約財産制

(i)　適式な準拠法選択がある場合，その法による（通則法26条2項）。ただ
し量的制限がある。また外国法を選択した場合，第三者取引には，同条3項・
4項の適用がある。

(ii)　準拠法の選択がない場合，通則法25条を準用する（通則法26条1項）。
ただし最密接関係地法を決定する際の考慮要素が若干異なる。また外国法が準
拠法となる場合，第三者取引には，通則法26条3項・4項の適用がある。

(b)　夫婦財産契約がない場合＝法定財産制

(i)　適式な準拠法選択がある場合，その法による（通則法26条2項）。ただ
し量的制限がある。また外国法を選択した場合，第三者取引には，同条3項の
適用がある。

(ii)　準拠法の選択がない場合，通則法25条を準用する（通則法26条1項）。
ただし最密接関係地法を決定する際の考慮要素が若干異なる。また外国法が準
拠法となる場合，第三者取引には，通則法26条3項の適用がある。

## ［7］——　夫婦財産制と離婚の関係および夫婦財産制と相続の関係

**［設例5—8］　離婚と夫婦財産制**

中国人夫Aと日本人妻Bが日本において婚姻生活を送っていたが，婚姻の破綻に
よって2人が離婚することに至った。AとBは，日付および両当事者の署名のある
書面によって，夫婦財産関係を中国法による旨の合意をしており，さらにAが中国
で経営する会社の持分をAの所有とし，AとBが共同で取得した日本所在の不動産
をBの所有とすることを内容とした，中国法上適法とされる夫婦財産契約を締結し
ている。

離婚に際して，AとBの夫婦財産の帰属についてどのように準拠法を決定すべき

> か。また，ＢがＡに対して財産分与を求めた場合に，どのように準拠法を決定すべ
> きか。

　離婚の夫婦財産制に及ぼす効果の問題は，夫婦財産制の消滅に関する問題で
あるから，夫婦財産制の準拠法によるべきとするのが通説の立場である。した
がって，離婚に際した夫婦財産の帰属と確定については通則法26条による。

　他方，離婚に伴う財産分与の問題は，夫婦財産制と離婚のいずれの準拠法に
よるかについて，学説がわかれる。通説は，財産分与請求は慰謝料請求ととも
に離婚にともなう財産的給付の一環をなすものとして，離婚の準拠法のもとで
一括して判断されるべきとする。これに対して，夫婦財産制の問題として通則
法26条によるとする見解も有力である。夫婦による法選択や夫婦財産契約があ
る場合に27条を適用するのは予測に反すること，戸籍とは無縁の問題まで27条
ただし書の日本人条項を適用すべきでないことがその理由である。

　設例において，通説の立場によれば，夫婦財産制の準拠法である中国法に
よって会社の持分と不動産など夫婦財産の帰属を確定したうえ，離婚の準拠法
によって財産分与請求が判断されるが，有力説の立場では，夫婦財産の帰属と
財産分与のいずれも夫婦財産制の準拠法によることになる。

　夫婦財産制と相続の関係は，夫婦財産制は婚姻存続中における夫婦の財産関
係を定めるものであるのに対し，相続は夫婦財産制によって死亡した配偶者に
帰属する財産の分配を規律する制度である。したがって，一方配偶者が死亡し
た場合，まず夫婦財産制の準拠法によって先死配偶者の財産の範囲を確定した
後，相続の準拠法によりその相続関係を処理するのが一般的な順序である。し
かし，一律に右順序に従って処理すると，生存配偶者の保護に欠ける事態も生
じうるので，特別な調整もときには必要である。(→第 11 章 **2**[ **7** ])

## **5**　外国判決の承認

-------------------------------------------------

＊家事法79条の2
　(外国裁判所の家事事件についての確定した裁判の効力)
　外国裁判所の家事事件についての確定した裁判(これに準ずる公的機関の判断を含む。)

については，その性質に反しない限り，民事訴訟法第118条の規定を準用する。

--------------------------------------------------

　外国離婚判決の承認については，民訴法118条が全面的に適用されるのに対して（→第6章**6**），外国裁判所の家事事件についての確定した裁判については，その性質に反しない限り民訴法118条（→第2章**4**）の規定が準用される（家事79条の2）。これは，家事非訟裁判には争訟性の高い当事者対立型の事件と，対立する当事者が存在せず，国家が後見的に関与する事件があるため，承認要件についても事件の性質に応じた柔軟な処理を認める必要があるからである。たとえば，婚姻費用の分担に関する処分に関して，民訴法118条を全面的に準用するが，失踪の宣告に関しては，民訴法118条2号の送達要件を除外して準用すべきであろう。

**【参考文献】**
5-①　佐藤やよひ「国際結婚」国際法学会編『個人と家族』（日本と国際法の100年）127-151頁（三省堂，2001年）
5-②　南敏文「渉外的身分関係と氏」戸籍時報652号2-12頁（2010年）

# 第6章　離　婚

【キーワード】　離婚の方式／離婚の国際裁判管轄／離婚の付随的問題／離婚の効力／外国判決の承認

## 1　概　観

　国籍の異なる夫婦が離婚を考えていたり，夫婦の国籍は同じでも国籍を有する国とは異なる国で結婚生活をしていた中で離婚を考えているような場合，離婚をどの国の法に従って考えなければならないのか問題となる。通則法は27条で離婚について原則として25条の採用する段階的連結に倣うとした上で，日本人について特別なルール（日本人条項）を設けている。具体的には以下のように考えていくことになる。すなわち，

　(1)　離婚ができるかどうか（離婚の成立要件）は，通則法27条を適用して決定される離婚の準拠法で判断される。

　(2)　離婚の手続はどうすればよいか。

　(a)　離婚の手続のうち，協議離婚ができるか，それとも裁判によらないと離婚ができないのか（離婚の方法の問題）は，通則法27条で定まる離婚の準拠法による。なお，離婚の方式（たとえば協議離婚の際にどのような書類を提出すべきかなど）の問題については通則法34条による。

　(b)　日本でこの離婚事件を審理できるかどうかは，離婚の国際裁判管轄の問題として，日本の国際民事訴訟法による。

　(3)　離婚できたとして，それにともなってどのような権利義務が生じるかはどの法律で決めることになるのか→離婚の効力およびその付随的問題の問題となる。

通則法が使われるのは日本で当該離婚事件が問題となり得る場合に限られるので，このうち，(2)(b)の問題である，離婚の国際裁判管轄の問題から見ていこう。

## *2* 離婚の国際裁判管轄

> **［設例6－1］ 明子とエルネスト**
>
> 日本国籍を有する女性明子は，2010年大阪市内でフィリピン男性エルネストと知り合い，翌年1月フィリピン共和国で，同国法の定める方式に従って婚姻した。明子とエルネストはマニラ市内で生活を始めた。2011年末には子どもケンも生まれたが，次第に両者の関係はうまくいかなくなり，エルネストはある日仕事に出かけるといって出かけたまま帰ってこず，そのまま行方不明になってしまった。明子とケンはそのままフィリピンに滞在しておりケンは現地の学校に通っており，両者ともこのままフィリピンで生活を続ける予定であるが，明子は仕事の関係で日本に一時帰国し1年ほど滞在している。明子は日本の裁判所に対してエルネストを相手に離婚を求める訴えを提起することは可能か。

人訴法3条の2は，つぎのいずれかに該当するときに日本の裁判管轄権を認める。①被告の住所（1号），②当事者双方の国籍（5号）が日本にあるとき，あるいは日本に住所がある当事者の一方からの訴えにおいて，③最後の共通住所が日本にあるとき（6号），④(ア)他方が行方不明であるとき，(イ)他方の住所地国でされた同一の身分関係についての訴えに関する確定判決が日本で効力を有しないとき，(ウ)「その他の日本の裁判所が審理及び裁判をすることが当事者間の衡平を図り，又は適正かつ迅速な審理の実現を確保することとなる特別の事情があると認められるとき」（7号）。ただし，人訴法3条の2によって日本の裁判管轄権が認められたとしても，「事案の性質，応訴による被告の負担の程度，証拠の所在地，当該訴えに係る身分関係の当事者間の成年に達しない子の利益その他の事情を考慮して，日本の裁判所が審理及び裁判をすることが当事者間の衡平を害し，又は適正かつ迅速な審理の実現を妨げることとなる特別の事情がある」場合には，訴えの全部または一部が却下される（同法3条の5）。

なお，人訴法3条の4は，日本の裁判所が離婚の訴え等について裁判管轄権

を有する場合において，第1項で付帯処分としての子の監護者・親権者指定等についても管轄権を認めており，第2項で家事法3条の12の管轄原因があるときに財産分与に関する管轄権を認めている。

　人訴法改正前に下された国際的な離婚事件における国際裁判管轄の問題に関する最高裁の判例は3例であったが，特に重要とされていたのは以下の2つであった。まず，**★判例6—1**は韓国籍の夫婦同士の離婚事件につきわが国の国際裁判管轄が争われた事例であるが，最高裁は原則としての被告の住所地の管轄を認めつつ一定の例外を認めた。

### ★判例6—1　離婚事件の国際裁判管轄

**最大判昭和39・3・25民集18巻3号486頁[百選103事件：岡野祐子]**

　「思うに，離婚の国際的裁判管轄権の有無を決定するにあたっても，被告の住所がわが国にあることを原則とすべきことは，訴訟手続上の正義の要求にも合致し，また，いわゆる跛行婚の発生を避けることにもなり，相当に理由のあることではある。しかし，他面，原告が遺棄された場合，被告が行方不明である場合その他これに準ずる場合においても，いたずらにこの原則に膠着し，被告の住所がわが国になければ，原告の住所がわが国に存していても，なお，わが国に離婚の国際的裁判管轄権が認められないとすることは，わが国に住所を有する外国人で，わが国の法律によっても離婚の請求権を有すべき者の身分関係に十分な保護を与えないこととなり（法例16条但書[通則法27条ただし書]参照），国際私法生活における正義公平の理念にもとる結果を招来することとなる。」

　昭和39年判決はおおむね学説からは好意的にうけとめられたが，原告住所地管轄の認められる例外的事由については議論がわかれていた。その中で，最高裁は平成8年，ドイツ居住のドイツ人女性と日本在住の日本人との間の離婚の国際裁判管轄権について以下のように判断を下した。

### ★判例6—2　離婚事件の国際裁判管轄

**最二小判平成8・6・24民集50巻7号1451頁[百選104事件：櫻田嘉章]**

　「離婚請求訴訟においても，被告の住所は国際裁判管轄の有無を決定するに当たって考慮すべき重要な要素であり，被告が我が国に住所を有する場合に我が国の管轄が認められることは，当然というべきである。しかし，被告が我が国に住所を有しない場合であっても，原告の住所その他の要素から離婚請求と我が国との関連性が認められ，我が国の管轄を肯定すべき場合のあることは，否定し得ないところであり，どのような場合に我が国の管轄を肯定すべきかについては，国際裁判管轄に関する法律の

定めがなく，国際的慣習法の成熟も十分とは言い難いため，当事者間の公平や裁判の適正・迅速の理念により条理に従って決定するのが相当である。そして，管轄の有無の判断に当たっては，応訴を余儀なくされることによる被告の不利益に配慮すべきことはもちろんであるが，他方，原告が被告の住所地国に離婚請求訴訟を提起することにつき法律上又は事実上の障害があるかどうか及びその程度をも考慮し，離婚を求める原告の権利の保護に欠けることのないよう留意しなければならない。

　これを本件についてみると，前記事実関係によれば，ドイツ連邦共和国においては，前記……判決の確定により離婚の効力が生じ，被上告人と上告人との婚姻は既に終了したとされている…が，我が国においては，右判決は（旧）民訴法200条2号の要件を欠くためその効力を認めることができず，婚姻はいまだ終了していないといわざるを得ない。このような状況の下では，仮に被上告人がドイツ連邦共和国に離婚請求訴訟を提起しても，既に婚姻が終了していることを理由として訴えが不適法とされる可能性が高く，被上告人にとっては，我が国に離婚請求訴訟を提起する以外に方法はないと考えられるのであり，右の事情を考慮すると，本件離婚請求訴訟につき我が国の国際裁判管轄を肯定することは条理にかなうというべきである。この点に関する原審の判断は，結論において是認することができる。所論引用の判例（最高裁昭和39年3月25日大法廷判決・民集18巻3号486頁，最高裁昭和39年4月9日第一小法廷判決・裁判集民事73号51頁）は，事案を異にし本件に適切ではない。」

改正人訴法3条の2第7号は，これら判例において被告の住所が日本にない場合に日本で離婚事件について国際裁判管轄が認められた例外事由を明文化したものである。同条同号によれば，【設例6—1】のように原告（この場合明子）が日本に住所を有していれば，被告（この場合エルネスト）が行方不明であるときなど日本で裁判をすることが当事者間の衡平，適正かつ迅速な審理の実現につながる場合には日本の国際裁判管轄が認められる。ただし，上に述べたように，日本に国際裁判管轄が認められる場合でも，同法3条の5により日本で裁判をすることが未成年子の利益を含む様々な事情から適正ではないと考えられる場合には，裁判所は訴えを却下することができる。【設例6—1】については特に未成年子であるケンがフィリピンに滞在していること，明子の生活の中心もまだフィリピンに残っていることなどを考慮すると，同条に基づき訴えが却下される可能性も残る【国際民事訴訟法】。

---

＊通則法27条
（離婚）
　第25条の規定は，離婚について準用する。ただし，夫婦の一方が日本に常居所を有する日本人であるときは，離婚は，日本法による。

---

## 3　離婚の成立要件（離婚の可否）

> **［設例6－2］　明子とエルネスト**
> 設例6－1の明子は離婚できるだろうか。

　通則法27条は，離婚は婚姻関係の解消に関するから，その準拠法は，婚姻関係に適用される準拠法と同じ決定方法によるのが適当として，婚姻の効力に関する通則法25条を準用している。ただし，通則法27条ただし書が「ただし，夫婦の一方が日本に常居所を有する日本人であるときは，離婚は，日本法による。」と規定していることに注意が必要である。婚姻の形式的成立要件の通則法24条3項と同じく，ここでも日本人条項が採用されている。ただし書は一見すると本文の定める準拠法すべてに優先して日本法が適用するかのように読める。しかし実際には，日本に常居所を有する日本人については外国法が夫婦の同一本国法や同一常居所地法になることはない。結果として日本法は第三段階の夫婦の最密接関係地法に対してのみ優先することになる。

## 4　離婚の効力

> **［設例6－3］　明子とエルネストのケース　その3**
> 仮に2人が離婚できたとして，それに伴ってどのような権利義務が生じるかは，以下のそれぞれの問題についてはどの法律で決めることになるのか。通則法27条で定まる離婚の準拠法によるのか，その他の準拠法によるのだろうか。

[問題1]　財産分与，扶養料や離婚そのものを原因とする慰謝料の請求は認められるか。

　離婚の際の財産分与は，夫婦財産の清算や扶養料，慰謝料等を含んでいることが多い。このうち，夫婦財産の清算の問題については，夫婦財産制のところですでに述べた（→第5章4[7]）。

　慰謝料の準拠法については，不法行為の問題とみて通則法17条によるとする考え方もあるが，原則としては，離婚の準拠法によるのが通説である。ただし離婚そのものに基づく慰謝料は離婚の準拠法，離婚に至らしめた原因行為についてはそれ自体独立の不法行為であるから通則法17条によるとするのが多数説であるのに対し，両者共に離婚の準拠法によるとする見解もみられる。なお，不法行為の例外条項（通則法20条→第9章3）参照。

[問題2]　子供の親権者または監護者をだれに決めるか。

　この点については，離婚の準拠法によるとする見解もあるが，親子関係の準拠法，すなわち通則法32条により決定される準拠法に従うとするのが通説である。その理由は，子の福祉の観点から子を中心に準拠法が決められている通則法32条を親子関係の問題についてはできる限り適用しようとする趣旨にある。

[問題3]　離婚後復氏（「ふくうじ」，または「ふくし」と読む）するかどうか。
【参照条文】　日本民法767条，771条，749条
　離婚した後に，婚姻前の氏に復するべきか否かなどの復氏の準拠法については，婚姻による氏の変動と同じく，離婚の効果の問題であるとするのが通説的見解である。一方，婚姻による氏の変更について人格権の問題であるから，夫婦各自の属人法によらしめるべきとする見解からは，氏を変更した当事者の本国法によるべきと主張される。

[問題4]　離婚当事者間の扶養義務はどう決めるか。

　離婚当事者間の扶養の問題は，扶養義務の準拠法に関する法律4条1項により，「その離婚について適用された法律」による（→第4章2）。

# *5* 離婚の方法と方式

> **【設例 6 ― 4 】　ロナウドとダニエラのケース　その 2**
> 日本に居住するブラジル人同士の夫婦ロナウドとダニエラが，住所地の市区町村に協議離婚届を提出した。この協議離婚届は受理されるか。

> **【設例 6 ― 5 】　ロナウドとダニエラのケース　その 3**
> **【設例 6 ― 4 】** で協議離婚届が受理されないならば，家庭裁判所における家事調停による離婚は許されるか。

【参照条文】　ブラジル民法1580条　裁判上の別居を命じた判決が確定した後又は身床の分離の仮処分を認める決定が下された後，1 年を経過した場合には，いずれの当事者も別居を離婚に転換するよう求めることができる。
　　　補項 1　夫婦の裁判上の別居の離婚への転換は，その理由を示すことなく，判決によって命ぜられる。
　　　補項 2　離婚は，2 年以上事実上の別居が継続していることが証明される場合には，一方又は双方の配偶者から求めることができる。

　離婚の方法としては，我が国で一般的な夫婦の合意によるもの（協議離婚）の他に，国際的には，夫の単独行為によるもの（たとえばイスラム法上のタラク離婚），裁判所の判決などによるもの（裁判離婚）および裁判所以外の何らかの機関（教会，市長等）の宣言によるものなどがみられる。

　これらの離婚の方法は，離婚準拠法により決定される。したがって，離婚の準拠法が協議離婚を認めなければ協議離婚をすることができないため，離婚の準拠法がブラジル法（＝同一本国法）となる **【設例 6 ― 4 】** では協議離婚はできず，離婚届は受理できない。離婚の準拠法が協議離婚を認める場合，具体的にどのような方式で協議離婚ができるのか，については通則法34条（離婚準拠法，行為地〔たとえば，離婚届の提出地〕法の選択的適用）による。

　問題は，設例のように離婚準拠法が協議離婚を認めない場合である。特に，準拠外国法が専ら裁判離婚主義を採用する場合に，わが国において調停離婚または審判離婚をすることが認められるかという点をめぐって，学説や判例上意見がわかれている。

　家庭裁判所の判例は一般的に肯定するものが多い。その理由として、調停離婚も審判離婚も家庭裁判所という裁判所の関与する離婚であり、広義の裁判離婚と考えられること、あるいは、「手続は法廷地法による」という国際私法の原則に従えば、調停前置主義を採用しているわが国でなされる離婚はすべてまず調停に付さなければならないため、といった点が指摘される。

　一方学説においては、この問題を一般的に手続法の問題として、わが国でなされる離婚については、日本法の定める方式に従っていれば足りるとする説もあるが、通説的見解はこの問題を離婚の実質的成立要件の問題ととらえ、上に述べたように離婚準拠法によるとする。しかし、設例のように離婚準拠法が裁判離婚しか認めない場合に、具体的にどのような手続が必要とされるか、という点については、議論はわかれている。本国法上裁判離婚の原因がある場合には調停離婚も審判離婚も認められるとする見解もあるが、有力説は、審判離婚も調停離婚も裁判所の関与する離婚ではあるものの、当事者の合意を基礎とするものであることを重視して、設例のような場合には調停離婚も審判離婚も認められないとする。また、離婚準拠法が裁判離婚しか認めないことを、当事者に処分権が委ねられていないとみて、当事者の任意処分が許されていない事件について認められる家事法277条（旧家事審判法23条：合意に相当する審判）に基づく審判は許されるとする説も有力に主張されている。さらに、近年では一律にこの問題を処理すべきではなく、個々の準拠法ごとにその内容を具体的に検討した上で解決すべきとの見解もある。

　この点に関して、横浜家裁は、アメリカ人（ハワイ州民）同士の離婚につき、概略以下のように述べ、わが国家庭裁判所による旧家事審判法23条に基づく審判離婚をなし得ると判断した（なお、以下の審判例で「同州法の方式」と言及しているのは、通則法34条に定める形式的成立要件としての「方式」ではなく、「離婚の方法」の意味である）。

### ★判例6—3　審判離婚—離婚の方法
横浜家審平成3・5・14家月43巻10号48頁［百選61事件：中西康］

　「本件は……当事者間に離婚の合意ができている事案であるところ、……（ハワイ）州法によれば、離婚は、このような場合をも含めてすべて裁判所の裁判によることとされている。そして、我が国司法機関における人事案件の処理方式中、かかる離婚事

案の処理につきその実質において最も同州法の方式に沿うこととなるのは，家事審判法第23条の審判の形式であると認められる。そこで，本件の離婚については，同条を類推適用して処理するのが上記準拠法の定める離婚の方式に適うものと判断し……同条による手続き及び処分を行う。」

「なお，同条は，当事者の合意につき裁判機関が一定の事実上，法律上の判定を加えたうえでこれに相当する処分を行うものであるところ，協議離婚及び調停離婚の制度がある我が国法制のもとで，明文上は離婚を対象に加えてはいないが，このような合意自体に基づく離婚方式を欠く法律に準拠する場合においては，その準拠法の趣意や当該国におけるこの種合意事案の処理の実情が我が国における同条の趣意や運用に類似する限り，我が国司法機関においてこれを離婚につき類推適用することが可能であると解する。」

また，日本在住の中国人夫婦が協議離婚をした後に，夫が協議離婚の無効を主張して訴えを提起した事件において高松高裁は以下のように述べて，中国法上定められている方式に従っていない協議離婚を実質（実体）と方式（形式）とにわけ，実質については，離婚の準拠法たる中国法に，方式については行為地（この場合には離婚届の届出地）法である日本法により有効と判断した。

### ★判例6―4　協議離婚―実質と方式

高松高判平成5・10・18判タ834号215頁［百選60事件：小山昇］

「控訴人は，控訴人と被控訴人は，ともに中国の国籍を有する者であるから，離婚に関する準拠法は中国法であるところ，本件離婚届は，中国婚姻法及び婚姻登記弁法所定の諸要件を充足していないから無効であると主張する。確かに，中国法では離婚に関し控訴人主張の法規のあることは裁判所に顕著であるけれども，中国法に定める離婚の実体的要件は「当事者が自由な意思で離婚を望んでいる」ことであり，「登記機関に出頭し離婚登記を申請する」ことは，法律行為の方式であって離婚の形式的成立要件にすぎないものと解されるから，前者については前記認定事実によって明らかなとおり，被控訴人及び控訴人はともに離婚の意思を有しその合意が成立したことで充足されており，後者については，法例8条2項［通則法34条2項］により，行為地たる日本の法律に則った方式である高松市長に対する子の親権者を被控訴人と定めた離婚届出によって充足されているものということができる。」

## 6　外国離婚判決の承認

> **［設例6－6］　ハイチ離婚の効力**
> 　日本人郁子と米国人マイケル（昭和49年に米国ニューヨーク州で出生し，昭和55年に母とともに日本に移住，以来日本に居住している）は平成10年に日本で婚姻をしたが，平成20年頃，マイケルは別の日本人女性由希と婚姻するため，郁子と離婚したいと思うようになった。しかし，マイケルは日本では離婚できないと考え，同年，由希の兄の居住する米国デラウェア州に出かけ，そこで3か月間滞在する間に，ハイチ共和国ポルト・プランスの裁判所で離婚判決を得，平成21年に日本で由希との婚姻の届出をした。そこで郁子は，日本の裁判所に，ハイチの離婚判決は日本では承認されないことを求めて訴えを提起した。郁子の訴えは認められるか。なお，日本法によれば，郁子およびマイケルはハイチに国籍，住所および常居所地を有していなかったと認められるとする。

　設例のように外国で下された離婚判決の効力が日本で問題となる場合，外国裁判所の確定判決の効力について定める民訴法118条の各要件（→第2章**4**）は外国離婚判決にも適用されるのだろうか。

### ［1］—— 外国でなされた裁判以外の方法による離婚

　外国でなされた裁判以外の方法による離婚は，通則法27条に定める離婚の準拠法に従って有効に成立しており，かつその方式が通則法34条の定める準拠法により有効なものである場合には，いずれの国で成立したものであっても，わが国において効力を有する。

### ［2］—— 外国でなされた裁判による離婚

　外国で下された離婚判決の承認について，従来の多数説は民訴法118条の直接適用，特に4号の要件の適用に否定的であった。この点，平成30年人訴法等改正により，人訴法上明文規定は設けられなかったものの，法制審議会での議論を通じて民訴訟118条が全面的に適用されることが明らかであるとされている。

　なお，外国離婚判決承認のために，わが国国際私法が指定する準拠法に従っていることを要件とすべきと主張する見解も従前は見られたが，この点も民訴法118条の対象に含まれることから，不要であることが明らかである。

　判例では，オーストラリアで下されたオーストラリア人と日本人（いずれも日本在住）間の離婚判決について承認が問題となった東京家判平成19・9・11家月60巻1号108頁，韓国で下された韓国人間の離婚判決についてその承認が問題となった横浜地判平成11・3・30判時1696号120頁や，設例の元となった横浜地判昭和57・10・19判時1072号135頁以下があり，いずれも民訴法118条（旧200条）を直接適用して判断を下している。設例では民訴法118条を準用し，間接管轄なしとして日本での承認が否定される可能性が高い。承認されないとすると，【設例6－6】では，マイケルと由希の婚姻は少なくとも日本では重婚となる。なお，重婚の結果この婚姻が取り消しうるのか無効となるのかは，婚姻の実質的成立要件の問題である（→第4章2[3]）。通則法24条1項によると夫の本国法と妻の本国法の配分的適用であるが，双方の本国法上要件を欠いている場合，より厳格な効果を発生させる法律によることとなる（→第4章2[2](b)）。設例のもととなった横浜地判昭和57・10・19では，マイケルの本国法をニューヨーク州法とした上で，取り消しの効果しか有しない日本法ではなく，無効の効果を発生させるニューヨーク州法を適用した【国際民事訴訟法】。

　　【参考文献】
　6-①　澤木敬郎，道垣内正人補訂「渉外離婚」島津一郎・阿部徹（編）『新版　注釈民法㉒親族(2)』418-431頁（有斐閣，2008年）
　6-②　早川眞一郎「渉外離婚の国際裁判管轄と準拠法」野田愛子・梶村太市総編集『新家族法実務大系第1巻　親族［Ⅰ］──婚姻・離婚』538-553頁（新日本法規出版，2008年）

# 第7章　実親子関係の成立

【キーワード】　選択的連結／優遇の原則／嫡出親子関係・非嫡出親子関係／事実主義・認知主義／セーフガード条項／嫡出子／非嫡出子／認知／婚姻準正／認知準正／準正保護

## 1　概　　観

　第7章では，実親子関係（嫡出親子関係および非嫡出親子関係）の成立について，まずは国際裁判管轄の問題，そして，通則法28条（嫡出親子関係），29条（非嫡出親子関係），30条（準正）に規律される準拠法の問題，さいごに，外国判決の承認の問題，について項目を分け説明する。

## 2　実親子関係成立事件の国際裁判管轄

> **［設例　7－1］　嫡出否認の訴えと国際裁判管轄**
> 　甲国に住所を有していた沙羅と英二（いずれも日本国籍）は，同国で婚姻した。その一年後に沙羅が懐胎し，その後出生した子に瑞穂と名付け，日本人として嫡出子の届出をした。ところが，沙羅の不貞行為が発覚したことが原因となって，沙羅と栄二は不仲となり，栄二は単身で日本に帰国した。帰国後英二は瑞穂が自らの子ではないとの確信にいたったため，わが国の裁判所で嫡出否認の訴えを提起することとした。この訴えを日本で提起することは認められるか。

　実親子関係に関する訴えとして人訴法2条2号は，嫡出否認の訴え，認知の訴え，認知の無効及び取消しの訴え，実親子関係の存否の確認の訴えなどを挙げている。これらの訴えは，「人事に関する訴え」とされるが，日本の裁判所

に提起できる場合については，人訴法3条の2が規定する。すなわち，被告の住所地が日本にある場合（人訴3条の2第1号）あるいは原告・被告の双方が日本国籍を有する場合（同第5号）のほか，死後認知の訴えのように被告となる者が死亡している場合に備えて，被告が死亡の時に日本国内に住所を有していた場合（同第3号）などにわが国に上記訴えについて管轄が認められる。また，日本の裁判所が審理及び裁判をすることが当事者間の衡平を図り，適正かつ迅速な審理の実現を確保することとなる特別な事情がある場合にも，わが国に管轄が認められる（同第7号）。ただし，事案の性質，応訴による被告の負担の程度，証拠の所在地，当該訴えに係る身分関係の当事者間の成年に達しない子の利益その他の事情を考慮して，日本の裁判所が審理及び裁判をすることが当事者間の衡平を害し，又は適正かつ迅速な審理の実現を妨げることとなる特別の事情があるときには，その訴えは却下される可能性がある（人訴3条の5）。

　**[設例7−1]** では，嫡出否認の被告とされる母または子の住所が甲国にあることから，人訴法3条の2第1号に基づいてわが国に管轄を認めることはできない。一方，当事者はいずれも日本国籍を有するため，この場合，「当事者の双方の国籍を有する場合」に該当し，人訴法3条の2第5号によりわが国に管轄が認められることになる。なお，人訴法3条の5にいう特別の事情が存在する場合には，訴えは却下される。**[設例7−1]** では，応訴による被告の負担や成年に達していない子の利益をどの程度考慮するかが，同条の特別の事情を認めるか否かのポイントとなろう。

## 3　嫡出親子関係成立の準拠法

---

＊通則法28条
　（嫡出である子の親子関係の成立）
　夫婦の一方の本国法で子の出生の当時におけるものにより子が嫡出となるべきときは，その子は，嫡出である子とする。
2　夫が子の出生前に死亡したときは，その死亡の当時における夫の本国法を前項の夫の本国法とみなす。

---

## ［1］──　通則法の規定

　通則法28条1項本文によれば，夫の本国法もしくは妻の本国法のどちらか一方により嫡出性が認められれば嫡出子とされる。ここでも，通則法24条の婚姻の形式的要件などに見られる選択的連結が採用されている。平成元年改正により現行の規定に改められた。その理由として子が嫡出であるか否かは，子の父のみならず母にとっても重大な関心事であるため，母の本国法をも考慮するのが両性平等の見地から望ましいと考えられること，ならびに，嫡出親子関係が認められることは，その子にとって有利であり子の保護になる（優遇の原則→第14章2［1］）から，父のみならず母の本国法をも準拠法として複数の準拠法の選択的適用主義をとることが望ましいなどの点が挙げられる。

　また，通則法28条2項は，夫が子の出生前に死亡したときはその死亡当時の本国法が夫の本国法となる，とする。死亡ではなく，子の出生前に母とその夫とが離婚によって婚姻を解消したような場合には，類推解釈によって，離婚当時の母の夫の本国法によるべきであるとの主張がある。

---

**［設例7−2］　カローラのケース**
　日本人女性である愛子は，2010年3月1日に京都でX国人のベネディクトと婚姻し，同年9月1日に（184日経過後）女児カローラを出産した。日本民法772条2項によれば，婚姻成立の日から200日後に産まれた子は，婚姻中に懐胎したものと推定され，同条1項により夫の子と推定される。これに対して，X国法によれば，婚姻成立後170日後に出生した子は嫡出推定を受ける。カローラはベネディクトの子と推定されるか。

---

**［設例7−3］　カローラのケース　その2**
　［設例7−2］で，X国法によって嫡出推定を受ける場合，ベネディクトがカローラは自分の子ではないと主張したい（嫡出性の否認）と思えば，どうすればよいか。ちなみに，X国法によれば，原則としてベネディクトがカローラの出生を知ったときから2年以内に嫡出否認の訴えを提起しなければならず，日本法によれば出生を知ったときから1年以内に嫡出否認の訴えを提起する必要がある（日本民法777条）。

---

**［設例7−4］　カローラのケース　その3**
　以上に対して，カローラが婚姻後200日経過後に出生した場合は，日本法によって

もX国法によってもベネディクトの子と推定される。この場合，ベネディクトがカローラの嫡出性を否認するには，いつまでに訴えを提起すればよいか。

### [ 2 ]——　準拠法の適用範囲

それでは，嫡出決定の準拠法はいかなる問題に適用されるのだろうか。

まず，**［設例 7 ― 2 ］**のような嫡出性の推定がなされるかとの問題について適用されることには異論がない。

子が，前婚における母またはその夫の本国法によっても，後婚における母またはその夫の本国法によっても，ともにその嫡出子とされるような嫡出推定の重複が生じた場合については，どうだろうか。この場合，子の出生の当時における母またはその夫の本国法，すなわち，母または後婚の夫の本国法が，第一次的に嫡出か否かの決定権を認められ，その法律により非嫡出とされる場合に初めてそれ以外の者の嫡出子とされるか否かが問題とされるとする説もある。しかし，通説は，母または前婚の夫の本国法によっても，母または後婚の夫の本国法によっても，ともにその嫡出子とされることを一応認めたうえで，そのいずれの嫡出子であるかを決定すべきであるとする。

次いで嫡出否認について通則法28条が適用されるかどうかが問題となる。平成元年改正前法例規定は，「子ノ嫡出ナルヤ否ヤハ」と規定し，条文上明らかに嫡出否認の問題を包含していた。現行の規定には明文の規定はないが，解釈上当然否認の問題も含むとされる。具体的な適用上の問題について，**［設例 7 ― 3 ］・［設例 7 ― 4 ］**を考えてみよう。

**［設例 7 ― 3 ］**のように夫婦の一方の本国法（この場合X国法）によってのみ嫡出推定が働くのであれば，その法によって嫡出否認が可能であれば嫡出否認できる。しかし，**［設例 7 ― 4 ］**のように夫婦の双方の本国法により嫡出推定が働く場合にはどうなるのだろうか。通説は，夫婦の双方の本国法により嫡出推定が働く場合には，そのいずれの法律によっても嫡出否認できなければ，嫡出性は否認されないとする（→**［ 1 ］**優遇の原則）。この見解によれば，**［設例 7 ― 4 ］**の場合は，X国法と日本法を累積的に適用し，そのいずれによっても嫡出否認が可能な 1 年以内に訴えを提起する必要があることになる。この見解を採用した審判例もある（水戸家審平成10・ 1 ・12家月50巻 7 号100頁）。これに対

し，父母いずれかの本国法により嫡出性の否認を主張しうる場合にはこれを認めるべきとする見解もある。この立場からは**［設例7－4］**は，2年以内に嫡出の否認をすればよいことになる。

　その他否認権者，嫡出否認の方法，否認権の喪失事由，否認権の行使期間についても嫡出決定の準拠法が適用される。

# **4**　非嫡出親子関係成立の準拠法

--------------------------------------------

**＊通則法29条**
　（嫡出でない子の親子関係の成立）
　嫡出でない子の親子関係の成立は，父との間の親子関係については子の出生の当時における父の本国法により，母との間の親子関係についてはその当時における母の本国法による。この場合において，子の認知による親子関係の成立については，認知の当時における子の本国法によればその子又は第三者の承諾又は同意があることが認知の要件であるときは，その要件をも備えなければならない。
2　子の認知は，前項前段の規定により適用すべき法によるほか，認知の当時における認知する者又は子の本国法による。この場合において，認知する者の本国法によるときは，同項後段の規定を準用する。
3　父が子の出生前に死亡したときは，その死亡の当時における父の本国法を第1項の父の本国法とみなす。前項に規定する者が認知前に死亡したときは，その死亡の当時におけるその者の本国法を同項のその者の本国法とみなす。

--------------------------------------------

## ［1］──　通則法29条

**［設例7－5］　事実主義・認知主義と準拠法**
　日本人亜由美は，妻のある裕福な中国人慶林に学資の援助を受け，慶林の求めに応じて肉体関係を結び，女児を出産した。亜由美は慶林に対し子の認知を求めているが，慶林は亜由美と他の男との関係を疑い，認知しようとはしない。慶林と子供との間の父子関係は認められるか。
　日本法では，父の認知によって非嫡出父子関係を発生させ（民法779条）（認知主義），また，父が任意に認知をしないときは，子の側から訴えによって法的父子関係の確定を求めることができる（民法787条）。これに対して中国法では，生理上の父子関係がある場合には，認知を要件とすることなく，法律上の父子関係を認める

（事実主義）。

　通則法29条1項は，「嫡出でない子の親子関係の成立」と規定し，非嫡出親子関係全般にわたって広く対象としている。この規定によると，非嫡出親子関係は，父との間については子の出生時の父の本国法（子の出生前に死亡した場合には死亡時），母との間については子の出生時の母の本国法により決することとなる。したがって，**【設例7−5】**の場合は，父の本国法たる中国法により法律上の父子関係が認められる。なお，平成元年改正前法例18条は，認知による非嫡出親子関係についてのみ規定し，事実主義に基づく非嫡出親子関係の準拠法をいかに決定すべきかについて議論があった。本条は，この問題に対処した平成元年改正法例18条を現代語化して受け継いだものである。

　認知については，通則法29条1項とならんで同条2項も適用される。その結果，子の出生当時および認知時の認知する者の本国法，あるいは認知時の子の本国法によって認知が可能であれば認知をすることが認められることになり，選択的適用がここでも採用されている。これは，子の認知をできる限り認めようとする趣旨（優遇の原則）である。

　一方，認知されることが常に子の福祉にかなうわけではない。認知されたくない子供が認知されることを防ぐために，実質法上子の同意が必要とされる法制もある。そのため，通則法は29条1項で「子の認知による親子関係の成立については，認知の当時における子の本国法によればその子又は第三者の承諾又は同意があることが認知の要件であるときは，その要件をも備えなければならない」と規定し，同条2項でもこれを準用する。このような条項を「保護条項（セーフガード条項）」と呼ぶ。なお，認知の方式は通則法34条により，認知の成立を認める準拠法もしくは認知をなす場所の法によっていればよい。

### ［2］── 非嫡出親子関係の準拠法の適用範囲

**【設例7−6】　事実主義・認知主義と準拠法　その2**
　**【設例7−5】**において29条1項前段の父の本国法によって事実主義に基づき慶林・子供間に父子関係が認められる場合に，さらに亜由美は未成年の子を代理して慶林に認知を求めることができるか。

　**[設例7－6]** のように，父の本国法が事実主義に基づき非嫡出親子関係の成立を認めている場合に，なおも子はその本国法に従って認知を求めることができるのだろうか。この点，通説は，事実主義とは非嫡出親子関係の成立について認知を要しないとしているにすぎず，認知を積極的に否定しているものとは考えられないため，父の本国法が事実主義を採用することは子の本国法による認知を妨げるものではないと解する。

---

**[設例7－7]　死後認知の訴えと出訴期間**

　日本人女性である宏美は，大韓民国人ヨンジュンと内縁関係にある間に子を出生した。子は出生と同時に日本国籍を取得し，母の戸籍に入籍したところ，ヨンジュンは子を認知することなく死亡した。宏美はヨンジュンの死亡を知ったときから2年半後に，子の法定代理人として検察官を相手取って認知の訴えを提起した。この訴えは適法か。

　なお，日本法では父又は母の死亡の日から3年内に限り認知の訴えを提起することができる（日本民法787条）が，韓国法では「父又は母が死亡したときは，その死亡を知った日から1年内に，検事を相手方として……認知請求の訴えを提起することができる」（韓国民法864条）にとどまる。すると，韓国法が認知の準拠法であれば，本件訴えは韓国法上の出訴期間経過後に提起されたものであるから，不適法として却下されることになる。

---

　**[設例7－7]** の元となった最高裁判決（最二小判昭和50・6・27家月28巻4号83頁［百選新法対応補正版9事件：横山潤］参照）は，平成元年改正前の法例18条を適用したが，この規定は「非嫡出子の認知が有効に成立するためには，一方において父又は母の本国法による認知の要件を具備するとともに，他方において子の本国法の要件を具備することが必要である」と解されていたことから，死後認知の訴えは父の本国法である韓国法により認められなかった（日本の公序にも反しないとされた）。

　これに対して選択的適用を定める通則法の下では，**[設例7－7]** においては子の出生当時の父の本国法（通則法29条1項），認知当時の子の本国法（同条2項）または補助的に死亡当時の父の本国法（通則法29条3項後段）のうち，認知を可能とする法が適用されることとなり，結局子の本国法である日本法が適用されて認知請求は認められる。

> **［設例7－8］　認知の無効確認請求**
> 　ビョンホン（韓国籍）と内縁関係にあった聡子（日本国籍）は，健司と関係を結び正人（出生当時の母の国籍が日本であるから，昭和59年改正前国籍法2条3号（現行1号）により日本国籍を取得した）をもうけたところ，ビョンホンは，聡子の不貞に対する報復として，無断で聡子との婚姻を届け出，かつ正人を認知する届出をした。その後聡子はビョンホンと離婚し，健司と正式に婚姻した。聡子と健司は，ビョンホンのした認知を無効とする調停を申し立てたが，調停は不成立に終わったので，正人を健司の養子とする養子縁組の届出をした。正人は，ビョンホンの認知および死亡を知らされてから9年後に，ビョンホンの正人に対する認知の無効確認訴訟を提起した。本件訴えは適法か。
> 　認知無効の訴えについて，日本民法には出訴期間の制限がないのに対し，韓国民法（862条・864条）は認知を知った日または認知者の死亡を知った日から1年以内に出訴期間を限定していると解されているから，日本法によれば適法であり，韓国法によれば不適法却下される。

　通則法29条1項・2項は，認知者と子の本国法のうちいずれかで認知が可能であれば認知を認めるため，複数の法で認知が成立する場合の認知無効確認については，認知が可能であるすべての法によって認知の無効確認ができなければならない，とする解釈が成り立つ。そうすると **［設例7－8］** の正人の訴えは却下されるおそれがある。実際，「複数の法律により認知が認められる場合は，そのいずれの法律によっても，……無効が認められなければ」無効とすることができないと解する見解もみられる。これは，一方の本国法で認知が成立してしまえば，他方の本国法のみによってこれを無効とすることはできないということである。他方，通則法29条1項後段のセーフガード条項の趣旨に鑑み，子の本国法によって子による認知無効の訴えが認められる場合には認めるべきとの見解もある。後者の見解によれば **［設例7－8］** での認知無効の訴えは適法とされる。

## ［3］── 通則法28条から30条までの適用関係

> **［設例7－9］　親子関係の存否**
> 　日本に住む日本人である太郎と花子の夫婦は，アメリカ合衆国カリフォルニア州で，アメリカ人であるキャサリン，ジョージ夫妻と代理母契約を結び，同地でキャサリンは懐胎し，恵を出産した。なお，懐胎には太郎の精子と花子の卵子による受

精卵が用いられ，代理母契約には，生まれてくる子供の両親を太郎と花子にする旨
記載されていた。この契約に基づいてアメリカ合衆国で太郎と花子を両親とする出
生証明書が作られ，それを元に，太郎と花子は，日本で，太郎を父，花子を母とす
る恵の出生届けを戸籍吏に提出しようとしたところ，花子による出生の事実が認め
られないことを理由に拒絶された。カリフォルニア州法上，このような代理母契約
が有効で，かつ，同州法上は恵の父が太郎，母が花子とされている場合，恵と太
郎・花子夫婦との間に親子関係は発生しているだろうか。

　設例のように，そもそも親子関係の存否自体が問題とされる場合には，通則
法29条を適用すべきか28条を適用すべきかが明確でない。このような場合に，
準拠法をどうやって決定するのだろうか。

　この通則法28条と29条との適用の関係については，28条と29条の段階的もし
くは同時的な適用を説く見解が通説とされている。特に **〔設例 7 － 9 〕** のよう
に親子関係の存否が問題となっている場合には，まず嫡出親子関係に関する通
則法28条が適用され，28条により嫡出親子関係が発生しない場合に29条が適用
されることとなる。

　したがって，**〔設例 7 － 9 〕** では，まず，恵と太郎・花子夫婦との間に嫡出
親子関係が発生するか否かを通則法28条に従って判断する。すると夫婦の一方
の本国法はいずれも日本法であり，日本法上は代理出産による親子関係が認め
られていないため，嫡出親子関係は発生しない。

　次いで，非嫡出親子関係が太郎や花子との間に発生するか否かは，通則法29
条により，子の出生当時の父ないし母の本国法により決せられる。父の本国法
である日本法によれば父との間の非嫡出親子関係は認知によって発生するた
め，認知をしていない本件では認められず，母との間の非嫡出親子関係は母の
本国法である日本法によれば分娩という事実によって発生するところ，分娩を
していない花子との間には発生しない。

　次の最高裁判決は，通説の見解に立つことを明らかにしたものである（ただ
し平成元年改正前法例が適用された事例である）。

## ★判例 7 — 1　親子関係成立の準拠法

最一小判平成12・1・27民集54巻1号1頁［百選2事件：道垣内正人，65事件：青木清］

「親子関係の成立という法律関係のうち嫡出性取得の問題を1個の独立した法律関係として規定している旧法例17条，18条の構造上，親子関係の成立が問題になる場合には，まず嫡出親子関係の成立についての準拠法により嫡出親子関係が成立するかどうかを見た上，そこで嫡出親子関係が否定された場合には，右嫡出とされなかった子について嫡出以外の親子関係の成立の準拠法を別途見いだし，その準拠法を適用して親子関係の成立を判断すべきである。」

## ▼▼【もっとくわしく 7 — 1】　先決問題　【総論】

この判決において，直接に問題とされていたのは，相続人の決定である。相続の準拠法に従って相続人を決定するために，そもそも親子関係が存在していたかどうかという点が問題とされたのである。このように，ある問題について適用される準拠実質法上の要件を判断するために，別の法律関係に関する問題があらわれることがある。この場合，前者を本問題，後者を先決問題という。この点については→第11章3[4]

この問題について，上に挙げた最高裁の判例では次のような判断を下している。「渉外的な法律関係において，ある1つの法律問題（本問題）を解決するためにまず決めなければならない不可欠の前提問題があり，その前提問題が国際私法上本問題とは別個の法律関係を構成している場合，その前提問題は，本問題の準拠法によるのでも，本問題の準拠法が所属する国の国際私法が指定する準拠法によるのでもなく，法廷地である我が国の国際私法により定まる準拠法によって決定すべきである。」

この見解に従うと親子関係の存否について，通則法の適用順序は以下のようになろう。

＊ステップ1：嫡出か否か⇒通則法28条で決まる準拠法で決定する

＊ステップ2：通則法28条で決まる準拠法により嫡出子でないと決定 ｛[（婚姻した母＝妻）の夫の子ではない]＝（非嫡出子または婚外子である）｝ ⇒ステップ3

＊ステップ3—A：嫡出子でない者について，法律上の父子関係があるか否か（認知など）⇒通則法29条で決まる準拠法で決定する。

＊ステップ3—B：嫡出子でない者について，いかなる要件を充足すれば，嫡

出子としての身分を取得するか（準正が認められるか）
⇒通則法30条で決まる準拠法で決定する。

**[設例7−9]** のように，日本人が依頼者となった生殖補助医療（特に代理出産）により生まれた子についての親子関係が争いになる場合，日本民法の解釈として，分娩者が母とされるため，結局，依頼者たる日本人と子供との間には，嫡出親子関係，非嫡出親子関係のいずれも認められない（大阪高決平成17・5・20判時1919号107頁参照）。外国裁判所の判断がある場合については→本章**6**

#### [4]── 選択的連結と反致

既に述べたように（→第3章**5**），通則法は41条で反致について「当事者の本国法によるべき場合において，その国の法に従えば日本法によるべきときは，日本法による」旨を規定しているが，ただし書により，段階的連結が採用されている各条は反致の適用対象から外されている。そのため，反致の適用があるのは通則法4条から6条・24条・28条から31条・33条から37条によって本国法が適用される場合ということになる。

---

**[設例7−10] 選択的連結と反致**
日本人女性菜緒子は，X国に留学した際に，そこでX国人のロルフと恋愛関係になった。2人は，結婚しないまま数年にわたり関係を続け，2人の間に智子（日本国籍）が生まれた。菜緒子は，智子の将来のために，ロルフから認知をしてほしいと考えている。
この場合，認知が認められるか否かについて，どの国の法律によるべきだろうか。なお，X国の国際私法によれば，非嫡出親子関係は，子の本国法によることとされている。

---

それでは，**[設例7−10]** のように，選択的適用によって準拠法が決定される場合にも，反致が肯定されるのだろうか。この点については，学説上争いのあるところである。通則法41条が明文で適用除外していないことを理由に反致の適用を全面的に認める見解のほか，準拠法選択の幅が狭くなり，選択的適用主義採用の立法趣旨に反するとして反致を否定する見解，さらに，反致の適用は認めるが，一定の場合（たとえば，いずれか一方の本国法によれば子は嫡出子とな

87

るのに，日本法に反致する結果，日本法によれば嫡出子とされないような場合には，反致を肯定することは選択的適用主義を採用した立法趣旨に反する）には反致の成立を否定する見解や，本国法への指定を実質法への指定と解し，それらの法により実親子関係の成立が認められない場合に，日本法への反致を認める見解にわかれる。通説的見解は反致を認める見解である。

　**[設例7−10]** において，認知が認められるか否かについては，通則法29条に従い，子の出生時の父の本国法，認知時の父の本国法，認知時の子の本国法のいずれかの選択的連結となる。ここで，選択的連結において反致を認める通説的見解によれば，子の出生時あるいは認知時の父の本国である X 国の国際私法上，非嫡出親子関係が子の本国法によるとされており，子の本国法は日本法であるため，父の本国法から日本法へ反致される結果，日本法のみが準拠法となる。

　なお，通則法29条のセーフガード条項により子の本国法が適用される場合にも，反致が認められるかが議論されている。通説は反致の原則が適用されないものとする。セーフガード条項は，子の保護のためその本国の実質法を必ず考慮すべきとする政策上の理由からである。これに対して，反致の適用を認めるべきとする見解も有力である。通則法41条が，セーフガード条項への反致の適用を明文で排除していないこと，および，日本法への反致が認められている場合に日本法を適用することが必ずしも子の保護に欠けるとは限らないというのが後説の根拠である。

# **5**　準正の準拠法

--------------------------------------------------

＊**通則法30条**
　（準正）
　子は，準正の要件である事実が完成した当時における父若しくは母又は子の本国法により準正が成立するときは，嫡出子の身分を取得する。
2　前項に規定する者が準正の要件である事実の完成前に死亡したときは，その死亡の当時におけるその者の本国法を同項のその者の本国法とみなす。

--------------------------------------------------

　準正とは，非嫡出子が嫡出子たる身分を取得する制度である。民法上の準正には，①婚姻前に生まれ父に認知された非嫡出子が，その後の父母の婚姻によって嫡出子の身分を取得する場合（婚姻準正）と，②婚姻前に生まれ父に認知されていない非嫡出子が，父母の婚姻後に認知をされることによって嫡出子の身分を取得する場合（認知準正）とがある。さらに，③外国には裁判所等の公的機関の宣言（嫡出宣言）によって嫡出の身分が付与される制度もある。

　渉外事件では，非嫡出親子関係の成立は通則法29条で定まる準拠法によるが，これにより非嫡出子として出生しているとされた場合は，出生後のいかなる事実により嫡出子となるか，すなわち準正の成立の準拠法が問題となる。

---

**［設例7−11］　ハンスの準正のケース**
　ドイツ人女性マリーアと日本人男性健太が日本で同棲し，2015年に男児ハンスを出産した。その後健太がハンスを認知し，さらに2019年にマリーアと健太が結婚した。子ハンスがマリーアと健太の嫡出子の身分を取得したのか。

---

【参照条文】　通則法30条，日本民法789条

　通則法30条1項は，父もしくは母または子の本国法のいずれかによって準正が成立すれば，子が嫡出子の身分を取得する，とする。このように，通則法30条は子を保護し，準正の成立をできるだけ容易にする理念（準正保護—優遇の原則）に基づき，準拠法の選択肢を多く定め，そのいずれかの法の定める要件が充足されれば準正が成立するといういわゆる選択的連結を採用している。

　出生後の問題である準正も基本的には子の嫡出性の問題であるから，出生時の嫡出性の準拠法を定めた通則法28条との均衡上，通則法30条は父または母の本国法を準拠法と定めた。さらに，通則法29条2項が認知による非嫡出親子関係の成立について子の本国法も準拠法の1つとして定めたことから，通則法30条も，子の本国法による認知があった場合の認知準正を想定し，子の本国法も準正の準拠法として定めている。

　**［設例7−11］**では，マリーアと健太の婚姻時におけるそれぞれの本国法またはハンスの本国法によって準正が成立すれば，ハンスが嫡出子の身分を得られるため，ドイツ法によるまでもなく，健太の婚姻時の本国法たる日本民法789条によって準正が成立しハンスは嫡出子の身分を取得する。

　なお，準正の要件となる事実，すなわち父母の婚姻や，父子間および母子間の非嫡出親子関係の成立はそれぞれの準拠法による。準正の要件たる事実が完成する前に父もしくは母または子が死亡した場合には，準拠法の基準時はその者の死亡当時とされる（通則法30条2項）。

　そして，通則法30条1項は選択的適用を定めているため，反致との関係が問題となる。これについて，本章**4**を参照されたい。

## **6**　外国判決の承認

　実親子関係に関する判断が外国の裁判所により下された場合，当該判断はわが国でも承認されうるのか。嫡出否認や実親子関係の存否の確定は，当事者の合意だけでは処分が許されない性質を有するとして，人事訴訟によるべきものとされている（人訴2条2号）しかし，実親子関係に関する外国の裁判の承認については，人訴法には明文の規定はなく，離婚の裁判と同様，民訴法118条により規律するとの立場が有力である（→第**2**章**4**）。近時問題となったのは，代理母から出生した子について，分娩者ではない者を子の法律上の母とし，その夫を法律上の父とする外国裁判所の判断の承認である。

> **[設例7－12] 代理出産と親子関係**
> 　**[設例7－9]** において，カリフォルニア州裁判所が，恵の両親を花子，太郎とする親子関係確定の裁判をしていた場合，結論は異なるだろうか。

　民訴法118条3号の公序要件は，判決の結果をわが国で認めることがわが国の法秩序に重大な結果をもたらす場合に，当該外国判決を排除する機能を有する。**[設例7－12]** のベースとなった判例（★**判例7－2**）は，わが国で認められないような実親子関係を外国判決の効力によって認めることは，一義的明確に親子関係を決することができなくなる等，わが国の身分法秩序に重大な影響がある，とする。そして，民法が実親子関係を認めていない者にそれを認める外国判決は民訴法118条の公序に反し，わが国においてその効力を有しない，とした。多数説もこの結論に賛成している。この立場に立てば，**設例**において

も，カリフォルニア州の裁判はわが国では承認されないことになり，結果，恵は花子と太郎の実子とされない。

　ところで，**判例7―2**では代理母らを含め当事者らは外国裁判で争ってはおらず，裁判内容には合意していた。このような争訟性の低い裁判は民訴法118条の要件のうち管轄の有無と公序だけを審査すれば足りるという見解もある。家事法79条の2による民訴法118条の準用もこの立場を裏づけるが（→第5章**5**），**設例**や次の**判例**では公序が問題となっているので，これらの見解の相違によって，結論に差異が生じることはない。

### ★判例7―2　代理出産と親子関係

最二小決平成19・3・23民集61巻2号619頁［百選69事件：竹下啓介］

「民法には，出生した子を懐胎，出産していない女性をもってその子の母とすべき趣旨をうかがわせる規定は見当たらず，このような場合における法律関係を定める規定がないことは，同法制定当時そのような事態が想定されなかったことによるものではあるが，……実親子関係が公益及び子の福祉に深くかかわるものであり，一義的に明確な基準によって一律に決せられるべきであることにかんがみると，現行民法の解釈としては，出生した子を懐胎し出産した女性をその子の母と解さざるを得ず，その子を懐胎，出産していない女性との間には，その女性が卵子を提供した場合であっても，母子関係の成立を認めることはできない。」「以上によれば，本件裁判は，我が国における身分法秩序を定めた民法が実親子関係の成立を認めていない者の間にその成立を認める内容のものであって，現在の我が国の身分法秩序の基本原則ないし基本理念と相いれないものといわざるを得ず，民訴法118条3号にいう公の秩序に反することになるので，我が国においてその効力を有しないものといわなければならない。」

**【参考文献】**

7-① 　国友明彦「家族と国籍」国際法学会編『個人と家族』（日本と国際法の100年）177-202頁（三省堂，2001年）

7-② 　嶋拓哉「選択的連結に対する反致の適用に関する若干の考察」北大法学論集65巻5号1615-1644頁（2015年）

7-③ 　島野穹子「代理出産と親子関係」野田愛子・梶村太一総編集『新家族法実務大系第2巻　親族［Ⅱ］――親子・後見』236-249頁（新日本法規出版，2008年）

7-④ 　中西康「国際親子法の展望」民商135巻6号954-989頁（2007年）

7-⑤ 　西谷祐子「渉外戸籍をめぐる基本的課題」ジュリ1232号145-151頁（2002年）

7-⑥ 　渡辺惺之「渉外実親子関係の国際裁判管轄権と準拠法」野田愛子・梶村太一総編集『新家族法実務大系第2巻　親族［Ⅱ］――親子・後見』639-662頁（新日本法規出版，2008年）

# 第**8**章　養子縁組

【キーワード】　決定型養子縁組／契約型養子縁組／隠れた反致

## *1* 概　　　観

　親子関係には第7章で見た実親子関係と，養子縁組によって成立する養親子関係とが存在している。通則法も養親子関係については実親子関係と異なる準拠法決定ルールを設けている。

------------------------------------------------

＊通則法31条
　（養子縁組）
　養子縁組は，縁組の当時における養親となるべき者の本国法による。この場合において，養子となるべき者の本国法によればその者若しくは第三者の承諾若しくは同意又は公的機関の許可その他の処分があることが養子縁組の成立の要件であるときは，その要件をも備えなければならない。
　2　養子とその実方の血族との親族関係の終了及び離縁は，前項前段の規定により適用すべき法による。

------------------------------------------------

┌─────────────────────────────────────────────┐
**［設例8－1］　ジャンとカプシーヌの養子縁組**
　フランス人の夫婦であるジャン（31歳）とカプシーヌ（30歳）は仕事の関係で日本に10年住んでいる。2人には子供がなく，日本で日本人の子供である賢（7歳）をフランス法上の完全養子として迎えたいと考え，すでに1年半にわたり同居している。この養子縁組の申立てを日本の裁判所ですることは可能か。また，仮に認められた場合，この養子縁組が成立するか否かは何法によって判断されるか。
└─────────────────────────────────────────────┘

【参照条文】　日本民法817条の2～11
　　　　　　　フランス民法343条　完全養子縁組は2年以上婚姻を継続しており，双方が28歳以上である別居していない夫婦により請求されうる。

345条　完全養子縁組は，15歳未満でありかつ養親となる者の過程で6ヶ月以上養育されている子について認められる。（略）

13歳以上である子については，完全養子縁組についてその子自身の同意が必要とされる。

## *2* 養子縁組事件の国際裁判管轄

**[設例8－1]** のように，国際的な養子縁組に際して裁判所の関与が必要とされる場合がある（→**[2]** 養子縁組の成立要件）。このような場合，どのような基準で日本の裁判所での裁判管轄が認められるのだろうか。

この点について，改正家事法3条の5は，養子縁組をするについての許可の審判事件および特別養子縁組の成立の審判事件について，養親となるべき者又は養子となるべき者の住所（住所がない場合又は住所が知れない場合には，居所）が日本国内にあるときに日本の裁判所の国際裁判管轄を認める。なお，令和元年日本法上特別養子縁組にかかる法改正が成立した。同改正法によれば新たに特別養子縁組成立のために，特別養子適格の確認審判手続が新たに必要とされ，同手続についてもその国際裁判管轄の基準は家事法3条の5によることとされている。子の住所は養子となるべきものの状況把握の点で利点があり，養親の住所は養子縁組後に養親子が共同生活を送る蓋然性が高いと考えられる。これによれば **[設例8－1]** は，子，親とも日本に住所を有すると認められ，日本の裁判所の管轄権が認められることになる **【国際民事訴訟法】**。

## *3* 養子縁組の準拠法

### [1]―― 通則法の規定

**[設例8－1]** のような国際的な養子縁組の準拠法について，適用通則法は，養親の本国法主義をとっている。これに対して，平成元年改正前法例は各当事者の配分的適用主義を採用していた。しかし，養子縁組の要件のおのおのがどちらの側の要件であるのか判断することが困難な場合が多いこと，また，実質

法上決定型養子縁組と契約型養子縁組が存在しており，配分的適用は準拠法の適用に困難を来すなどの問題が指摘されたため，平成元年の改正で改められ，現行の適用通則法にもそれが踏襲された。

　しかし，ここでも養子の特別な保護の必要性から，養子の本国法によって養子本人もしくは第三者による同意か承諾あるいは公の機関の許可などが必要とされる場合にはその要件を具備する必要があるとする規定（セーフガード条項→[4]を参照）が設けられている。【設例8−1】の場合，原則としてフランス法の定める要件を具備しているか検討し，子の本国法である日本法上の一定の要件を具備しているか検討する必要がある。以下，具体的にみてみよう。

### [2]──　養子縁組の成立要件

　養子縁組の準拠法は，まず，そもそも養子縁組が許されるかどうかという問題について適用される。

　次いで養子縁組の実質的成立要件である，養親年齢や養子の年齢，あるいは養親と養子の年齢の間隔についても，養親の本国法が準拠法となる。したがって【設例8−1】では，これらすべての問題についてフランス法上の要件を満たしているか否かを検討すればよい。これら以外に，諸外国の法制では，一定の身分関係がある場合に養子縁組を禁止するものがあるが，この点も養子縁組の実質的成立要件であるため，同じく養親の本国法が適用される。

　また，日本における養子縁組制度には，当事者の合意にのみ基づいてなすことのできる契約型の普通養子縁組（民法799条）と，裁判所の決定を要する決定型の特別養子縁組（民法817条の2）とが存在している。比較法的にも，契約型の養子縁組と決定型の養子縁組とが存在しており，後者には，通常，何らかの国家機関の関与が求められている。このように決定型の養子縁組をなすべきか，契約型の養子縁組をなすべきかの問題についても養親の本国法による。したがって【設例8−1】における養子縁組が決定型のものとなるか，契約型のものとなるかは，養親の本国法であるフランス法によって判断される。

> **［設例8－2］　夫婦共同養子縁組**
> 　日本国籍の治男は，妻であるフィリピン国籍のルビーと日本で婚姻し，現在2人の間には長男健がいる。ルビーには本国に多数の兄弟姉妹がいるが，その一番下の妹マリアがルビーを頼って来日し，治男・ルビー夫婦を実父母のように慕っている。そこで治男とルビーはマリアを養子にしようと家庭裁判所に養子縁組の申立てをした。この申立ては認められるか。なおフィリピン法によれば，養子縁組は裁判所の決定によりなされ，また，夫婦は共同して養子縁組をしなければならない。

　**［設例8－2］** のように，国籍の異なる夫婦によって夫婦共同養子縁組をしようとする場合，「養親の本国法」はどうやって決定されるのだろうか。この場合には，養親1人ひとりについておのおのの本国法を適用することになる。したがって，**［設例8－2］** においては，ルビーとマリアとの養子縁組はフィリピン法により，治男とマリアとの養子縁組は日本法によりそれぞれ判断されることになる。また31条1項後段のセーフガード条項（→**［4］**を参照）により，一定の要件については，養子となるべきマリアの本国法であるフィリピン法も適用される。

　夫婦それぞれの本国法が適用される結果，夫婦共同養子縁組がいずれかの本国法によれば不可能であるときであっても，もう一方の本国法で単独での養子縁組が可能なのであれば単独養子縁組が可能であるとされている。

　次にあげる盛岡家裁の審判は，夫婦それぞれの本国法に従って養子縁組の実質的成立要件が具備されているか否かを判断した事例である。また，この審判の後半部分は，養子縁組の決定について，分解理論（→**［3］**養子縁組の方法）を採用して夫婦共同養子縁組を可能としている。

### ★判例8－1　養子縁組申立事件
**盛岡家審平成3・12・16家月44巻9号89頁［百選70事件：南敏文］**

　「法例20条（通則法31条）1項前段によると，養子縁組は縁組の当時の養親の本国法によるものと定められているから，X1とZの養子縁組については，X1の本国法である日本法が，X2とZの養子縁組については，X2の本国法であるフィリピン法がそれぞれ適用されることになる。」

　「そこで，はじめに，X1とZの養子縁組につき検討するに，……X1とZとの養子縁組については，Zの福祉上これを認めるのが相当というべきであり，日本法上要件的には何ら欠けるところがない。一方，法例20条（通則法31条）1項後段による

と，養子の本国法が養子縁組の成立につき第三者の承諾・同意又は公の機関の許可処分等を要するときはその要件をも充足することが必要である旨定めているところ，フィリピン法によると，養子縁組については実親の同意書（フィリピン家族法188条）及び裁判所の養子縁組決定（児童福祉法典「大統領宣言603号」36条）が必要であり，また，同大統領宣言35条によると，養子縁組決定前において，裁判所が養子をとる親に対し，少なくとも6か月間の監督付き試験監護を行うものとされているので……，これらの点につき検討する。まず，Zの唯一の実親である父Dが本件養子縁組に同意していることは前記認定のとおりである。また，フィリピン法により裁判所の決定を要するという趣旨は，日本法の家庭裁判所の許可の審判とは性質を異にするものではあるが，当該養子縁組が養子となるべき子の福祉に適うか否かの審査を裁判所に委ねた点では実質的には差異がないというべきであるから，日本の家庭裁判所の許可の審判をもってフィリピン法の裁判所の決定に代わることができるものと解すべきである。また，6か月間の監督付き試験監護についても，前同様の理由により日本の家庭裁判所において職権でその免除ができる性格のものと解すべきものであり，前記認定のような申立人らとZの生活状況に照らせば，上記試験監護期間はこれを免除するのが相当である。

　以上によると，X1がZを養育，監護することはZの福祉に適合するものであるから，X1とZとの養子縁組はこれを許可するのが相当である。」

　「次いで，X2とZの養子縁組につき検討する。……X2の本国法であるフィリピン法によると，前記のとおり，養子縁組については実親の同意書が必要であり，また，養子縁組決定前における6か月間の監督付き試験監護を経たうえで裁判所による養子縁組決定を要するものとされているほか，養子が未成年者であること及び養親が養子より16歳以上年長であること（フィリピン家族法183条），配偶者のある者が縁組するには，その配偶者とともに縁組をすること（同法185条）が要件とされているので，これらの点につき検討する。

　上記のうち，養子縁組につきZの実父が同意書を提出していることは前記認定のとおりである。また，養子縁組決定前における6か月間の監督付き試験監護を経たうえで裁判所による養子縁組決定を要するものとされている点についても，前記のとおり日本の家庭裁判所の許可の審判をもってフィリピン法の裁判所の決定に代わることができるものと解すべきであり，また，6か月間の監督付き試験監護に日本の家庭裁判所において職権でその免除をすることが相当であると解すべきものである。さらに，前記認定の事実によれば，Zが未成年者であること及びX2がZより21歳年長であり，フィリピン家族法183条の要求する各要件を充たしていることが認められる。」

　「フィリピン法においては……配偶者のある者が縁組するには，その配偶者とともに縁組をすることが要件とされているところ，フィリピン法と日本法では養子縁組の形式的成立要件を異にするからX1X2夫婦が双方同時に養子縁組をするための方式を

充たすことが困難であり，結局夫婦が共同で養子縁組をすることは認められないのではないかとの疑問があるが，法例22条但書［通則法34条2項］によれば，養親となるべき夫婦が同一場所に居住している場合には，養子縁組をする場所における縁組の形式的成立要件を満たすことにより，縁組を成立させることができるものとされており，本件においては，X2とZとの養子縁組についても養子縁組をする場所である日本の方式すなわち戸籍管掌者である市町村長に対する届出によって養子縁組が形式的に成立するものと解することにより，夫婦共同養子縁組の要件を満たすものと解して妨げないというべきである。」

また，養子縁組の実質的成立要件に関連して，養子縁組を認めないイラン法の適用が問題になった事件が次の★判例8−2である。日本人とイラン人の夫婦がイラン人の未成年者との養子縁組を申し立てたのに対して，裁判所は，通則法42条の公序条項を発動してイラン法の適用を排除し，養子縁組の成立を認めた。

### ★判例8−2　養子縁組許可申立事件
宇都宮家審平成19・7・20家月59巻12号106頁［百選12事件：横山潤］
1　「本件のような渉外養子縁組許可に関する審判事件の国際裁判管轄については，養子となる者が現実に居住している地で審判を行うのが子の福祉に適うと考えられるところ，Cの住所地ないし常居所地は日本にあるから，我が国の裁判所が国際裁判管轄権を有するというべきである。」
2　「渉外養子縁組の実質的要件については，法の適用に関する通則法（以下「通則法」という。）31条1項により，縁組の当時の養親の本国法によるものとされ，また，養子の本国法に，養子の保護のための同意，許可要件（いわゆる保護要件）が定められているときは，その要件をも備えなければならないものとされているから，AとCとの関係においては，準拠法として日本法が適用され，併せて保護要件についてイラン法が適用されることになり，BとCとの関係においては，専らイラン法が適用されることになる。」
3　「そこで，イラン法について検討すると，イランは宗教により身分法を異にする人的不統一法国であり，その所属する宗教いかんによって当該イラン人の本国法を決定しなければならないと解されるところ，……Bはイスラム教徒であり，一方，Cの所属する宗教はいまだ決まっていないことが認められるから，Bの本国法はイスラム法であり，また，Cの本国法は，イランの規則に従い指定される法がないため，Cに最も密接な関係がある日本法であると解される（通則法40条1項前段，後段参照）。」
4　「そうすると，AとCとの関係においては，準拠法も保護要件も日本国民法が適用されるところ，……本件養子縁組は，民法792条（養親となる者の年齢），795条本

文（配偶者のある者が未成年者を養子とする縁組）及び797条１項（15歳未満の者を養子とする縁組）の各要件を備えているものということができる（未成年者の実父の同意については，同人が未成年者の養育権を有せず，かつ，その所在が不明であるから不要であると解される。）。」

5　「他方，イスラム法においては，養子縁組は認められていないので，ＢとＣとの関係においては，イスラム法の適用により，本件養子縁組は認められないことになるところ，このような結果は，日本国民法を適用した結果とは異なることが明らかである上，ＡＢ夫婦が，……今後もＣと共に日本で生活し，将来は（略）する予定であること，及びＡＢ夫婦が，どちらかが単独でＣの養親となればよいと考えているのではなく，あくまでも共にＣの養父母となることを望んでいることを考慮すると，ＢとＣとの関係において，イスラム法の適用により，本件養子縁組を認めないものとするのは不当であるといわざるを得ない。」「したがって，本件養子縁組の可否に関しては，ＢとＣとの関係においてイスラム法を適用することは，我が国の公の秩序に適合しないものというべきであるから，通則法42条により，その適用を否定するのが相当である。」「そして……ＢとＣとの関係については，準拠法も保護要件も日本国民法を適用するのが相当であると解されるところ，民法の前記各規定によると，本件養子縁組は前示各要件を満たすものと認められ，また，前記認定の事実によれば，本件養子縁組は未成年者の福祉に適うものというべきである。」

### ［３］── 養子縁組の方法──決定型と契約型

**［設例8－3］ ジャンとカプシーヌの養子縁組　その2**
　**［設例8－1］** でジャンとカプシーヌがフランス法上の完全養子縁組を日本の裁判所で求めた場合，どのような手続が必要となるか。

【参考条文】　フランス民法353条　完全養子縁組は，大審裁判所が，養親からの請求により，裁判所への訴えの提起から6か月の間，法で定められている要件を満たしているか，また，養子縁組が子の利益になっているか否かを審査して宣告する。

　説例のジャンとカプシーヌの本国法であるフランス法によれば，完全養子縁組は裁判所により決定される（フランス法では養子と実方の父母らとの親族関係が終了する断絶型の完全養子縁組が原則であり，実親らの親族関係が終了しない単純養子縁組にもフランス民法353条が準用される。→**［5］**養子縁組の効果）。（→**［2］**養子縁組の成立要件）。

　それでは，**［設例8－3］** のように，養親の本国法に基づく決定型の養子縁組が日本において求められている場合，日本の家庭裁判所の許可の審判（民法

798条）によって本国の制度の代替をすることは可能だろうか。この点について，家裁の許可の審判で代替可能であるとする見解や家裁の審判例（★**判例8 —4**）もあるが，家裁の縁組許可の審判では代替できないとする説も有力に主張されている。また，実務上，養子縁組の決定を養子縁組の実質的成立要件としての公的機関の関与の部分と養子縁組を創設させる方式の部分とに分解し，前者については家裁での縁組許可審判で代行し，後者については方式の準拠法である縁組地法＝日本法により戸籍管掌者へ届け出させることにより縁組を成立させる理論（分解理論，★**判例3—5**後半部分）が有力であるが，学説において一般的な支持を得ているとは言い難い。

　なお，養親の本国法が決定型である場合に，日本人の子供との特別養子縁組を日本の裁判所に申し立てる場合には，日本の特別養子縁組制度も決定型であるため，代行は比較的容易に認められる。このような事例として次の高松家裁の審判がある。

### ★判例8—3　　特別養子縁組申立事件

高松家審平成6・1・13家月47巻12号47頁［百選新法対応補正版65事件：植松真生］

　「X1X2の本国法はいずれもカナダ国ブリティッシュ・コロンビア州の法令であると考えられ……本件においては，法例第20条［通則法31条］第1項により，養親たるべきX1X2の本国法であるカナダ国ブリティッシュ・コロンビア州法が適用されるべきものと考える。」

　「そこで，本件養子縁組がカナダ国ブリティッシュ・コロンビア州法における養子縁組の要件を充足しているか否かについて判断する。

　(1)　カナダ国ブリティッシュ・コロンビア州法の養子法によれば，「成年に達した未婚の者又は成年に達した夫婦は共同して，養子縁組を申請することができる。」（第3条第1項），「養子縁組をしようとするものは，当該子と同居を始めてから14日以内に，監督官（superintendent）に対し，通知に示された住所において子と同居を始めたことを通知しなければならない。」（第6条第1項），「申立人は，申立ての少なくとも6か月前にその意思を監督官に対し書面で通知しなければならない。」（同条第2項），「監督官は，前項の通知を受け取ったとき(a)申立人の環境及び性格(b)その養子縁組によって養親となるについての申立人の適格性(c)申立人の養子となることについての子の適格性(d)子が養子になろうとするに至った生活環境(e)第7項及び第8項に示されている事項ならびに監督官が第6項で要求される勧告をなすのに必要であると考える事項，又は裁判所が第8項もしくは第10条の命令をなすについて参考となる事項を

調査しなければならない。」(同条第3項),「第8項の場合を除き,監督官の報告書が提出され,この報告書によれば,審問期日の少なくとも6か月前から子が申立人と同居してその監護の下にあったこと,及びその期間中の申立人の子に対する振る舞い及び子の生活環境が養子縁組命令をなすことを正当化するものであることが明らかでない限り,養子縁組命令をなすことができない。」(同条第7項前段),「監督官への通知期間及び申立人と子の同居期間に関する第2項及び第7項の規定を遵守することが,全当事者の利益保護にとって不必要であるという理由が監督官の報告書によって明らかに認められる場合,裁判所はこれらの規定の遵守を免除することができる。」(同条第8項),「子の福祉及び子の実親の利益に照らし,申立人が子を養育し扶養し正しく教育する能力を有すること及びその子を養子とすることが相当であると明らかに認められるときは,裁判所は第5条ないし第8条の規定に従い,子を申立人の養子とする縁組命令をこなすことができる。」(第10条第1項前段)。

　(2)　しかるところ,日本国においてカナダ国ブリティッシュ・コロンビア州の養子法にいう監督官なる制度が存在しないが,同法における監督官の職務内容及び権限の大半が日本国の家庭裁判所調査官の職務内容及び権限と共通しており,不足する部分は同調査官による調査の過程において嘱託される児童相談所及び乳児院等からの回答等によってこれを補うことができること,ならびに本来監督官による調査手続に関する規定は手続規定であり,同養子法においては監督官が調査すべきものとされている子の要保護状態及び養親となるべき者の適格性等の実質要件のみが厳密な意味における法例第20条〔通則法31条〕第1項の養子縁組の要件に該当すると解されることなどに鑑みると,日本国の家庭裁判所調査官による調査及びその調査結果報告書をもって同養子法における監督官による調査及びその報告書に代えることが許されると思料する。」

　(3)　「同養子法第6条第2項に定める監督官への通知期間及び同法第6条第7項前段に定められる同居期間の点を除き,同法に定める養子縁組の要件は充たされていることが認められ,また,……X1X2は平成5年2月22日香川県知事から里親登録を受け,同年4月24日Zを引き取って監護養育を開始し,同年5月10日本件申し立てをなし,今日に至るまで同居を継続しているのであるから,この点もあわせ考えると,同法第6条第8項を適用して監督官への通知期間を定める同法第6条第7項前段の規定の遵守を免除するのが相当である。

5　そうすると,Zは実親からの手厚い監護養育を受ける望みは皆無に等しく,十分な保護が期待できない境遇にあり,X1X2はZの養親として十分な適格性を有しており,かつ,双方の間に特別養子縁組を成立させるのが相当であると思料する。」

## ▼▼【もっとくわしく3-3】　準拠法アプローチと承認アプローチ

　すでにみた親子関係の存在が問題となる場合と同じく,養子縁組についても,

　特に決定型養子縁組法制の国で下された養子縁組を認める外国判決がある場合,

その成否をどのように判断すべきかが問題となっていた。つまり，養子縁組を認める外国判決の効力をわが国で承認すべきか否かを，民訴法118条に従い，もしくは118条を類推して，その要件を具備している場合にわが国でもその養子縁組を有効とすべきか（承認アプローチ），外国判決の存在を考慮せずに，通則法31条に従い，養親の本国法の要件を具備しており，セーフガードの要件も満たしていればわが国においてその養子縁組が有効と考えられるべきか（準拠法アプローチ）という問題である。この点について判例はまだないが，このような問題を多く扱う戸籍実務では，そこで118条の求める要件を判断することが実際上不可能であることや，養子縁組の効果や要件は各国の法制で大きく違うため，わが国において日本の国際私法が定める準拠法以外で成立した養子縁組を認めることはわが国の法秩序に反する養子縁組を認めることにつながることなどを理由に，通則法31条に従って準拠法上の要件の具備のみを審査することが主流であったとされる。しかし，この点についても，改正家事法79条の2によれば，原則として民訴法118条を準用して判断することとなる。

## [4]── セーフガード条項

　非嫡出子の場合と同じく，養子縁組の準拠法においても，子や国家機関の特別の許可が子の本国法により必要とされている場合には，養親の本国法に加えて養子の本国法も適用されることになるセーフガード条項が規定されている（31条1項ただし書）。また，養子縁組の成立要件と関連して，養子の本国法が養子縁組を認めない場合，セーフガード条項の趣旨を汲み取り，養子縁組の成立を認めないとする見解もある。

　このセーフガード条項をめぐって争いとなったのが次に挙げる水戸家裁土浦支部の審判である。同審判では，子の本国法であるフィリピン法上要求される，養親の嫡出子で10歳以上の者の同意書について，事実上その同意書が得られる見込みがないことや，当該嫡出子と養子養親との関わりが今後もないと思われることなどから，公序を理由にこの要件の適用を排除した。

### ★判例8―4　養子縁組許可申立事件

水戸家裁土浦支審平成11・2・15家月51巻7号93頁［百選72事件：齋藤彰］

　「申立人X1は，昭和63年7月7日フィリピン共和国において同国国籍の申立人X2と挙式，婚姻し，平成元年11月2日には同女との間に長男Aをもうけている。」

　「Yは，申立人X2の非嫡出子としてフィリピンで出生し（父親の氏名等不詳），X2の両親に養育されてきたが，平成10年3月に現地のエレメントリースクールを卒業し

たことを機に，同年5月23日に来日してX1，X2と同居をはじめた。」

「なお，X1には，昭和57年11月25日婚姻，昭和62年12月8日協議離婚した前妻Bとの間に長男C（昭和59年2月23日生），二男D（昭和60年6月22日生）及び長女ヒ（昭和61年6月23日生）がいる（いずれも親権者はB。）が，Bとの離婚後は全く没交渉である。」

「渉外養子縁組の実質的要件については，縁組当時の養親の本国法によるべきものとされている（法例20条［通則法31条］1項前段）から，X1とYとの関係においては，養親の本国法である日本法が準拠法として適用されることになるが，養子の保護のための同意，許可要件については，Yの本国法であるフィリピン法が併せ考慮されることになり（同項後段），また，X2とYとの関係においては，専らフィリピン法が適用される。

ところで，フィリピン家族法188条は，養子縁組について一定の範囲の者の同意書の提出を要件としており，前記2認定の各事実によれば，本件では養子の実親（2号）及び養親の嫡出子で10歳以上の者（3号）の同意が必要とされる。また，同国の児童少年福祉法典36条は養子縁組は裁判所の養子縁組決定を要するものとしている。これらはいずれも，法例20条［通則法31条］1項後段の「養子ノ本国法ガ養子縁組ノ成立ニ付キ養子若クハ第三者ノ承諾若クハ同意又ハ公ノ機関ノ許可其他ノ処分アルコトヲ要件トスルトキ」に該当するものと言うべきであり，本件養子縁組許可の要件となるものである。」

「そこで順次検討する。

(1)　養子の実親の同意書

本件では，Yの父親は知れず，母親はX2であり既に同意が得られているので，この要件に欠けることはない。

(2)　養親の嫡出子で10歳以上の者の同意書

一件記録によれば，前記2(5)のとおり，X1には，Bとの間に未成年者の嫡出子が3人おり（いずれも15歳未満），親権者であるBとともに暮らしていること，本件の調査に当たった家庭裁判所調査官が，Bを通じてCらの諾否の意向照会を試みたところ，Bは「養子縁組をしたいなら勝手にしてもらって構わない。」としながら，……協力を拒絶する態度をあらわにしていること，したがって，申立人らや家庭裁判所調査官によるCらへの接触もままならない状況であり，Cらの書面による同意を得られる見込みはないことが認められる……。」

「思うに，一般にフィリピン家族法188条3号において同意にかからしめることにより調整される養親の嫡出子の利益としては，扶養義務や法定相続分などへの影響のコントロールが考えられるが，これらは新たな嫡出子の出生や子の認知により当然に左右されるものであり，そもそもわが国の民法においては，養親となろうとする者の嫡出子の同意が要件とされていないことからも明らかなように，その利益調整の緊要性

は必ずしも強いものではない。また，この規定により，養子と養親の嫡出子との間で
好悪の情などの感情面も含めた利害調整が図られ，円滑な家族関係などの環境が整う
ことにより，養子本人の福祉が間接的に保護されるという観点から考察しても，本件
では，X1とCらとは，Bとの離婚後長期間全く没交渉であり，今後も関わりを持つ
ことはないと思われるので，同意がないことにより実質的にY人の福祉が害される
事情は皆無である。他方，同意がないことにより本件養子縁組を成立させないこと
は，来日して日が浅く，義務教育就学中であり，養親となろうとしているX1による
扶養を切に必要としているYに，その扶養を法律上当然に求めうる子としての地位
を否定することに外ならず，Yの福祉を著しく害することは明白である。

　してみると，このような場合にまで養親の10歳以上の嫡出子の同意がないことの一
事を理由に養子縁組の成立を認めないことは，「其規定ノ適用カ公ノ秩序又ハ善良ノ
風俗ニ反スル」（法例33条［通則法42条］）というべきである。よって，その限りにお
いてフィリピン家族法188条3号の適用は排除されるべきであり，本件においては，
養親となろうとする者の嫡出子で10歳以上の者の書面による同意を備えなくとも，養
子縁組の成立は妨げられない。

　(3)　裁判所の養子縁組決定

　前記のとおりフィリピン法によれば，養子縁組は裁判所のする養子決定により成立
するものとされているが，この裁判所の養子決定は，わが国の家庭裁判所のする養子
縁組許可の審判をもって代えることができるものと解される。

　(4)　上記(1)ないし(3)の検討に加え，前記2認定の各事実によれば，本件養子縁組許
可の申立ては，X1とYとの間では，わが国民法及び併せて考慮させるフィリピン法
の定める同意，許可要件を充たし，また，X2との関係でもフィリピン法の要件を具
備するものと認められ，かつこれらの準拠法の趣旨とする養子の福祉にも適するもの
というべきであるから，本件申立てを認容するのが相当である。」

## ［5］—— 養子縁組の効果

**【設例8—4】　特別養子と国際養子縁組**
　日本人夫婦の正と春美がG国から子供を引きとり，特別養子縁組を結びたいと考
えている。G国にはそもそも養子法がないが可能か。

　養子縁組を結んだ結果，養子と実方の父母およびその血族との間の親族関係
が終了するか否か（断絶型か否か）については，通則法31条2項により養親の
本国法による。これ以外の養子縁組の効果についても31条1項から養親の本国
法によることとされ，同条2項は不要のようにもみえる。しかし，平成元年改
正前法例19条においてはこの点をめぐり議論があったため，改正時に特に明文

の規定を設けたものである。

　設例の場合，養親の本国法である日本法に従い当該養子縁組の要件と効果が判断され（31条1項），実親との間で親族関係が終了するか否かについても日本法で判断される（31条2項）。**【設例8－4】**のケースでは，養子の本国法には養子法がないため，セーフガード条項の検討は必要ない。

### ▼▼【もっとくわしく3－4】　隠れた反致　【総論】

　すでにみたように，通則法41条は準拠法が本国法によって決定される場合に限り反致を認めている。しかし，外国の法制の中には抵触法的に準拠法を指定するものばかりではなく，英米法のように裁判管轄権についてのみ指定し，準拠法は法廷地法によるとする制度もある。この

ような国の法が本国法として指定された場合，わが国としては反致を認めるべきか否かが「隠れた反致」の問題である。学説上はこの点を巡って否定説と肯定説の双方とも有力であり，判例においても★判例8－5の審判のように，これを肯定するものが散見される。

### ★判例8－5　養子縁組許可申立事件

青森家裁十和田支審平成20・3・28家月60巻12号63頁［百選6事件：多喜寛］

　「本件養子縁組に関する準拠法は，法の適用に関する通則法（以下「通則法」という。）31条1項前段により，養親となるべき者，すなわち申立人らの本国法が適用される。

　申立人らはいずれもアメリカ合衆国の国籍を有しているが，同国は地域（州）により法を異にする国であるため，通則法38条3項により，各申立人の本国法が同国内のどの州法となるべきかを検討すべきところ，同国内には，その適用法を統一して指定する規則がないと認められるから，当事者に最も密接な関係がある地域の法が，その本国法になると解すべきである。

　認定事実によれば，……同申立人と最も密接な関係がある地域とはテネシー州であると認められ，同申立人の本国法は，アメリカ合衆国テネシー州の州法であると認める。

　また，申立人Ｂ……と最も密接な関係がある地域もテネシー州であって，同申立人の本国法も，アメリカ合衆国テネシー州の州法であると認める。

3　ところで，申立人らはいずれも平成8年（1996年）ころから日本……に居住し，現時点では，無期限で同所での生活を続けるつもりであって，アメリカに帰国する予定はないというのであるから，英米法上にいうところの住所（そこを本拠〔home〕とする意思〔永住意思〕をもって居住する地域）たるドミサイル（domicile）は，日本国内にあると認められる。

　そして，申立人らの本国法であるアメリカ合衆国テネシー州法（36－1－114）では，養子縁組の場合の裁判管轄権は，〔1〕養子縁組の申立人の居住地，〔2〕子の居

住地，〔3〕子が公的機関による保護を受けるに至った時の居住地，〔4〕子の監護権又は後見の権利を有する公認機関もしくは子の引渡を受けている公認機関の所在地，のいずれかにあることが規定されており，他方で，アメリカ合衆国のアメリカ抵触法第2リステイトメント（Restatement of The Law Second Conflict of Laws 2d）289条によれば，裁判所は，養子縁組の裁判につき，常に，当該法廷地法を適用する旨定めているところである。

　そうすると，養親となるべき申立人らのドミサイルも，また養子となるべき事件本人Cの住所（すなわち，英米法上のドミサイル）も日本国内にあり，他方で事件本人Cの監護権や後見業務に携わっている公認機関があるとはいえない（少なくとも，テネシー州内に，かかる公認機関はない）本件においては，テネシー州法上も，その裁判管轄権は我が国のみにあることとなる（したがって，現にテネシー州内に居住しておらず，ドミサイルも日本国内に有している申立人らとしては，現状のままでは，本国であるアメリカ合衆国テネシー州において，本件養子縁組を求める裁判を提訴することができず，当然準拠法をテネシー州法とする養子縁組裁判も受け得ない可能性が高い。）。

　かかる場合においては，裁判管轄権を有する法廷地法をもって事件審理の準拠法とする旨定めた前記アメリカ抵触法第2リステイトメント289条の法理に従い，本申立てについてのいわば専属的な裁判管轄権のある日本法が，その準拠法として適用される（すなわち，いわゆる「隠れた反致」理論により，申立人らの本国法（テネシー州法）上，日本法への反致が成立する。通則法41条）と解するのが相当である。またこのように解しても，それが申立人らの本国法（テネシー州法）上の公序に反するとは認められないし，養子となるべき者の保護，利益を勘案して決されるべき日本法に基づく養子縁組裁判の結果は，申立人らの本国法（テネシー州法）上も十分承認され得るものと解される。

　となれば，結局本件養子縁組に関する準拠法は，日本法ということになる。」

## 【参考文献】

8-① 北坂尚洋「外国で成立した養子縁組の承認」阪大法学51巻1号235-264頁（2001年）

8-② 笠原俊宏「夫婦共同養子縁組の準拠法について」大東ロージャーナル5号29-44頁（2009年）

8-③ 多喜寛「国際養子縁組」国際法学会編『個人と家族』（日本と国際法の100年）203-231頁（三省堂，2001年）

8-④ 鳥居淳子「国際養子縁組に関する子の保護及び協力に関する条約について」国際法外交雑誌93巻6号707-748頁（1995年）

8-⑤ 中西康「国際親子法の展望」民商135巻6号954-989頁（2007年）

# 第**9**章　親子間の法律関係・子の奪い合い

【キーワード】　親権／監護権／子の奪い合い／国際的な子の奪取の民事上の側面に関する条約

## 1 概　　観

　この章では，親子間の法律関係，すなわち親子間の権利義務の内容（親子関係の効力）に関する国際私法上の問題を扱う。具体的には，親子間の法律関係の準拠法のほか，子の監護に関する事件についての日本の国際裁判管轄や，子の監護に関する外国裁判所の判決の日本における効力などが問題となる。さらに，親の間での子の奪い合いの問題も取り上げる。

---

**[設例9−1]　テキサス夫の面接交渉申立て**

　米国人Ｘと日本人Ｙは，米国テキサス州において同州法に従って婚姻し，Ｘ・Ｙ間に子Ａが出生した。その後，Ｘ・Ｙは不仲となり，テキサス州裁判所の離婚判決によって離婚した。その際，Ａに対する監護教育，居所指定，財産管理ないし代理権等を行う権限を有する単独支配保護者としてＹが，夏休み等の一定期間だけＡをその保護下に置くことができる一時占有保護者としてＸが，それぞれ指定された。

　その後，ＹはＡを連れて日本に帰国し，ずっと日本に居住している。

　ＸはＡとの面会を求めたが拒絶されたので，Ｙを相手方として日本の家庭裁判所に面会交流を求める申立を行った。

＊東京家審平成７・10・9家月48巻3号69頁［百選74事件：長田真里］を元に作成した。

---

## **2**　子監護事件の国際裁判管轄

**[設例 9 ─ 1]** のような国際的な事件については，日本の裁判所が裁判でき
るか（すなわち日本の裁判所に国際裁判管轄が認められるか）が問題となる。親権
に関する審判事件や子の監護に関する処分の審判事件等の国際裁判管轄につい
ては，家事法 3 条の 8 が規定する。

------------------------------------------------

＊家事法 3 条の 8
　（親権に関する審判事件等の管轄権）
　裁判所は，親権に関する審判事件（別表第一の65の項から69の項まで並びに別表第二の 7
の項及び 8 の項の事項についての審判事件をいう。第167条において同じ。），子の監護に関
する処分の審判事件（同表の 3 の項の事項についての審判事件をいう。第150条第 4 号及び
第151条第 2 号において同じ。）（子の監護に要する費用の分担に関する処分の審判事件を除
く。）及び親権を行う者につき破産手続が開始された場合における管理権喪失の審判事件
（別表第一の132の項の事項についての審判事件をいう。第242条第 1 項第 2 号及び第 3 項に
おいて同じ。）について，子の住所（住所がない場合又は住所が知れない場合には，居所）
が日本国内にあるときは，管轄権を有する。

------------------------------------------------

**[ 1 ]──　単位事件類型──親権に関する審判事件, 子の監護に関する処分の審判事件等**
「親権に関する審判事件」とは，家事法の別表第一の65の項から69の項まで
並びに別表第二の 7 の項及び 8 の項の事項についての審判事件をいう。すなわ
ち日本法でいえば，子に関する特別代理人の選任（民法826条），第三者が子に
与えた財産の管理に関する処分（同830条），親権喪失，親権停止又は管理権喪
失（同830条~835条）とこれらの審判の取消（同836条），親権又は管理権を辞し，
又は回復するについての許可（同837条）に関する審判事件，並びに，養子の離
縁後に親権者となるべき者の指定（同811条），親権者の指定又は変更（同819条）
についての審判事件に該当するような事件である。
　「子の監護に関する処分の審判事件」とは，民法766条 2 項および 3 項につい
ての審判事件（家事法の別表第二の 3 の項の事項）に該当するような事件である。
なお，子の監護に要する費用の分担に関する処分の審判事件の国際裁判管轄に

ついては，扶養関係事件として家事法3条の10に規定されているため，本条の
適用対象から除外されている。

　**[設例9―1]** におけるXのYに対する申立は，子Aとの面会交流を求め
るものであり，日本法上の性質でいえば「子の監護に関する処分の審判事件」
（民法766条2項）に該当するものである。そのため，家事法の別表第二の3の
項の事項についての審判事件であるから，その国際裁判管轄については，家事
法3条の8による。

### [2]―― 管轄原因――子の住所地

　家事法3条の8は，「子の住所（住所がない場合又は住所が知れない場合には，居
所）が日本国内にあるとき」に，日本の国際裁判管轄を肯定する。子の親権・
監護権や面会交流が問題となる事件については，子の福祉が親子法の基本理念
であることに鑑み，子の状況を最も適切に判断できる子の住所地国に国際裁判
管轄を認めるべきだからである。子の住所地は，子の保護に最も重大な利害関
係を有するのが通常であり，裁判所が執る措置について最も実効性を確保でき
ることも，子の住所地国に国際裁判管轄を認める根拠である。

　**[設例9―1]** では，子Aが帰国後ずっと日本に居住していることから，A
の住所は日本国内にあるものと認定できよう。従って，**[設例9―1]** では，
日本に国際裁判管轄が認められ，日本の裁判所は，Xの申立について審理を
行うことができる。

### [3]―― 離婚の際の親権者の指定等（人訴3条の4）

　なお，日本の裁判所が離婚の訴えについて管轄権を有するときは，その訴え
の当事者である夫婦間の子の親権者の指定についての裁判及び当該子の監護者
の指定その他の子の監護に関する処分についての裁判（監護者の指定のほか，面
会交流を命じる処分が含まれる。）に係る事件についても，当該離婚の訴えに係る
裁判とともにされることを前提に，我が国の裁判所が管轄権を有するものとさ
れている（人訴3条の4第1項）。

# **3**　親子間の法律関係の準拠法

　**[設例9―1]** が日本の裁判所で審理される場合，次に，Xの面会交流の申立が認められるか否かをいずれの法によって判断するかが問題となる。すなわち準拠法の問題である。子との面会交流などの親子間の法律関係の準拠法については，通則法32条に規定されている。

---

＊通則法32条
　（親子間の法律関係）
　親子間の法律関係は，子の本国法が父又は母の本国法（父母の一方が死亡し，又は知れない場合にあっては，他の一方の本国法）と同一である場合には子の本国法により，その他の場合には子の常居所地法による。

---

## [1]―――　単位法律関係―――親子間の法律関係

　「親子間の法律関係」とは，親子間の権利義務の内容（親子関係の効力）をいう。「親子」には，実親子（嫡出親子・非嫡出親子）だけでなく，養親子も含む。すなわち親子類型を一切区別せず，親子間の法律関係の準拠法を一括的・統一的に定めるものである。これは，同一の親の下における子の平等の要請を反映したものである。同一の親の下では，嫡出子も非嫡出子も養子も，国際私法上は平等に扱われ，同一の国際私法規則が適用される。また，子の保護という観点から子の属人法（本国法・常居所地法）を重視すべきこと（後述 **[2]** を参照）は，嫡出子，非嫡出子または養子のいずれにおいても同一であることも，通則法32条が親子の類型にかかわらず一括的に規定する理由である。

　親子間の「法律関係」には，親権・監護権の帰属や分配の問題のほか，居所指定，職業許可，面接交渉などの子の身上監護に関する諸問題や，子の財産の管理権・代理権，子の財産行為に対する同意などの財産管理に関する諸問題が含まれる。

　離婚の際の親権者指定につき，かつては離婚の効力の問題として法例16条（通則法27条）によるとの見解が有力であったが，親権以外の親子間の問題と統

一的な処理を図るべきこと，離婚の際か否かにかかわらず親権者指定について
は子の福祉を重視すべきことなどの理由から，現在では親子間の法律関係の問
題として通則法32条によるとするのが多数説である。

　なお，破綻した夫婦間で国際的な子の奪い合いが問題となることも多い。従
来は，通則法32条の監護権や子の引渡しの問題として争われたり，人身保護法
による請求がなされたりしていたが，わが国が「国際的な子の奪取の民事上の
側面に関するハーグ条約」（子奪取条約）（後述 **5** を参照）に加盟したことから，
同条約の締約国に常居所を有していた子の奪い合いについては，原則として同
条約によって解決されることになる。

　**［設例9－1］** は，父 X が監護権に基づき子 A との面会交流を求めた事件
であり，親子間の法律関係に関する問題として，通則法32条によって準拠法が
決定される。

### ［2］── 　準拠法の決定──子の本国法・常居所地法の段階的連結

　親子間の法律関係につき，通則法32条は，第 1 に，子の本国法と親の一方の
本国法が同一の場合にはその法を，これがない場合には第 2 に子の常居所地法
を準拠法と指定する（段階的連結）。

　通則法32条は，他の家族関係の規定と同様に，第一段階のルールとして本国
法主義を採用する。常居所地法よりも本国法を優先する理由として，①親権の
内容である法定代理権などに関し，第三者が準拠法を明確に認識できることが
必要となるが，本国法の方が明確であること，②親権と密接に関係する後見の
準拠法につき被後見人の本国法主義が採用されており（通則法35条 1 項），準拠
法が一致すること，③わが国と交流の深い近隣アジア諸国の国際私法も原則と
して本国法主義を採用しており，これら諸国間で調和がはかられること，④親
権に関する事項につき，日本人の子に日本法が適用されることになり，戸籍と
実体の一致という戸籍実務上の要請にかなうこと，⑤外国人の同国人同士の家
族に子の常居所地法である異質な法を持ち込むのは政策的に問題があること，
などが挙げられる。

　反対に，④や⑤の考慮が必要のない場合にまで，子の本国法を優先して適用
する理由はない。そこで通則法32条は，子の本国法の適用を父母いずれかの本

国法と同一である場合に限定し，その他の合には第2段階の子の常居所地法によることにしている。

　なお，第1項により限定された子の本国法は，問題となる親子関係が父との関係か母との関係かを問わないで適用される。

　**[設例9―1]** でXの子Aとの面会交流が認められるか否かについては，通則法32条の適用上，子Aの本国法が問題となる。Aが日本と米国の二重国籍者であれば，Aの本国法は日本法となり（二重国籍者の本国法につき通則法38条1項ただし書），YとAの同一本国法である日本法が準拠法となる。これに対して，Aが日本国籍を保有せず米国国籍しか有していない場合には，米国が州ごとに法を異にする不統一法国であるため，いずれの州法がAの本国法であるかを決定する必要がある（通則法38条3項）。Xについても同様に通則法38条3項によって本国法を決定し，Xの本国法がAの本国法と一致すればこれによる。もしもXとAの同一本国法がない場合には，通則法32条の第2段階のルールによって，Aの常居所地法である日本法が準拠法となる（→第3章**3**）。

## 4　外国判決の承認

> **[設例9―2]　テキサス夫の子の引渡し請求**
> 　前述の **[設例9―1]** の米国人Xは，YとAが日本に帰国する前に，テキサス州裁判所にXを単独支配保護者に変更することを求めて訴えを提起した。同裁判所は，単独支配保護者をYからXに変更することを認め，Yに対してAをXに引渡すよう命ずる判決を下した。
> 　Xは，YとAの帰国から3年後に，日本の裁判所に対して，テキサス判決に基づきAの引渡しについての執行判決を求めた。この請求は認められるか。
> ＊東京高判平成5・11・15高民集46巻3号98頁［百選110事件：釜谷真史］を元に作成した。

　子の引渡や面会交流に関して外国で下された裁判の効力が日本で問題とされることがある。**[設例9―2]** も，テキサス判決の効力を日本国内で認めた上で，同判決に基づく強制執行を求めるものである。このような家事事件に関す

る外国裁判所の裁判の承認については，家事法79条の2に規定されている（→第5章**5**）。

　家事法79条の2は，外国裁判所の家事事件についての裁判について，民訴法118条の準用を定めている。準用とされているのは，家事事件についての裁判（たとえば，子との面会交流）については，その性質上，訴訟でなく非訟であるものがあるからである。すなわち，国家の後見的役割に基づくような，非訟の性質を有する事件に関する外国裁判所の裁判については，送達の要件（民訴118条2号）や相互の保証の要件（同条4号）を求めることなく，当該外国が国際裁判管轄を有すること（同条1号），当該裁判の承認が日本の公序に反しないこと（同条3号）という2つの要件を満たす場合であれば，日本で承認されるものと解される。他方で，争訟性の強い事件類型に関する外国裁判所の裁判（たとえば，子の引渡請求）については，訴訟と同様に，民訴法118条の全ての要件を満たさなければ，日本で承認されないものと解される。

　**［設例9―2］**のテキサス判決は，Xの監護権に基づいて子Aの引渡しを命ずるものであり，「家事事件」についての裁判に該当する。したがって，その性質に反しない限り，民訴法118条の規定が準用される。そして，子の引渡命令は，争訟性の強い事件類型であるから，民訴法118条のすべての要件を満たさなければ，日本でその裁判の承認がなされないものと解されよう。

　なお，公序の要件に関しては，外国の裁判後に生じた事情を公序審査において考慮できるかという問題が生ずる。**［設例9―2］**と同様の事案に関する東京高判平成5・11・15は，「外国においてなされた非訟事件の裁判について執行判決をするか否かを判断する場合には，右裁判の後に生じた事情をも考慮することができると解するのが相当である」と判示した上，「Aが日本に居住してから既に4年余を経過しており……言葉の通じないアメリカ合衆国において，言葉の通じないXのもとで生活することを強いることになることが明らかである。……Aを……右のような保護状況に置くことは，……同人の福祉にとって有害であることが明らかである」として，公序に反するという理由でテキサス判決の承認・執行を拒絶した。

　この公序要件の審査の点に関し，学説上，外国判決の「自動承認制度」（民訴118条）のもとでは承認は外国判決確定時に発生しているという理由から，そ

の後の事情を考慮すべきではないとの見解も有力である。この見解の下では，本件判決は自動的に承認されるので，執行判決訴訟においてXの請求が認められ，執行判決が付与されることになる（Yとしては，原則として，請求異議訴訟を提起して争うことになるが，改めてYに訴訟提起を求めるのも迂遠であるので，執行判決訴訟の段階でYの抗弁主張を認める見解が多数である）。これに対して，本判決と同様に外国裁判後の事情を考慮できるとの学説も有力である。この学説は，日本での承認審査を経てはじめて外国判決の承認が顕在化するのであり，審査時点で外国判決の受容可能性が判断されるのであると主張する。この学説によれば，「自動承認制度」とは，単に特別な手続が不要であるとの意味に過ぎず，公序審査の基準時と連動するものではないとされる。

　なお，子奪取条約の下での解決策については，以下の**5**を参照。

# **5**　子の奪い合い

---

\*国際的な子の奪取の民事上の側面に関する条約の実施に関する法律（実施法）2条
（定義）
　この法律において，次の各号に掲げる用語の意義は，当該各号に定めるところによる。
一　条約締約国　　日本国及び日本国との間で条約が効力を有している条約の締約国（当該締約国が条約第39条第1項又は第40条第1項の規定による宣言をしている場合にあっては，当該宣言により条約が適用される当該締約国の領域の一部又は領域内の地域）をいう。
二　子　　父母その他の者に監護される者をいう。
三　連れ去り　　子をその常居所を有する国から離脱させることを目的として当該子を当該国から出国させることをいう。
四　留置　　子が常居所を有する国からの当該子の出国の後において，当該子の当該国への渡航が妨げられていることをいう。
五　常居所地国　　連れ去りの時又は留置の開始の直前に子が常居所を有していた国（当該国が条約の締約国であり，かつ，条約第39条第1項又は第40条第1項の規定による宣言をしている場合にあっては，当該宣言により条約が適用される当該国の領域の一部又は領域内の地域）をいう。
六　不法な連れ去り　　常居所地国の法令によれば監護の権利を有する者の当該権利を侵害する連れ去りであって，当該連れ去りの時に当該権利が現実に行使されていたもの又は当該連れ去りがなければ当該権利が現実に行使されていたと認められるものをいう。
七　不法な留置　　常居所地国の法令によれば監護の権利を有する者の当該権利を侵害する

留置であって，当該留置の開始の時に当該権利が現実に行使されていたもの又は当該留置がなければ当該権利が現実に行使されていたと認められるものをいう。

八　子の返還　　子の常居所地国である条約締約国への返還をいう。

＊実施法26条

（条約に基づく子の返還）

日本国への連れ去り又は日本国における留置により子についての監護の権利を侵害された者は，子を監護している者に対し，この法律の定めるところにより，常居所地国に子を返還することを命ずるよう家庭裁判所に申し立てることができる。

＊実施法27条

（子の返還事由）

裁判所は，子の返還の申立てが次の各号に掲げる事由のいずれにも該当すると認めるときは，子の返還を命じなければならない。

一　子が16歳に達していないこと。

二　子が日本国内に所在していること。

三　常居所地国の法令によれば，当該連れ去り又は留置が申立人の有する子についての監護の権利を侵害するものであること。

四　当該連れ去りの時又は当該留置の開始の時に，常居所地国が条約締約国であったこと。

＊実施法28条

（子の返還拒否事由等）

裁判所は，前条の規定にかかわらず，次の各号に掲げる事由のいずれかがあると認めるときは，子の返還を命じてはならない。ただし，第1号から第3号まで又は第5号に掲げる事由がある場合であっても，一切の事情を考慮して常居所地国に子を返還することが子の利益に資すると認めるときは，子の返還を命ずることができる。

一　子の返還の申立てが当該連れ去りの時又は当該留置の開始の時から1年を経過した後にされたものであり，かつ，子が新たな環境に適応していること。

二　申立人が当該連れ去りの時又は当該留置の開始の時に子に対して現実に監護の権利を行使していなかったこと（当該連れ去り又は留置がなければ申立人が子に対して現実に監護の権利を行使していたと認められる場合を除く。）。

三　申立人が当該連れ去りの前若しくは当該留置の開始の前にこれに同意し，又は当該連れ去りの後若しくは当該留置の開始の後にこれを承諾したこと。

四　常居所地国に子を返還することによって，子の心身に害悪を及ぼすことその他子を耐え難い状況に置くこととなる重大な危険があること。

五　子の年齢及び発達の程度に照らして子の意見を考慮することが適当である場合において，子が常居所地国に返還されることを拒んでいること。

六　常居所地国に子を返還することが日本国における人権及び基本的自由の保護に関する基本原則により認められないものであること。

2　裁判所は，前項第4号に掲げる事由の有無を判断するに当たっては，次に掲げる事情その他の一切の事情を考慮するものとする。

一　常居所地国において子が申立人から身体に対する暴力その他の心身に有害な影響を及ぼす言動（次号において「暴力等」という。）を受けるおそれの有無

二　相手方及び子が常居所地国に入国した場合に相手方が申立人から子に心理的外傷を与え

　ることとなる暴力等を受けるおそれの有無
　三　申立人又は相手方が常居所地国において子を監護することが困難な事情の有無
　3　裁判所は，日本国において子の監護に関する裁判があったこと又は外国においてされた
　　子の監護に関する裁判が日本国で効力を有する可能性があることのみを理由として，子の
　　返還の申立てを却下する裁判をしてはならない。ただし，これらの子の監護に関する裁判
　　の理由を子の返還の申立てについての裁判において考慮することを妨げない。

-------------------------------------------------

　「国際的な子の奪取の民事上の側面に関する条約」（子奪取条約）は，締約国に常居所を有していた16才未満の子について，（一方の親などによる）不法な連れ去り・留置がされた場合に，その子を常居所地国に迅速に返還するための国際的な協力手続を定めるものである。まずは子を常居所地国に返還した上で，監護に関する争いについて，子の常居所地国が最終的な判断を行うという考え方に立つものである。2019年11月末時点で，日本を含む101か国が締約国となっている。日本は，2014年に子奪取条約に加盟し，子奪取条約を実施するための国内立法として，「国際的な子の奪取の民事上の側面に関する条約の実施に関する法律」（実施法）を制定した。

　「連れ去り」とは，常居所地国から離脱させることを目的として子を他国に出国させることをいい，「留置」とは，他国から常居所地国に戻るための子の渡航を妨げることをいう。連れ去り・留置が「不法」なものとされるのは，子の常居所地国の法令（国際私法を含む）によれば監護権を有する者の権利を侵害する場合であり，かつ，連れ去り・留置の時に監護権が現実に行使されていた場合または連れ去り・留置がなければ監護権が現実に行使されていたと認められる場合である（実施法2条）。締約国からの（締約国への）不法な連れ去りや締約国における留置があった場合には，子の常居所地法に基づき監護権を有する者は，子の返還を実現するための援助や，子との面会・交流を実現するための援助などを，外務大臣（中央当局）に申請することができる（実施法4条〜25条）。

　日本国への不法な連れ去りや日本国における不法な留置がある場合，監護権を侵害された者は，子を監護している者に対し，常居所地国に子を返還することを命ずるよう家庭裁判所に申し立てることができる（実施法26条）。裁判所は，①子が16歳未満であること，②子が日本国内に所在していること，③常居所地法によれば連れ去り・留置が申立人の監護権を侵害するものであること，

④常居所地国が締約国であったことが認められる場合には，子の返還を命じなければならない（実施法27条）。

　もっとも，次の①〜⑥のような例外的な事由がある場合には，裁判所は子の返還を命じてはならない（実施法28条1項）。すなわち，①連れ去り・留置から1年以上が経過し子が新たな環境に適応していること，②監護権者が，連れ去り・留置の時に現実に監護権を行使していなかったこと，③監護権者が，連れ去り・留置を事前同意または事後承諾したこと，④返還することによって子の心神に害悪を及ぼすことその他子を耐え難い状態に置くこととなる重大な危険があること，⑤子の年齢・発達の程度に照らして子の意見を考慮することが適用である場合において，子が常居所地国への返還を拒んでいること，⑥子の返還が，日本における人権および基本的自由の保護に関する基本原則により認められないものであることである。ただし，①〜③および⑤に該当する場合であっても，一切の事情を考慮して常居所地に子を返還することが子の利益に資すると認めるときは，子の返還を命ずることができる（同条1項ただし書）。また，④の事由の有無を判断するに当たっては，①子が申立人から暴力その他の心身に有害な影響を及ぼす言動（暴力等）を受けるおそれの有無，②子に心理的外傷を与えることとなる暴力等を相手方が申立人から受けるおそれの有無，③子を監護することが困難な事情の有無など，一切の事情を考慮するものとされている（同条2項）。日本で子の監護に関する裁判があったことや，外国でされた子の監護に関する裁判が日本で効力を有する可能性があることのみを理由として，子の返還の申立てを却下してはならない（同条3項）。

　**[設例9─2]** の事案において，仮にXが実施法26条に基づいて子Aの返還請求を申し立てた場合，この申立ては認められるか。Aは締約国である米国のテキサス州に常居所を有しており，Xは常居所地法（＝テキサス州法）に基づく監護権（＝単独支配保護者または一時占有保護者としての権利）を有していることから，その監護権が現実に行使されていたと認められる場合には，YによるAの連れ去りは「不法」なものと解される。したがって，Xの申立てに基づき，日本の裁判所は，原則としてAの返還を命じなければならない。もっとも，Aは日本に3年間居住していることから，仮にAが日本での新たな環境に適応している場合などには，返還は認められないとも解されよう。

【参考文献】

9 -① 櫻田典子「渉外子の監護事件の国際裁判管轄権と準拠法」野田愛子・梶村太一総編集『新家族法実務大系第 2 巻　親族［Ⅱ］——親子・後見』678-690頁（新日本法規出版，2008年）

9 -② 中西康「国際親子法の展望」民商135巻 6 号954-989頁（2007年）

9 -③ 西谷祐子「渉外戸籍をめぐる基本的課題」ジュリ1232号145-151頁（2002年）

9 -④ 渡辺惺之「渉外実親子関係の国際裁判管轄権と準拠法」野田愛子・梶村太一総編集『新家族法実務体系第 2 巻　親族［Ⅱ］——親子・後見』639-662頁（新日本法規出版，2008年）

9 -⑤ 早川眞一郎「『子連れ里帰り』の行方——ハーグ子奪取条約と日本」森島昭夫・塩野宏編『変動する日本社会と法』（加藤一郎先生追悼論文集）（有斐閣，2011年）141頁

9 -⑥ 金子修編集代表『一問一答　国際的な子の連れ去りへの制度的対応』（商事法務，2015年）

# 第10章 親族関係，扶養義務および後見等

【キーワード】 親族関係／扶養義務／後見・保佐・補助／後見開始の審判／後見事務

## 1 概　観

　この章では，親族関係，扶養義務および後見・保佐・補助（以下，「後見等」
と総称する。）に関する国際私法上の諸問題を扱う。具体的には，親族関係の準
拠法，扶養料の支払いを求める訴えの国際裁判管轄や準拠法と外国裁判所の扶
養料支払い命令の日本における効力，そして後見等についての国際裁判管轄や
準拠法と外国裁判所の後見等に関する裁判の日本における効力などの諸問題で
ある。

## 2 親族関係の準拠法

---

＊通則法33条
　（その他の親族関係等）
　第24条から前条までに規定するもののほか，親族関係及びこれによって生ずる権利義務
は，当事者の本国法によって定める。

---

　親族関係とは，血縁や婚姻などの関係によって結びついている人間集団をい
う。各国の法令においても，親族関係にある人の間に一定の権利義務を認める
ことが多いため，親族の範囲や親族間の権利義務の内容などが問題となる。
　親族関係の内，夫婦および親子に関する準拠法問題の大半は，通則法24条か

ら32条までの規定によって規律される。通則法33条は，これらの問題以外の親族関係に関する問題の準拠法を定める。もっとも，私法関係に関して本条が実際に適用されることは多くないが，同性婚等の婚姻類似関係の効果や日本の現行法上存在しない嫡母庶子関係（最一小判平成12・1・27民集54巻1号1頁）につき，本条の適用を示唆する学説・判例がある。また，刑法，外国人登録法や難民認定法などの「親族」の範囲を決定するために本条が適用される。

　通則法33条によれば，親族関係の成立・範囲等は当事者の本国法による。当事者が複数の場合には，各当事者の本国法の累積的適用を認めるべきか，いずれかの当事者の本国法によるべきか，あるいは場合に応じて決めるべきかが問題となる。

---

**［設例10－1］　異国籍の親族間の窃盗事件**

　被告人Ｘ（日本人）は，兵庫県のＡ方において現金を窃取した。Ｘの実の叔母Ｂ はＡ（中華民国＝台湾人）の妻であり，犯行当時ＸはＡＢ夫婦方に同居していた。 Ｘは窃盗罪（刑法235条）に該当するが，刑法244条の親族間の犯罪の特例の適用を 受けないか。

＊大阪高判昭和38・12・24高刑集16巻9号841頁［渉外判例百選129事件：愛知正博］ を元に作成した。

---

　**［設例10－1］**では，ＡとＸが「親族」の関係にあるか否かが問題となっている。通則法33条の適用上，Ａ（中華民国人）とＸ（日本人）のいずれの本国法を適用すべきかという問題につき，**［設例10－1］**と同様の事案に関する大阪高判昭和38・12・24は，双方の本国法を累積的に適用した。これに対して，盗品譲受け等の罪の特例（刑法257条）につき単に犯人の本国法によった判決（名古屋高金沢支判昭和37・9・6高刑集15巻7号527頁）もあり，判例の立場ははっきりしない。

## 3　扶養事件の国際裁判管轄・扶養義務の準拠法・外国扶養判決の承認

---

**［設例10－2］　婚姻費用と養育費の請求**

ともに中国籍を有するＡ女とＹ男は，中国で婚姻をし，子Ｘ（中国籍）が誕生し

> た。その後，Ａ・Ｙは不仲となり，Ａ女はＸを連れて来日し，以来日本に居住している。
>
> ①Ａは，Ｙ男に対して，離婚を求めるとともに，離婚までの生活費の支払いを求める申立てを日本の裁判所に行った。この生活費（婚姻費用）の支払いを求める申立ては認められるか。
>
> ②Ａ・Ｙが離婚した後，Ｘは，父であるＹに対し，Ｘが18歳（中国法上の成年年齢）に達した後の扶養料の支払いを求める申立てを日本の裁判所に行った。この申立ては認められるか。

## ［1］—— 扶養事件の国際裁判管轄

　各国法上，一般に，夫婦，親子その他の親族関係にある当事者間に扶養の義務が認められている。そこで，日本の裁判所において扶養料の支払いを求める申立てがなされた場合，日本の裁判所が当該申立て（扶養請求事件）を審理する国際裁判管轄を有するか否かが問題となる。

　扶養請求事件の国際裁判管轄につき，家事法3条の10は，次のとおり規定する。

------------------------------------------------

＊家事法3条の10

　（夫婦，親子その他の親族関係から生ずる扶養の義務に関する審判事件の管轄権）

　裁判所は，夫婦，親子その他の親族関係から生ずる扶養の義務に関する審判事件（別表第一の84の項及び85の項並びに別表第二の1の項から3の項まで，9の項及び10の項の事項についての審判事件（同表の3の項の事項についての審判事件にあっては，子の監護に要する費用の分担に関する処分の審判事件に限る。）をいう。）について，扶養義務者（別表第一の84の項の事項についての審判事件にあっては，扶養義務者となるべき者）であって申立人でないもの又は扶養権利者（子の監護に要する費用の分担に関する処分の審判事件にあっては，子の監護者又は子）の住所（住所がない場合又は住所が知れない場合には，居所）が日本国内にあるときは，管轄権を有する。

------------------------------------------------

　第1に，家事法3条の10の対象は，「夫婦，親子その他の親族関係から生ずる扶養の義務に関する審判事件」である。すなわち，同条は，夫婦間の法律上の扶養義務，親子間の法律上の扶養義務，および親族間の法律上の扶養義務に基づく請求に適用される。

　具体的には，①扶養義務の設定およびその取消し（民法877条2項・3項）の審判事件［別表第一の84の項及び85の項］，②夫婦間の協力扶助（民法752条），

婚姻費用の分担（民法760条）および子の監護に要する費用の分担（民法766条2項・3項）に関する処分の審判事件［別表第二の1の項から3の項まで］，③扶養の順位・程度・方法の決定およびその変更・取消し（民法878条～880条）の審判事件［別表第二の9の項及び10の項］である。

　第2に，日本の裁判所の管轄権は，申立人ではない扶養義務者の住所と扶養権利者の住所のいずれかが日本国内にあるときに認められる。財産関係事件は一般に，被告保護の見地から被告住所地原則が認められていることから，相手方（扶養義務者）の住所地国に管轄を認めたものである。これに加えて申立人（扶養権利者）の住所地国にも管轄を認めたのは，扶養権利者の生活状態の調査や扶養料額の算定に必要な資料の収集に便宜であることや，扶養権利者の保護の必要性・緊急性が認められるためである（結論的に申立人の住所地国の管轄を認めた審判例として大阪家審昭和54・2・1・家月32巻10号67頁を参照）。

　なお，日本の裁判所が離婚の訴えについて管轄権を有するときは，その訴えの当事者である夫婦間の子の監護に関する処分についての裁判（監護費用（養育費）の支払を命じる処分が含まれる。）に係る事件についても，当該離婚の訴えに係る裁判とともにされることを前提に，我が国の裁判所が管轄権を有するものとされている（人訴3条の4第1項）。

　[設例10—2] については，①と②のいずれも「夫婦，親子その他の親族関係から生ずる扶養の義務に関する審判事件」（家事3条の10）に該当し，扶養権利者であるAおよびXは，いずれも日本に住所を有することから，特別の事情がない限り，日本の裁判所に管轄権が認められるものと解される。


## ［2］—— 扶養義務の準拠法

**＊通則法43条1項**
（適用除外）
　この章の規定は，夫婦，親子その他の親族関係から生ずる扶養の義務については，適用しない。ただし，第39条本文の規定の適用については，この限りでない。
**＊扶養義務の準拠法に関する法律（扶養法）1条**
（趣旨）
　この法律は，夫婦，親子その他の親族関係から生ずる扶養の義務（以下「扶養義務」という。）の準拠法に関し必要な事項を定めるものとする。

**＊扶養法2条**

（準拠法）

扶養義務は，扶養権利者の常居所地法によつて定める。ただし，扶養権利者の常居所地法によればその者が扶養義務者から扶養を受けることができないときは，当事者の共通本国法によつて定める。

2　前項の規定により適用すべき法によれば扶養権利者が扶養義務者から扶養を受けることができないときは，扶養義務は，日本法によつて定める。

**＊扶養法3条**

（傍系親族間及び姻族間の扶養義務の準拠法の特例）

傍系親族間又は姻族間の扶養義務は，扶養義務者が，当事者の共通本国法によれば扶養権利者に対して扶養をする義務を負わないことを理由として異議を述べたときは，前条の規定にかかわらず，その法によつて定める。当事者の共通本国法がない場合において，扶養義務者が，その者の常居所地法によれば扶養権利者に対して扶養をする義務を負わないことを理由として異議を述べたときも，同様とする。

2　前項の規定は，子に対する扶養義務の準拠法に関する条約（昭和52年条約第8号）が適用される場合には，適用しない。

**＊扶養法4条**

（離婚をした当事者間等の扶養義務の準拠法についての特則）

離婚をした当事者間の扶養義務は，第2条の規定にかかわらず，その離婚について適用された法によつて定める。

2　前項の規定は，法律上の別居をした夫婦間及び婚姻が無効とされ，又は取り消された当事者間の扶養義務について準用する。

**＊扶養法5条**

（公的機関の費用償還を受ける権利の準拠法）

公的機関が扶養権利者に対して行つた給付について扶養義務者からその費用の償還を受ける権利は，その機関が従う法による。

**＊扶養法6条**

（扶養義務の準拠法の適用範囲）

扶養権利者のためにその者の扶養を受ける権利を行使することができる者の範囲及びその行使をすることができる期間並びに前条の扶養義務者の義務の限度は，扶養義務の準拠法による。

**＊扶養法7条**

（常居所地法及び本国法）

当事者が，地域的に，若しくは人的に法を異にする国に常居所を有し，又はその国の国籍を有する場合には，第二条第一項及び第三条第一項の規定の適用については，その国の規則に従い指定される法を，そのような規則がないときは当事者に最も密接な関係がある法を，当事者の常居所地法又は本国法とする。

**＊扶養法8条**

（公序）

外国法によるべき場合において，その規定の適用が明らかに公の秩序に反するときは，これを適用しない。

2　扶養の程度は，適用すべき外国法に別段の定めがある場合においても，扶養権利者の需要及び扶養義務者の資力を考慮して定める。

-----------------------------------------------

　前述のとおり，親族間の扶養義務は，各国法上一般に認められているものの，扶養義務者の範囲・内容などの細部については，国ごとに法内容が異なる。そのため，日本の裁判所が渉外的な扶養請求事件を審理する場合，扶養義務の有無・程度をどの国の法によって判断すべきかという点（扶養義務の準拠法）が問題となる。

　一定の身分関係に基づく扶養義務については，本来的には当該身分関係の効力の問題と考えられる。すなわち，本来的には，それぞれ婚姻の効力，親子間の法律関係，親族関係によるべきものと考えられる。しかし，日本は「扶養義務の準拠法に関するハーグ条約」（ハーグ扶養条約）に加盟し，その国内実施法として「扶養義務の準拠法に関する法律」（以下「扶養法」という。）を制定しているため，「夫婦，親子その他の親族関係から生ずる扶養の義務」の準拠法については，通則法ではなく扶養法によって決定される（通則法43条1項，扶養法1条）。

　なお，扶養法を適用する前提として，そもそも当事者間に「夫婦，親子その他の親族関係」が存在するか否かの問題は，一種の先決問題である。それ故，先決問題の一般的な解決方法によるとの見解が主張されているが，他方で，扶養法がハーグ扶養条約の国内実施法であることから，扶養法（＝ハーグ扶養条約）によって定まる扶養義務の準拠法の所属国法によるとの見解も有力である。

　扶養義務の準拠法については，原則として扶養権利者の常居所地法による（扶養法2条1項本文）。この根拠として，扶養権利者の利益を重視すべきこと，公的扶助と連携して実効的な保護を図る必要があることなどが挙げられる。もしも扶養権利者の常居所地法によれば扶養を受けることができない場合には，扶養権利者と扶養義務者の共通本国法が適用される（同条1項ただし書）。さらに，これによっても扶養を受けることができないときには日本法による（同条2項）。できる限り扶養を受けられるようにするためである。なお，ここでいう「共通本国法」は，通則法25条の「本国法が同一」の場合とは異なる。たとえば，一方の当事者がイギリスと韓国，他方の当事者がフランスと韓国の国籍を有する場合には，当事者の本国法を1つに絞ることなく，韓国法が共通本国

法となる（ハーグ扶養条約5条は「共通本国の法」と定める）。

　傍系親族間や姻族間の扶養については，当事者の共通本国法（これがないときには扶養義務者の常居所地法）上，扶養義務がない場合には，扶養義務者が異議を述べれば当該法が適用される（扶養法3条）。すなわち扶養義務がないとされる。傍系親族や姻族は身分関係も薄いことから，共通本国法や扶養義務者の常居所地法が扶養義務を認めない場合には扶養義務を否定することにより，扶養義務者を保護するとともに扶養権利者と扶養義務者との利益のバランスを図ろうとしたものである。

　また，離婚をした当事者間の扶養義務は，その離婚について適用された法律による（扶養法4条）。離婚後の当事者間の扶養の問題が離婚自体と密接に関連しているためである。

　以上のようにして決定された準拠法は，扶養義務の存否，扶養義務者および扶養権利者の範囲，扶養義務者の順位，扶養義務の程度・方法，扶養請求権の行使期間，ならびに，公的機関から費用償還を受ける扶養義務者の義務の限度などの問題に適用される（扶養法6条・7条を参照）。なお，扶養の程度の決定においては，扶養権利者の需要と扶養義務者の資力が常に考慮されることとなっている（扶養法8条2項）。

　**[設例10−2]**における①の夫婦間の生活費の支払い請求は，日本の手続き事務上，「婚姻費用の分担」（婚費分担）の申立てと呼ばれている。この婚費分担の問題の準拠法決定については，前述のとおり（→第5章**3[2]**(b)を参照），婚姻生活維持のための財産的出捐の問題と夫婦間扶養の問題を区別した上で，まず前者について夫婦財産制の準拠法（通則法26条）を適用し，当該準拠法上の婚費負担ルールによる負担義務に一方が耐えることができないことを確認したうえで，後者の問題に移って扶養義務の準拠法を適用すべきであるとの見解も有力に主張されている。しかし，下級審判例および学説の多数は，比較法的に見て2つの問題を区別せずに夫婦扶養とする法制が多いことや，ハーグ扶養条約の起草過程において「扶養」とは生活に必要な経済的援助をすべて含むものと了解されていたことなどを根拠に，婚費分担の問題については直ちにこの法律を適用すべきであると解している。

　多数説によれば，**[設例10−2]**の①には扶養法が適用され，扶養権利者X

の常居所地である日本の法が適用される（扶養法2条1項）。日本民法760条によれば，「夫婦は，その資産，収入その他一切の事情を考慮して，婚姻から生ずる費用を分担する」とされており，裁判所は，この規定に従ってYの支払い義務の有無および支払額を決定することになる（**［設例10—2］**と同様の事案に関する神戸家審平成4・9・22家月45巻9号61頁もこの様に判示する）。

　なお，設例とは異なり，離婚時に従前の婚姻費用の請求をした場合については，扶養義務の準拠法ではなく，離婚の際の財産給付の問題として一体的処理が可能となるという実際上の便宜を重視して離婚の準拠法（通則法27条）によるとの考え方もある。


### ［3］——　外国扶養裁判の承認

　扶養義務に関連して，外国裁判所で下された判決（外国扶養裁判）の承認・執行が日本で求められることがある。外国扶養裁判の承認については，家事法79条の2に規定されている（→第5章**5**）。

　外国扶養裁判（特に扶養料の支払を命ずる外国裁判所の裁判）の承認については，非訟事件としての性質を有することから，民訴法118条の規定のうち1号（間接管轄）と3号（公序）のみを適用すべきであるとの見解もあるが，多数説は，①金銭の支払いを内容とするものであり，強制執行の要件（民事執行法24条）として民訴法118条各号の全ての要件を満たさなければならないと解されること，②養育費請求事件は，当事者の手続保障を特に考慮すべき争訟的性格の強い事件であることなどを理由に，民訴法118条各号の全ての要件を満たすことを要すると解している。

　外国扶養裁判については，その後の事情の変化に応じた扶養料の増減・変更が認められていることが多いため確定判決といえるかどうかが争われることもある。また，公序の要件についても，判決後の事情の変化を考慮できるか問題となる。東京高判平成13・2・8判タ1059号232頁は，カリフォルニア州に居住していた日本人夫婦の離婚に際してカリフォルニア州裁判所で扶養料判決が下されたが，その後，当事者の双方が日本に帰国したという事案につき，「当事者の常居所が判決の前提とする土地から我が国に変わり，当該判決の内容が我が国の法律の定める内容と大きく隔たっていること及び当該外国判決自体の

前提とする事実関係が判決後に消滅していて，その内容自体の妥当性も失われていること，以上のいずれの観点からも，これをそのまま執行させることは，我が国の公序に反する」と判示している。

　**【設例10－2】**の②では，X・Y間の親子関係に基づく扶養義務が問題となっている。まず，日本の国際裁判管轄については，扶養権利者および扶養義務者の双方が日本に住所を有することから，肯定されよう。次に，準拠法については，扶養権利者Xの常居所地である日本の法とされよう（扶養法2条1項本文）。日本法によれば，親子に対する扶養義務は，原則として，未成年の子については生活保持義務（＝子の生活を自己の生活と同一程度で保持する義務），成年に達した子については生活扶助義務（＝自己の地位・生活を犠牲にすることがない範囲で，生活に困窮する親族を扶養する義務）であると解されている（ただし，この大学進学等が相当とされる場合には，大学卒業までは未成熟子として生活保持義務と解される余地がある）。

　これに関して，扶養権利者Xが中国人であるため，その成年年齢の判断基準が問題となる。扶養権利者が成人か否かによって扶養準拠法である日本法上，扶養の程度・内容が異なるからである。この問題を，準拠法上の要件事実に渉外性が含まれている場合と同様に，先決問題の一種であるとして，通則法4条1項が指定する準拠法によって決定すると解する見解が多数説である。この見解によれば，Xの本国法である中国法によって成年年齢を判断することになる。他方で，扶養権利者が成人か否かの問題が単に扶養の程度・内容を判断する際の一要素に過ぎないのであれば，先決問題とはいえないとの指摘もある。

　**【設例10－2】**の②と同様の事案に関する東京高決平成18・10・30判時1965号70頁は「扶養義務に関し，一般とは異なった取り扱いをすべき明文の規定も特段の事情もないから（なお，扶養義務の準拠法に関する条約2条1項は，先決問題の取り扱いを締結国の判断に委ねていると解される），Xがいつ成年に達したかの点については，法例3条［通則法4条］が指定する準拠法による」と判示し，Xの本国法である中国法によりXの成年年齢は18歳であるとし，これを前提として扶養料の算定を行った。

# **4**　後見等事件の国際裁判管轄・後見等の準拠法・外国での後見等

## [1]──── 未成年後見と成年後見

　後見とは，一般に，判断能力が十分でない自然人を保護するため，その者の行為能力を制限するとともに制限された能力を補充するための法制度をいう。後見は，親権者を欠く未成年者を対象とする「未成年後見」と，精神障害等に基づく判断能力の不十分を理由にその者（成年被後見人）を保護する「成年後見」に分類される。

　後見に関する国際私法上の問題を検討する際，「後見開始の審判」（通則法5条）と「後見に関する審判」（35条）を区別しなければならない。前者は，行為能力を制限するための裁判所の措置であり，後者は，被後見人のための後見人選任や後見事務に関する裁判所の措置である。前者は，特に成年後見に関して問題となる。

　また，「後見開始の審判の原因」と「後見開始の原因」の区別にも留意すべきである。前者は，（特に成年後見に関して）「精神上の障害により事理を弁識する能力を欠く常況にある」かどうか（民法7条参照）などの問題であり，後者は（未成年後見に関して）「未成年者に対して親権を行う者がない」か，（成年後見に関して）「後見開始の審判があった」か（民法838条参照）などの問題である。日本の国際私法上も，前者は通則法5条，後者は通則法35条の問題とされる。

　未成年後見および成年後見のいずれについても，細かな点については各国の法内容が異なっていることから，渉外的な事件については準拠法を決定する必要がある。また，特に成年後見については，裁判所が，後見開始を判断するために，本人の判断能力の程度を審理する必要があるため，「後見開始の審判」に関する国際裁判管轄が問題となる。さらに，未成年後見および成年後見のいずれにおいても，後見人を選任することが必要となる場合には，「後見人選任の審判」に関する国際裁判管轄も問題となる。

　以下では，未成年後見と成年後見に分けた上で，これらの問題を検討する。

## [2]—— 未成年後見

### [設例10—3] マリアンヌ事件

　マリアンヌ（Z）は，スウェーデン国籍の母Aと米国籍の父Bの間に日本で生まれた婚外子であり，スウェーデン国籍を有する。Aは死亡の直前に，Z（当時１歳）の養育を第三者たる日本人Yに委託した。YはZを引き取り，日本において養育してきた。その後，スウェーデンの裁判所においてXがZの後見人（監護権者）に選任されたため，XはYを相手方としてZ（現在７歳）の引渡しを日本の裁判所に請求した。この請求は認められるか。

＊東京高判昭和33・7・9家月10巻7号29頁，[百選77事件：道垣内正人]を元に作成した。

------------------------------------------------

＊通則法35条
　（後見等）
　後見，保佐又は補助（以下「後見等」と総称する。）は，被後見人，被保佐人又は被補助人（次項において「被後見人等」と総称する。）の本国法による。
2　前項の規定にかかわらず，外国人が被後見人等である場合であって，次に掲げるときは，後見人，保佐人又は補助人の選任の審判その他の後見等に関する審判については，日本法による。
一　当該外国人の本国法によればその者について後見等が開始する原因がある場合であって，日本における後見等の事務を行う者がないとき。
二　日本において当該外国人について後見開始の審判等があったとき。

------------------------------------------------


（a）準拠法

　未成年後見とは，親権に服さない未成年を保護するための制度である。未成年者の保護は，第一次的には親権者によって行われるのが原則である。従って，国際的な事案における未成年後見についても，親権の準拠法（通則法32条）によって当該未成年者が親権に服していないことが前提とされる（→親権の準拠法については第9章3を参照）。

　未成年後見の準拠法は，通則法35条1項により，原則として被後見人である当該未成年者の本国法による。被後見人（未成年者）の本国法が準拠法とされる理由としては，第1に，後見は行為能力の制限・補充に関連する問題であることから，行為能力の準拠法（＝本国法）と一致させるべきであること，第2に，被後見人の保護に最も適うのは被後見人の属人法（本国法）であることな

どが挙げられている。

　ただし，被後見人（未成年者）の本国法上，後見開始の原因（＝親権の消滅など）がある場合であって，日本において後見事務を行う者がいないときには，外国人に対する保護措置の実効性を確保するため，日本法により，後見人選任の審判その他の裁判所による保護措置を行うことが可能である（通則法35条2項1号）。もっとも，日本の裁判所が後見に関する審判を行うためには，日本に国際裁判管轄が認められなければならない（後見に関する審判の国際裁判管轄については，→後述(b)を参照）。

　通則法35条1項によって決定される未成年後見の準拠法は，後見の開始原因，後見の機関，後見人の資格・選任・解任・権利義務，後見の終了などの諸問題に適用される。なお，後見の開始原因や終了事由については，親権の準拠法との関係が問題となり得る（親権者と後見人の重複や欠缺）が，前述のとおり，親権の補充という後見の性質上，国際私法上も，親権の準拠法を優先することで調整問題の解決を図るべきであるとするのが多数説である。

　**［設例10―3］** のXは，親ではなく，後見人としての権限（監護権）に基づきZの引渡しを請求している。そこで，引渡請求の前提として，XがZの後見人であって監護権を有するかが問題となる。

　これらの問題は後見の問題であり，通則法35条1項により，Zの本国法であるスウェーデン法が準拠法となる。（当時の）スウェーデン法上，「母親は婚姻によらずして出生した未成年の子の監護権者となる」とされ，「未成年の子の監護権者となるべきものがいないときは，裁判所は監護権者を選任しなければならない」ことが規定されていた。従って，スウェーデン法によれば，Xは後見人としてZの監護権を有するものと解される。

　**［設例10―3］** と同様の事案に関する横浜地判昭和31・12・5下民集7巻12号3553頁は，スウェーデン法に基づき，「XはZの監護権者として，Zを監護教育する権利及び義務を有するものであってその行使の妨げとなる者があれば……その者に対してXの引渡を求めうる」と判示した上で，「スウェーデン市民の生活の中で……成長することが，Zの将来の幸福のために最も望ましい」としてXの請求を認め，その控訴審である東京高判昭和33・7・9［百選77事件：道垣内正人］も控訴を棄却した。

(b)　後見人選任の審判その他の後見等に関する審判の国際裁判管轄

　前述のとおり，被後見人（未成年者）の本国法上，後見開始の原因（＝親権の消滅など）がある場合には，未成年後見人が被後見人（未成年者）の後見を行うこととなる。通則法35条1項によって定まる後見の準拠法上，未成年後見人の選任その他の裁判所による措置が必要とされる場合がある。また，外国において既に未成年後見人がいたとしても，日本において後見事務を行う者がいないときには，外国人に対する保護措置の実効性を確保するため，日本法により，後見人選任の審判その他の裁判所による保護措置を行う場合がある（通則法35条2項1号）。このような場合，日本の裁判所の国際裁判管轄が問題となる。

　家事法3条の9は，未成年後見人の選任の審判事件の国際裁判管轄について規定する。

------------------------------------------------

**家事法3条の9**

　（養子の離縁後に未成年後見人となるべき者の選任の審判事件等の管轄権）
　裁判所は，養子の離縁後に未成年後見人となるべき者の選任の審判事件（別表第一の70の項の事項についての審判事件をいう。第176条及び第177条第1号において同じ。）又は未成年後見人の選任の審判事件（同表の71の項の事項についての審判事件をいう。同条第2号において同じ。）について，未成年被後見人となるべき者若しくは未成年被後見人（以下この条において「未成年被後見人となるべき者等」という。）の住所若しくは居所が日本国内にあるとき又は未成年被後見人となるべき者等が日本の国籍を有するときは，管轄権を有する。

------------------------------------------------

　家事法3条の9によれば，「未成年被後見人となるべき者若しくは未成年被後見人（以下この条において「未成年被後見人となるべき者等」という）の住所若しくは居所が日本国内にあるとき又は未成年被後見人となるべき者等が日本の国籍を有するとき」に，日本の裁判所の国際裁判管轄が認められる。

　未成年被後見人等の住所・居所が管轄原因とされた理由は，未成年者の住所・居所のある国の裁判所が未成年者の現在の生活状況を最も適切に把握でき，未成年者保護の目的を達成できることに求められる。また，未成年被後見人等の国籍が管轄原因とされた理由は，日本国籍を有する者は，日本にその財産や近親者などが所在する場合が多いと考えられ，日本との関連性を認めることができるほか，国民の保護の観点から，日本の裁判所による保護を可能とす

る必要があると考えられたからである。

　**[設例10—3]** の場合に，もしも日本において後見事務を行う者がいないとして，日本の裁判所に未成年後見人の選任の申立てがなされていた場合には，Ｚの住所が日本国内にあると認められるため，日本の裁判所は，日本法に従って，Ｚのための未成年後見人を選任することができると解される。

　なお，未成年後見人の選任の審判事件以外の後見等に関する審判については，国際裁判管轄に関する規定が置かれていない。したがって，未成年後見人の辞任や後見事務の監督などの問題に関する審判事件の国際裁判管轄については，解釈に委ねられている。


## [3]—— 成年後見

> **[設例10—4]　韓国人の成年後見事件**
> 申立人Ｘと事件本人Ｙは，ともに韓国籍を有する親子であり，日本に居住している。Ｙは自動車事故に遭い，精神障害のために介助を必要としている。そこでＸは，Ｙに対する後見開始の審判と，ＸをＹの後見人に選任するとの審判を求めて日本の裁判所に申立てを行った。この申立ては認められるか。
> ＊長野家裁飯田支審昭和46・12・23家月24巻10号113頁［百選21事件：小梁吉章］を元に作成した。

(a)　後見開始の審判の国際裁判管轄および準拠法

---------------------------------------------------

**＊通則法5条**
　（後見開始の審判等）
　裁判所は，成年被後見人，被保佐人又は被補助人となるべき者が日本に住所若しくは居所を有するとき又は日本の国籍を有するときは，日本法により，後見開始，保佐開始又は補助開始の審判（以下「後見開始の審判等」と総称する。）をすることができる。

---------------------------------------------------

　成年後見の開始のためには，通常，裁判所などの国家機関による措置が必要とされている。日本民法でも裁判所による後見開始の審判によるとされている。そこで，後見開始の審判の国際裁判管轄が問題となる。この点につき，通則法5条は，「裁判所は，成年被後見人……となるべき者が日本に住所若しくは居所を有するとき又は日本の国籍を有するときは，……後見開始の審判……

をすることができる」と定め，住所地・居所地管轄と本国管轄を認めている。

　住所・居所地が最も適切に心身情況を調査でき，かつ，本人の実効的な保護に最適の地であるから，日本に住所・居所を有する者に対する管轄（住所地・居所地管轄）が認められるのは当然である。問題となるのは外国居住の日本人に対する管轄（本国管轄）である。かつての法例の下では，本国管轄に関する明文規定がなかったため，学説上，本国管轄を認めるかどうかが争われていた。たしかに外国での心身情況の調査については困難である。しかし，日本の領事等の活用によって克服できないものではないこと，外国居住の日本人であっても日本に財産等を有する場合も多く，また日本への帰国の可能性を考慮すれば，日本において本人を保護する必要性・実益があることなどを根拠として，法例の下においても本国管轄を肯定する立場が有力であった。通則法5条はこの立場を明文で認めたものである。

　後見開始の審判の準拠法については，日本の裁判所が行う後見開始の審判については，日本法による（通則法5条）。したがって，後見開始の審判の原因（「後見開始の原因」ではない）としての精神障害の程度，審判の申立権者，審判の効力としての行為能力の制限の程度などの諸問題は，すべて日本法による。

　このように，国際裁判管轄と準拠法を一致させることにより，裁判所は，自国の法を適用して，適正かつ迅速に本人の保護を図ることができる。

　**【設例10―4】**では，Yが日本に住所を有することから，日本の裁判所に管轄権が認められ，日本の裁判所は，日本法によって後見開始の審判を行うことができる（通則法5条）。日本法上，Yが「精神上の障害により事理を弁護する能力を欠く常況にある者」に該当するのであれば，Xは「4親等内の親族」であるから申立てが可能であり，家族裁判所は後見開始の審判をすることができる（日本民法7条）。後見開始の審判により，Yは，成年被後見人とされ，行為能力を制限される（日本民法8条・9条）。

　(b)　成年後見の準拠法

　成年後見についても，その準拠法については，未成年後見と同様に，被後見人の本国法によるのが原則である（通則法35条1項）。被後見人と最も密接な関係を有する本国法の適用が被後見人の保護に適うからである。従って，後見の開始原因，後見の機関，後見人の資格・選任・解任・権利義務，後見の終了な

どの諸問題については，被後見人の本国法が適用される。

　ただし，本人の本国法によったのでは，日本において，被後見人である本人の実効的な保護が図れない場合が想定される。具体的には，第1に，本人の本国法上，後見開始の原因があるにもかかわらず，日本における後見の事務を行う者がない場合である（通則法35条2項1号）。たとえば，外国人の本国で既に後見人が選任されているが実際には日本で後見事務を行っていない場合や，日本に居住していない被後見人の財産が日本に所在し，その処分の必要がある場合などが考えられる。このような場合には，日本の裁判所が行う後見に関する審判については，外国人である被後見人の保護の実効性を図るため，日本法が適用される（後見に関する審判の国際裁判管轄が認められるかについては，→後述(c)を参照）。

　第2は，日本において後見開始の審判がなされた場合である（通則法35条2項2号）。前述(a)のとおり，日本に住所または居所を有する外国人については，その本国法のいかんを問わず，日本法によって日本の裁判所は後見開始の審判を行うことができる（通則法5条）。日本の裁判所による後見開始の審判があった場合，当該外国人は成年被後見人とされ（＝日本民法9条により行為能力が制限される），その能力補充のための成年後見人が付されることになる（日本民法8条参照）。すなわち，外国人の本国法上は成年被後見人とされない場合であっても，日本法上，被後見人とされることになる。この場合，成年後見人の選任については，保護の実効性を図るために，日本法が適用される（通則法35条2項2号）。したがって，日本の裁判所は，職権で成年後見人を選任し，以後の後見事務に関する審判についても日本法が適用されることになる（日本民法838条以下）。

　次に，後見人選任の審判についても準拠法が問題となる（国際裁判管轄については後述(c)参照）。後見人選任の問題は「後見」の問題であり，通則法35条による。**[設例10—4]** では，日本において後見開始の審判がなされるため，同条2項2号により，後見人選任の審判については日本法によることになる。日本法によれば，裁判所は，一切の事情を考慮して後見人を選任することとなる（民法843条4項）。

　**[設例10—4]** と同様の事案に関する長野家飯田支審昭和46・12・23は，平

成元年改正前法例23条1項（通則法35条1項）により，Yの本国法である韓国法によってXを後見人に選任したが，本来ならば，法例23条2項（通則法35条2項2号）により，日本法が準拠法とされるべきであった。

(c)　後見人選任や後見事務に関する審判の国際裁判管轄

　日本の裁判所は，どのような場合に，後見人の選任や後見事務などに関する審判を行うことができるか。「後見に関する審判」の国際裁判管轄が問題となる。通則法35条は，後見の準拠法は定めているものの，国際裁判管轄について規定していないため，後見人選任や後見事務に関する審判事件の国際裁判管轄については，解釈上の問題となる（なお，未成年後見人の選任の審判事件の国際裁判管轄については，家事法3条の9に規定されている。前述【2】(b)参照）。

　この問題に関しては，学説上，被後見人の住所地・居所地に原則的な管轄を認めるとの見解が有力である。その理由として，①被後見人の状況を最も適切に判断することができること，②その地の機関の採る措置が最も実効性を有すること，③後見開始の審判の管轄との一致が望ましいことなどが挙げられている。なお，後見開始という能力制限措置と当該措置により制限された本人の能力補充措置との結合性から双方の管轄が同一でなければならないとして通則法5条を類推適用する見解，成年被後見人の本国に所在する財産の管理・処分の必要性など，本国に管轄を認める実益がある場合には成年被後見人の本国にも管轄を認めるべきであるとの見解，成年被後見人の財産の所在地の管轄を肯定する見解なども主張されている。

　被後見人の本国の管轄についても，本国法主義を採用する通則法35条1項と平仄があうことや，本国において保護措置が必要となる場合があることなどから，これを肯定する見解が有力である。

　**【設例10―4】** については，Yが日本に住所を有することから，日本の裁判所の国際裁判管轄が肯定されよう。

(d)　任意後見の準拠法

　成年後見については，法律の定めに基づく法定後見のほか，当事者の後見契約に基づく任意後見という法制度を有する国もある。諸国の任意後見制度は，私的自治の枠組の中で本人の意思確認のために委任契約に一定の方式を要求する私的な制度から，任意代理人に対する裁判所その他の公的機関の監督まで認

める公的な制度など，様々なものがある。日本は，「任意後見契約に関する法律」に基づき，公的な色彩の強い任意後見制度を認めている。

　任意後見人の代理権の有無・内容などの問題の準拠法については，通則法に規定がない。代理権授与行為を基礎とする点を重視して通則法7条によるとの見解，法定後見との補完関係や公的機関の監督を受ける点を重視して通則法35条（の類推適用）によるとの見解などが主張されている。

### [4]── 外国後見裁判の承認

（a）　外国の後見開始の審判の承認

　外国裁判所でされた後見開始の審判の効力が日本で承認されるかが問題となる。通則法も家事法も，この問題について明文規定を置いていない。日本において公示されないことを理由に日本での効力を否定する見解が有力であるが，家事法79条の2が適用されるとの見解も主張されている。

（b）　外国においてなされた後見人選任の裁判の承認

　外国において選任された後見人による日本での活動（＝後見人の権限の帰属・内容・行使などの問題）については，後見事務の問題等であるとして，後見の準拠法の問題と解する見解が有力であった。**[設例10―3]**に関する東京高判昭和33・7・9［百選77事件：道垣内正人］も，この立場である。このような準拠法説の根拠として，非訟事件における裁判権限が実体法に依拠するものであることを重視し，準拠法所属国における裁判による実体法上の法律関係の変動も受け容れるとの説明がなされていた。

　これに対し，家事法79条の2が設けられたことから，近時，外国非訟裁判の承認の問題ととらえる見解（承認説）も有力に主張されている。この承認説は，外国裁判所による後見人選任の裁判も国家行為の一種であって民訴法118条が対象とする判決と本質的に異ならないとの認識の下，他方で判決とは異なり争訟性が弱く，国家の後見的な見地からなされたものであることを考慮し，結論として民訴法118条の間接管轄の要件（1号）と公序の要件（3号）だけを準用すべきであると主張する。

　承認説の立場で**[設例10―3]**を検討すれば，次のとおりとなろう。間接管轄については，家事法3条の9に準拠することになる。Zの常居所地が日本

であってスウェーデンでないため，被後見人の住所地・居所地を基礎とする管轄はスウェーデンには認められないが，Ｚがスウェーデン国籍であることからスウェーデンの本国管轄が認められ得る（1号）。そうすると，日本においてＺの後見人としての権限行使を認めることが子の福祉という公序に反するような事情が認められる場合（3号）を除き，スウェーデン裁判所によるＸの選任は日本でも承認され，後見人としてのＸの請求は認められるとの結論が導かれるであろう。

【参考文献】

10-①　大村芳昭「国際私法の現代化をめぐる考察——能力・親族・総則を中心に」年報8号105-129頁（2006年）

10-②　河野俊行「子の養育・監護・引き渡し」国際法学会編『個人と家族』（日本と国際法の100年）177-202頁（三省堂，2001年）

10-③　鈴木忠一「外国の非訴裁判の承認・取消・変更」曹時26巻9号1483-1529頁（1974年）

10-④　横山潤「成年者の国際的保護に関する条約」国際法学会編『個人と家族』（日本と国際法の100年）293-231頁（三省堂，2001年）

10-⑤　横山潤「親責任および子の保護についての管轄権，準拠法，承認及び協力に関するハーグ条約」一橋大学法学部創立50周年記念論文集刊行会編『変動期における法と国際関係』（一橋大学法学部創立50周年記念論文集）287-316頁（有斐閣，2001年）

10-⑥　横山潤「国際的な子の奪取に関するハーグ条約」法学研究（一橋大学）34号3-101頁（2000年）

10-⑦　横山潤「渉外的成年後見の申立てをめぐる問題」野田愛子・梶山太一総編集『新家族法実務大系第2巻　親族［Ⅱ］——親子・後見』691-701頁（新日本法規出版，2008年）

第**11**章　相　　　続

【キーワード】　相続分割主義・統一主義／承継主義／清算主義／属人法／失踪宣告／先決問題／反致／選択的連結／法性決定／適応問題／遺言保護

## *1* 概　　観

第11章では，相続事件の国際裁判管轄を説明したうえで，相続の準拠法を定めた通則法36条，遺言の準拠法を定めた通則法37条および遺言の方式の準拠法に関する法律を扱い，最後に相続に関連する外国判決の承認に触れる。

## *2* 相続事件の国際裁判管轄

相続に関する事件として，相続権，遺留分，遺贈その他死亡によって効力を生ずべき行為に関する訴え，相続債権その他相続財産の負担に関する訴えである民事訴訟事件と，推定相続人の廃除，相続放棄の申述，財産分離，特別縁故者に対する相続財産の分与，遺言の確認，遺言執行者の選任と解任，遺留分の放棄，遺産の分割などの家事審判事件がある。

相続に関する訴訟事件について，民訴法3条の3第12号，13号によれば，原則として，相続開始時における被相続人の住所が日本国内にあるときに，日本の裁判所が国際裁判管轄を有する。被相続人の住所地は相続関係の中心地であり，相続財産や証拠が一般的に集中すると考えられ，この地での審理は，多数の者が関係する相続関係事件の統一的処理を図るうえで便利であり，相続債権者にとっても予測可能だからである。

137

　また，相続に関する審判事件について，家事法3条の11は，相続開始当時における被相続人の住所（1項）および推定相続人の廃除などにあっては申立時点における被相続人の住所（2項）が日本国内にあるときに，日本の裁判所に国際裁判管轄を認めている。上記と同様の理由による規定である。他方，3項は，相続財産の保存または管理に関連する事件については，保存・管理の必要性と実効性から，相続財産に属する財産が日本国内にあるときに，日本の裁判所が国際裁判管轄を有すると定めている。

　さらに，4項は遺産の分割に関する審判事件および寄与分に関する処分の審判事件について，当事者が合意により管轄裁判所を定めることを認めている。相続人の任意処分が許容されるからである。この場合の管轄合意について，民訴法3条の7第2項～第4項（→第**12**章**2**[**2**]）が準用されるほか（家事3条の11第5項），日本の裁判所にのみ申立てをすることができる旨の合意に基づき申立てがされた場合には，特別の事情による申立ての却下を定めた家事法3条の14が適用されない（家事3条の14括弧書）。

## **3**　相続の準拠法

---------------------------------------------

**＊通則法36条**
　（相続）
　相続は，被相続人の本国法による。
**＊通則法6条**
　（失踪の宣言）
　裁判所は，不在者が生存していたと認められる最後の時点において，不在者が日本に住所を有していたとき又は日本の国籍を有していたときは，日本法により，失踪の宣言をすることができる。
2　前項に規定する場合に該当しないときであっても，裁判所は，不在者の財産が日本に在るときはその財産についてのみ，不在者に関する法律関係が日本法によるべきときその他法律関係の性質，当事者の住所又は国籍その他の事情に照らして日本に関係があるときはその法律関係についてのみ，日本法により，失踪の宣告をすることができる。

---------------------------------------------

## [1]——　総　説

　相続の準拠法に関して，諸国の立法例には，相続分割主義と相続統一主義とがある。

　相続分割主義とは，動産相続と不動産相続を区別し，動産相続は，被相続人の死亡当時の属人法により，不動産相続は不動産所在地法によるとするものである。この立場は，相続の財産法的側面を重視し財産所在地における取引の安定を保護することを理念とし，19世紀の中葉までほとんどすべての国において採用され，今日においても，英米法系諸国およびフランス，ベルギー，中国，朝鮮民主主義人民共和国などで採用されている。なお，英米法系諸国においては，夫婦財産制についても動産・不動産区別主義が採用されている（→第5章**4[1]**）。

　これに対して，相続統一主義とは，動産相続と不動産相続を区別せず，すべて被相続人死亡当時の属人法によるとするものである。この立場は，相続の家族法的側面を重視し当事者の利益を保護することを理念とし，——属人法を本国法主義とするか住所地法主義とするかの違いこそあるが——大陸法系諸国において広く採用されている。通則法36条は，相続統一主義を採用し，被相続人の属人法として本国法を定めている。

### ▼▼【もっとくわしく11—1】　英米法における遺産相続

　英米法系諸国では，大陸法系諸国のように債務を含む相続財産は被相続人から相続人に直接承継される（承継主義）のではなく，相続財産はいったん人格代表者（遺言相続の場合は遺言執行者，無遺言相続の場合は遺産管理人）に帰属し，それによる管理・清算を経たのち，残存の積極財産のみが相続人に分配・移転される。これは清算主義と呼ばれ，大陸法系諸国の承継主義と異なって，相続財産の管理・清算と残余財産の分配・移転が区別され，後者の問題についてのみ相続分割主義が適用される（→**設例16—1**）。

### ▼▼【もっとくわしく11—2】　相続準拠法の国際的調和

　相続統一主義は，相続財産の種類を問わず単一の準拠法を適用できることから相続分割主義に比べ適用の容易さにおいて優れている。一方，被相続人の死亡当時の属人法が財産の所在地法と異なる場合には，統一主義によると実効性の問題が起りうる。

　近年では，統一主義と分割主義の対立

を解消し，当事者の予測可能性を高める試みとして，被相続人に一定の範囲内で準拠法の選択を認める立法がみられるようになった。またこの分野で注目される死亡による財産の相続の準拠法に関するハーグ条約（未発効）は，まず被相続人が指定時または死亡時に国籍を有していた国の法または指定時または死亡時に常居所を有していた国の法から相続準拠法を指定することを認め（限定的当事者自治），準拠法選択がない場合において，被相続人の国籍と常居所を連結点にして準拠法を決定する。さらに，相続事件における裁判管轄，準拠法，裁判の承認及び執行，公文書の受領及び執行並びに欧州相続証明書の導入に関する規則（EU相続規則）は，原則的に被相続人の常居所地法を相続の準拠法と規定する一方，被相続人が指定時または死亡時に国籍を有していた国の法の選択を認めている。

### [2]── 相続準拠法の適用範囲

　通則法36条によって決定される相続の準拠法は，法定相続と遺言相続を問わず，あらゆる種類の相続に適用される。したがって相続開始の原因と時期，相続人，相続財産の構成（ただし不法行為による損害賠償債務の相続について→**第16章7**），相続の承認と放棄，相続財産の管理，相続分・寄与分・遺留分などの諸問題はすべて相続の準拠法による。たとえば，序章の**【設例1─1】**において，土地と建物が相続財産となるか，被相続人の父親が相続人となるか，複数相続人の相続分はそれぞれいくらかは，すべて相続の準拠法による。

　遺言相続については，後述のように通則法37条1項が遺言の成立および効力の準拠法を定めているが，遺言において相続財産を処分するなど遺言の実質的内容は，相続の問題として相続の準拠法による。他方，相続人不存在のときの国庫への財産帰属の問題は，被相続人と人的関係にある者への財産の承継ではないため，相続準拠法の適用範囲外である。相続人不存在のときの特別縁故者への財産分与も，相続人不存在の財産の国庫帰属に伴う処理の一環として考えられ，これらの問題はいずれも条理により，財産の所在地法によるべきとする見解が多数説である。

### [3]── 相続と失踪宣言

**【設例11─1】 雪梅の失踪宣告と相続**
　神戸に居住する中国人男性正陽には妹雪梅がいたが，雪梅は日本の大学を卒業後，中国人のボーイフレンドと結婚すると言って上海に行ったきり，7年以上その所在

が不明であり父親の必死の調査にもかかわらずその消息が明らかとはならなかった。ところが最近，正陽と雪梅の父（中国国籍）が死亡して相続が開始したのに，雪梅の生死が不明のままであるため，正陽は神戸家庭裁判所に雪梅の失踪宣告を申し立てた。裁判所は雪梅の失踪を宣告することができるか。失踪宣告の要件や失踪宣告の効果はどこの国の法によって決まるのだろうか。雪梅の失踪宣告が認められたとすれば，父親の相続はどのように処理されるか。

　失踪宣告とは，生死不明が一定の期間続くと，その不在者の死亡を推定または擬制し，その者をめぐる不安定な身分上および財産上の法律関係を処理しようとする制度である。

　通則法6条は，失踪宣告の国際裁判管轄について，原則的に不在者の最後の住所地管轄と本国管轄を定めたうえ（1項），不在者の財産が日本にあるときにはその財産に限定して，不在者に関する法律関係が日本法によるべきときなどその法律関係が日本に関係があるとき（たとえば，不在者が日本法を準拠法とする生命保険契約を締結していた場合）にはその法律関係に限定して，例外的に日本の管轄を認めている（2項）。なお，失踪宣告の取消しの審判事件の国際裁判管轄については家事法3条の3が定めている。

　通則法6条によって日本の裁判所に失踪宣告の管轄が認められる場合に，そこで行われる失踪宣告の準拠法は，日本法（民法30条）である。なお，通則法の下において，失踪宣告の効果は，不在者の死亡の擬制（民法31条）という直接的効果にとどまり，婚姻関係の終了や，相続の開始など間接的効果は，それぞれ婚姻や相続の準拠法によるべき事項であると整理されている。

　**[設例11―1]**において，雪梅の最後の住所地は日本であったため，日本の裁判所は雪梅の失踪を宣告することができ，失踪宣告の要件と失踪宣告の効果は失踪宣告の準拠法である日本法による。民法30条に基づいて失踪宣告がなされた場合に，雪梅は失踪してから7年間が経過した時点に死亡したものとみなされる（民法31条）。雪梅の父親の相続については，その準拠法は本国法たる中国法であり，中国法に基づいて，すでに死亡したとみなされた雪梅が相続人になるか，あるいは日本民法887条2項のような代襲相続が生じるかを判断することになる。なお，死亡擬制によって雪梅の相続が開始するかは，相続の準拠法によるべき事項であり，雪梅の本国法たる中国法による。

## ［4］── 相続と先決問題

> ### ［設例11－2］ 相続人になる前提である親子関係の存在
> 　韓国人女性ヘギョンと婚姻している日本人男性和夫は，日本人女性百合子との間に日本国籍の非嫡出子治がいる。和夫は治を認知したのち死亡し，その後ヘギョンも死亡している。治は父親の妻であるヘギョンの財産を相続できるかという問題は，どの国の法によって判断されるか。

【参照条文】　韓国民法1000条によれば，被相続人の直系卑属が第１順位の相続人である。

　また，治が出生した当時の韓国法上，夫の非嫡出子と妻との間に嫡母庶子関係と称する親子関係が生じ，妻の嫡出子と同様に扱われるとされていた。

　ヘギョンの相続の準拠法は通則法36条によって，ヘギョンの本国法たる韓国法であり，そして韓国民法1000条によれば，ヘギョンの直系卑属が相続人となる。しかし，相続準拠法たる韓国法を適用する際に，そもそも治がヘギョンの直系卑属すなわち子となるかという問題は，それ自体渉外的生活関係であるため，準拠法を決定した上で判断する必要がある。このように，国際私法では，ある問題について準拠実質法を適用する過程において，別個の問題の解決が先に必要とされる場合に，前者を本問題と呼び，後者を先決問題と呼んでいる【総論】。本件ではヘギョンの財産の相続は本問題であり，ヘギョンと治との親子関係の存在は先決問題である。

　本問題の準拠法は法廷地たる日本の国際私法によることが当然であるが，先決問題の準拠法について，①本問題の準拠法所属国の国際私法による準拠法説（設例でいえば韓国の国際私法による），②法廷地の国際私法による法廷地法説（設例でいえば通則法による），③法廷地法説を原則としながら，利益衡量をして例外的に準拠法説による折衷説がある。

　②の法廷地法説は，ある渉外的生活関係（たとえば親子関係）は，別の渉外的生活関係（たとえば相続）の先決問題として争われているからといって準拠法の決定方法を変える必要はなく，常に法廷地の国際私法によって準拠法を決定すべきとする。［設例11－2］のモデルとなった最一小判平成12・1・27民集54巻1号1頁［百選2事件：道垣内正人］もこの立場に立ち，これは現在の通説的立場である（→第7章4［3］）。

　なお，たとえば離婚の前提として有効な婚姻の存在のように，準拠実質法の

解釈上ではなく，法廷地の抵触規則の適用解釈上にすでに前提となる問題があるが，これを先決問題と区別して，先行問題と呼ぶことがある。この立場に立てば，通則法29条の適用解釈上，「嫡出でない子」の成否が先行問題として通則法28条によって決定するという整理になる。いずれにしても，先決問題と先行問題を区別するか否かにかかわらず，法廷地の国際私法によって解決すべき問題である。

　**[設例11－2]**において，治がヘギョンの子として相続人となるかという親子関係の問題は先決問題（ないし先行問題）であり，通則法によって準拠法が決定される。まず，治が父親和夫と和夫の妻であるヘギョンとの嫡出子になるかについては，出生以外の事由による嫡出親子関係の成立の問題であるから，準正に関する通則法30条を類推適用して判断すべきである。その結果，ヘギョンの本国法である韓国法により，治とヘギョンの間に嫡母庶子関係が成立することになる。つぎに，仮に30条の類推適用によって嫡出親子関係が成立しないとされた場合には，治がヘギョンの非嫡出子になるかを検討することになるが，通則法29条は血縁関係の存在を前提にしているものであり，出生以外の事由による非嫡出親子関係の成立については，通則法33条によって，当事者である治とヘギョンの本国法を累積適用することになろう（最一小判平成12・1・27民集54巻1号1頁［百選65事件：青木清]）。

## [5]—— 相続準拠法と反致 [通則法41条]
### ★判例11－1　反致—建物収去土地明渡等請求事件
最三小判平成6・3・8家月46巻8号59頁［百選5事件：北澤安紀]

　中国の上海に居住する中国国籍のA女は，東京都内に本件土地を所有していたが，上海で死亡した。本件土地上の建物はAの父であるBの所有であったが，Aの死後のBの死亡により，Bと内縁関係にあった女性らとの間に出生したYらが相続していた。X［中国国籍］は，Aの相続人は夫であるXと4人の子であり，右相続人らの遺産分割協議により，本件土地はXの単独所有になったと主張して，本件土地上の建物の共有者Yらに対して建物収去，本件土地の明渡しを請求した。

　「Aの相続に適用されるべき法律は，法例25条（現26条）［通則法36条］により，同人の本国法である中華人民共和国法となるべきところ，中華人民共和国においては，1985年（昭和60年）に中華人民共和国継承法（以下「継承法」という。）が制定されて同年10月1日から施行され」，同法36条は，中国人が在外遺産を相続するとき

または外国人が中国人の在外遺産を相続するときは，不動産については不動産所在地の法律を適用する旨規定している。「以上によれば，Ａの国外財産（本件土地）の相続については，継承法の規定がさかのぼって適用され，同法36条及び法例29条（現32条）[通則法41条]の規定により，反致される結果，結局，不動産所在地法である日本法が適用されるべきこととなる。」

《コメント》

相続に関する通則法36条は被相続人の本国法を適用するから，通則法41条（法例32条）の反致規定が適用されることがある。相続において反致が問題となるのは，①被相続人の本国法が相続統一主義をとり，その属人法として住所地法を採用している場合に被相続人の住所地が日本にあるとされるケース，②被相続人の本国法が相続分割主義をとり，動産相続における属人法として住所地法を採用し被相続人の住所地が日本にあるとされるケース，③被相続人の本国法が相続分割主義をとり，不動産相続において不動産が日本に所在するケースである。とりわけ被相続人の本国法が分割主義をとり，動産相続または日本に所在する不動産相続のみが日本法に反致するか否か（部分反致）が問題となった場合，反致を認めると通則法36条に規定されている相続統一主義という前提が崩されることになるが，同条の立場を徹底するよりは判決の国際的調和を図り，部分反致を認めるとするのが通説・判例の立場である（なお，反致と選択的連結，反致とセーフガード条項は，第7章 **4〔4〕** 参照）。

## ［6］── 相続準拠法と物権準拠法 ［通則法13条］

### ★判例11─2　法律関係の性質決定（法性決定）（★判例20─4）

最三小判平成6・3・8民集48巻3号835頁［百選1事件：櫻田嘉章，渉外判例百選81事件：早川眞一郎］

Ｘらは台湾出身のＡとＢとの間に出生した子であるが，Ａが死亡したことによりＡ所有の不動産につき各16分の1の持分を相続によって取得し，ＢはＸらの親権者として右相続に係る持分の全部を2000万円で不動産業者Ｙに売渡し，本件不動産についてＸらからＹへ持分移転登記がされたところ，Ｘらは，相続の準拠法である台湾民法によれば，本件不動産は共同相続人の合有に属し，遺産の分割前においては共同相続人全員の同意がなければ本件不動産の持分を処分できないとして，本件売買契約の無効を主張し，右持分移転登記の抹消登記手続を請求した。

「本件においては，Ａの相続人である上告人らが，その相続に係る持分について，第三者である被上告人に対してした処分に権利移転（物権変動）の効果が生ずるかどうかということが問題となっているのであるから，右の問題に適用されるべき法律は，法例10条２項［通則法13条２項］により，その原因である事実の完成した当時における目的物の所在地法，すなわち本件不動産の所在地法である日本法というべきである。もっとも，その前提として，上告人らが共同相続した本件不動産に係る法律関係がどうなるか（それが共有になるかどうか），上告人らが遺産分割前に相続に係る本件不動産の持分の処分をすることができるかどうかなどは，相続の効果に属するものとして，法例25条［通則法36条］により，Ａ（被相続人）の出身地に施行されている民法によるべきである。……

　そうすると，上告人らが相続準拠法上の規定を遵守しないで相続財産の持分の処分をしたとすれば，その処分（本件売買）に権利移転（物権変動）の効果が生ずるかどうかが次に問題となるが，前示のとおり，この点は日本法によって判断されるべきところ，日本法上は，右のような処分も，処分の相手方である第三者との関係では有効であり，処分の相手方は有効に権利を取得するものと解するのが相当である。けだし，相続の準拠法上，相続財産がいわゆる合有とされ，相続人が遺産分割前に個別の財産の相続持分を単独で処分することができないとされているとしても，日本法上，そのような相続財産の合有状態ないし相続人の処分の制限を公示する方法はなく，一方，日本法上，共同相続人が分割前の遺産を共同所有する法律関係は，基本的には民法249条以下に規定する共有としての性質を有するものとされ，共同相続人の一人から遺産を構成する特定不動産について同人の有する共有持分権を譲り受けた第三者は，適法にその権利を取得することができるものとされているのであって，我が国に所在する不動産について，前記のような相続準拠法上の規定を遵守しないでされた処分を無効とするときは，著しく取引の安全を害することとなるからである。

　以上によれば，本件売買契約がＡの共同相続人全員の同意を得ることなく締結されたとしても，物権の移転に関する準拠法である日本法によれば，右契約による権利移転の効果が認められるものというべきである。」

《コメント》

　相続準拠法と相続財産たる物権の準拠法が異なる場合，両者の適用をめぐって困難な問題を生じる。上記判例は，相続準拠法上相続財産の処分が制限されている相続人が，財産所在地法に従ってその財産を処分した場合，その処分によって第三者が権利を取得するか否かが争われた事件である。

　判旨は，この問題を法性決定の問題として捉え，共同相続人らがいかなる形

態で遺産を相続し，また遺産分割の前にそれぞれの持分を処分できるかは相続の問題として法例26条（通則法36条）によると性質決定をし，共同相続人が相続準拠法を遵守せず行った持分処分により不動産の物権変動の効果が生じるかは物権の問題として法例10条（通則法13条）によると性質決定をした。

　判旨は，その理由として不動産所在地法の取引保護を挙げている。すなわち，不動産所在地法たる日本の実質法上，上記のような持分処分が処分の相手方である第三者との関係で有効であるということを前提にし，「相続準拠法上の規定を遵守しないでされた処分を無効とするときは，著しく取引の安全を害することとなる」と説示している。

　この最高裁判決に対する評価が分かれ，これを支持する見解と，相続財産をめぐる利害関係人の立場を重視する相続分割主義よりも，法例が被相続人や相続人の立場を重視する相続統一主義を採用したことを理由に，この問題は相続の準拠法によるべきとする見解がある（第20章3[3]）。後者の見解をとる場合，相続財産を取引の対象とする第三者には，被相続人の本国法の調査が求められるということになる。

### [7]── 相続準拠法と夫婦財産制の準拠法 [通則法26条]

　夫婦財産制の部分で述べたように，婚姻存続中に一方配偶者が死亡した場合，まず夫婦財産制の準拠法によって先死配偶者の財産の範囲を確定した後，相続の準拠法によりその相続関係を処理するのが一般的な順序である。しかし，以下のようなケースでは，上記順序に従って処理すると，生存配偶者の保護に欠ける事態が生じうるので，国際私法上の調整を要する場合もある。

> **[設例11－3] 夫が残した財産に対する理恵子の権利**
> 　ブラジル人夫ロナルドと日本人妻理恵子が日本に同一常居所を有し生活しているところ，ロナルドが死亡した。ロナルドが残した財産に対して理恵子が自らの権利を主張した。これを相続の問題と見ると，通則法36条によりブラジル法が準拠法となるが，ブラジル法によると，理恵子には夫婦財産制上の権利が認められるが相続権が認められない。他方これを夫婦財産制の問題とみると，通則法26条1項本文により日本法が準拠法となるが，日本法によると，理恵子には相続権が認められるが，夫婦別産制の原則を貫けば夫婦財産制上の権利が認められない。

　結局，実質法である日本民法もブラジル民法もこの場合の生存配偶者の権利を保護しているが，国際私法を介する結果，相続準拠法上も夫婦財産制の準拠法上も，生存配偶者の権利が保護されないことになってしまう。

　渉外的生活関係を規律する国際私法は，単位法律関係ごとに異なる国の実質法を準拠法として指定するため，それらの異なる国の実質法が相互に矛盾する場合，上記ケースが示したような調整を要する問題（適応問題または調整問題と呼ばれる）が生じる。

　適応問題の解決は，準拠法適用の際に個別具体的に検討される問題であって，普遍的な基準を提示することは難しい。一般的に，抵触法的な操作による解決方法と準拠実質法の修正による解決方法があるが，準拠実質法を修正する方法は，その所属国からみればその国の法を恣意的に変更することにもなりかねないため，判決の実効性を考慮すれば前者が優先するとされる。たとえば，上記設例について，前者の解決方法によれば，この問題を生存配偶者の相続の問題として捉える場合が比較法的にみて優勢であることを重視し，相続の問題と法性決定し通則法36条によりブラジル法を準拠法としたうえ，36条によって指定されるブラジル法の具体的ルールの範囲（送致範囲）を調整し（抵触法的な操作），ブラジル法で妻に認めている夫婦財産制上の権利に関する規定を適用して，死亡した夫の財産に対する妻の権利を認めることになる。

### [8]―― 相続準拠法と不法行為準拠法［通則法17条］→第16章 7

## 4　遺言の準拠法

＊通則法37条
　（遺言）
　遺言の成立及び効力は，その成立の当時における遺言者の本国法による。
2　遺言の取消しは，その当時における遺言者の本国法による。

### [1]──　遺言をめぐる問題

　遺言とは，遺言者の死後の法律関係を定める相手のない一方的な意思表示である。遺言をめぐる問題として，①遺言という意思表示自体の成立および効力の問題，②遺言という意思表示によって当事者が行おうとする法律行為の成立および効力の問題，③遺言の方式の問題がある。

### [2]──　遺言の成立および効力の準拠法の適用範囲

　上記②の遺言によって行う法律行為には，遺贈，相続分の指定のような相続に関わるものから，認知，後見人の指定までさまざまなものが含まれる。通説は，これら遺言の実質的内容をなす個々の法律行為について，区別することなく一律に遺言の準拠法によるのは適当ではなく，通則法が別に用意している相続，認知，後見人の指定などの規定によって準拠法を決定すべきと解している。そして③の問題について，後述のように，通則法とは別の法律が適用される。

　結局，通則法37条1項によって決定される遺言の成立および効力の準拠法が適用されるのは，①の問題についてのみである。すなわち，通則法37条1項でいう遺言の「成立」とは，遺言能力，遺言という意思表示の瑕疵などを意味し，遺言の「効力」とは，意思表示としての遺言の拘束力とか遺言の効力発生時期などを意味すると解される。

　また，通則法37条2項にいう「遺言の取消し」とは，遺言の任意の撤回を意味し，意思表示の瑕疵に基づく取消しを意味しない。意思表示の瑕疵に基づく取消しは，遺言の成立に関する問題であるから，1項により，遺言成立当時の遺言者の本国法によるべきと解されるからである。なお，先になされた遺言と矛盾する遺言が後になされた場合に，日本民法1023条は，矛盾する部分について先になされた遺言を撤回したものとみなすと規定するが，国際私法では，この問題を遺言の実質的内容に関する問題とみて，遺言の取消しの準拠法によるのではなく，遺言の実質的内容をなす法律行為の準拠法によるべきと解するのが通説である。

## [ 3 ]—— 遺言の成立および効力の準拠法の反致

**【設例11—4】　トカレフの2つの遺言**

　訴外Ｔ（トカレフ）は，1890（明治23）年に現在のロシア連邦において出生し，1923（大正12）年頃日本に入国し死亡まで約60年間日本に居住していたソ連国籍の者である。Ｔは，ロシア民法の定める方式で，自らが所有する本件不動産（土地建物）を原告Ｘソ連（現ロシア連邦）に遺贈する旨の遺言（第1遺言）をした。その後Ｔは晩年病気治療をしてもらった主治医被告Ｙ（アクセノフ）に不動産を遺贈することを含む公正証書遺言（第2遺言＝本件遺言）をした。Ｔの死後，Ｙは本件遺言書に基づき本件不動産について所有権移転登記を経由し，引渡しを受けた。Ｘは，本件遺言に係るＴの遺言能力を争って，Ｙに対し第1遺言に基づき本件不動産について所有権移転登記および引渡し等を求めた。本件遺言に関して，遺言者であるＴの遺言能力の準拠法はどのように決定すべきか，本件不動産はどの遺言に従って遺贈されるべきか。

＊東京地判平成3・12・20判タ792号207頁，東京高判平成6・2・22判タ862号295頁（控訴棄却，確定）を元に作成。

【参照条文】　1964年ロシア連邦民法典567条「相続関係は，被相続人が，最後の，恒久的な住居地を有していた国の法律による」「遺言の作成および取消し，遺言の形式ならびにその取消し書類は，遺言者がその書類を作成したときに，恒久的な住居地を有していた国の法律による」（なお，現行ロシア連邦民法典1224条が，遺言とその取消しの方式について，遺言者の居住地法以外に，行為地法およびロシア法との選択的連結を定める以外は，ほぼ同旨を定めている）
　　　　　日本民法963条，1023条

　設例において，Ｔの遺言能力は遺言の成立に関わる問題であると考えられ，通則法37条1項に従いＴの本国法による。地域的不統一法国であったソ連（当時）の国籍を有するＴの本国法は，通則法38条3項によって判断される。設例の元となった裁判例では，東京地裁は通則法38条3項にいうソ連の「規則」が不明であると判断し，Ｔがロシア連邦の出身で同国内に居住していたことをもって，ロシア連邦がＴと最も密接な関係のある地域であるとして，ロシア法をＴの本国法であると解した。そのうえ，ロシアの国際私法規定であるロシア連邦民法典567条は，遺言を含めた相続関係全般について被相続人（遺言者）の住所地法を準拠法と指定しているものと解した。この立場に従えば，Ｔの最後の住所は日本にあったため，結局通則法41条によって反致が成立し，日本法が適用される。

　また，第1遺言と本件遺言の内容が遺贈に関して矛盾するが，上述のよう

に，遺言の実質的内容をなす法律行為の準拠法によるべきと解される。遺贈は相続法上の問題であるから，相続の準拠法が適用され，通則法36条によって被相続人Ｔの本国法であるロシア法によるところ，ロシア連邦民法典567条では，相続は被相続人が最後の住所のあった国の法律によると規定している。結局上記と同様な理由で反致が成立し，日本の相続法が適用され，民法1023条によれば第１遺言が後になされた本件遺言によって撤回されたとみなされるため，本件遺言が有効である限り，本件不動産は本件遺言に従って遺贈されるべきである。

## ［4］── 遺言の方式

> **［設例11－5］　トカレフの2つの遺言　その2**
> **［設例11－4］** において，トカレフの2つの遺言の方式は，それぞれ有効な方式といえるか。

【参照条文】　遺言の方式の準拠法に関する法律2条，日本民法969条

　遺言の方式に関しては，1964（昭和39）年に，日本が「遺言の方式の準拠法に関するハーグ条約」を批准し，これにともない「遺言の方式の準拠法に関する法律」が制定され，遺言の方式については，専ら同法によることになった。

　「遺言の方式の準拠法に関する法律」2条は，①遺言の行為地法（1号），②遺言の成立時の遺言者が国籍を有する国の法（2号），③遺言の成立時の遺言者の住所地法（3号），④遺言の成立時の遺言者の常居所地法（4号），⑤遺言者の死亡時に国籍を有する国の法（2号），⑥遺言者の死亡時の住所地法（3号），⑦遺言者の死亡時の常居所地法（4号），⑧不動産に関する遺言については不動産所在地法（5号），以上8種類の法律のいずれかの方式に適合していれば遺言が方式上有効と規定する。このように広範囲の選択的連結を採用したのは，遺言保護の考え方に基づき，遺言を方式上なるべく有効としようとするためである。

　ここで注意すべきは，②と⑤において遺言者が「国籍を有する国の法」であって，「本国法」ではない点である。遺言者が重国籍の場合には通則法38条1項の適用はなく（通則法43条2項），そのいずれの国籍を有する国の法も，準拠法の選択的連結の対象となりうる。

　また，通則法43条2項によれば，反致規定である通則法41条は遺言の方式については適用されない。さらに，遺言者が地法により法律を異にする国の国籍を有した場合には，通則法38条3項の適用はなく，「遺言の方式の準拠法に関する法律」6条により遺言者が国籍を有した国の法律を判断することになるが，その指定方法は通則法38条3項と同様である。

　設例では，第1遺言の方式は遺言者が国籍を有するロシアの民法に従い（「遺言の方式の準拠法に関する法律」6条による。通則法38条3項の適用はない），第2遺言の方式は遺言者の住所地・常居所地であり，遺言の行為地でもある日本の民法969条に従ったため，いずれも有効な方式である。

## **5**　外国判決の承認

　相続に関する外国裁判のうち，訴訟事件とされる外国判決の承認は，民訴法118条による（→第**6**章**6**）。家事非訟事件とされる外国裁判の承認は，家事法79条の2による（→第**5**章**5**，第**9**章**4**）。

【参考文献】
11-①　青木清「相続」国際法学会編『個人と家族』（日本と国際法の100年）232-254頁（三省堂，2001年）
11-②　江泉芳信「日本人の海外資産の相続をめぐる諸問題」野田愛子・梶山太一総編集『新家族法実務大系第3巻　相続［I］——相続・遺産分割』536-547頁（新日本法規出版，2008年）
11-③　海老沢美広「渉外失踪宣告の効力」戸籍時報602号2-10頁（2006年）
11-④　木棚照一『国際相続法の研究』（有斐閣，1995年）
11-⑤　櫻田嘉章「在外日本人の遺言作成と遺言執行」野田愛子・梶山太一総編集『新家族法実務大系第4巻　相続［II］——遺言・遺留分』515-526頁（新日本法規出版，2008年）
11-⑥　長田真里「相続の準拠法をめぐる立法論的課題（特集・平成国際私法の発展と展望（1））」民商135巻6号990-1017頁（2007年）
11-⑦　野村美明「外国にある日本人の遺言の処理——外国の銀行預金」野田愛子ほか編・家事関係裁判例と実務245題（判タ臨増1100号）428-431頁（2002年）
11-⑧　早川眞一郎「国際的相続とわが国の特別縁故者制度——相続人不存在の処理をめぐる一考察」名古屋大学法政論集151号77-141頁（1993年）
11-⑨　林貴美「在日ブラジル人の相続をめぐる諸問題」野田愛子・梶山太一総編集『新

家族法実務大系第3巻　相続［Ⅰ］――相続・遺産分割』515-535頁（新日本法規出版，2008年）

第 Ⅲ 部

# 国際財産法

# 第**12**章　契　　約

【キーワード】　債務（義務）履行地管轄／管轄合意／当事者自治／明示の指定／黙示の指定／準拠法条項／最密接関係地法／特徴的給付／分割指定／準拠法の事後的合意（準拠法の変更）

## *1*　概　　観

　契約から生じた事件をいずれの国の裁判所で審判すべきかの問題は，契約に関する国際裁判管轄の問題である（→第**2**章**2**[**2**]）。契約事件一般の国際裁判管轄については，日本の裁判所が個別の契約関係の訴えに裁判管轄権を有するかどうかの観点から，民訴法**3**条の**3**が個別の管轄規定を定めている。これに対して，民訴法**3**条の**7**は，契約当事者が合意によりいずれの国の裁判所に訴えを提起するかを定めることを可能とする規定である。

　当事者が締結する契約の内容についてどの程度の自由が認められるのか，有効に成立するための要件はどのようなものか，契約の解釈はどの国の法によって決まるのかというような問題は，契約準拠法によって解決される。通則法**7**条は当事者が契約準拠法を選択できる当事者自治の原則を採用している。これに対して，通則法**8**条は，当事者による準拠法選択のない場合の準拠法の決め方を定めている。

　以上に対して，消費者契約と労働契約については，国際裁判管轄についても，準拠法選択についても，それぞれ重要な例外が設けられている（→第**13**章）。

## *2*　契約事件の国際裁判管轄

### [1]──　契約上の債務の履行地に基づく管轄権 [民訴3条の3第1号]

　後述する **[設例12－1]** において，日本の商社 X 社は，A 国の Y 社に対して，日本の裁判所において売買代金請求の訴えを提起できるだろうか。これは，日本の裁判所が X 社の訴えについて管轄権を有するかの問題であり，対外的に見れば，日本に国際裁判管轄があるかどうかの問題である。日本の国際裁判管轄は，民訴法3条の2から3条の12に規定されている。

　現在の民訴法の下では，**[設例12－1]** の Y 社の主たる営業所（実質的な活動の本拠）が A 国にあり日本になく，また，Y 社が日本において事業を行っておらず，営業所も有していない場合には，3条の2，3条の3第5号や3条の3第4号が定める管轄原因に基づいて日本の国際裁判管轄を認めるのは困難である。しかし，民訴法3条の3第1号の契約債務（義務）履行地管轄が利用できる可能性がある。なぜなら，契約において選択された地の法は日本法であり，日本民法によれば代金支払債務は債権者の住所（売主 X の住所のある日本）であるから，問題となる債務の履行地が日本国内にあるといえるからである。

　なお，民訴法3条の3第1号の「契約において選択された地の法」に従い日本法を準拠法として選択した場合には，国際物品売買契約に関する国連条約（国連国際売買条約）が適用されうる。設例の国際売買に同条約が適用される場合には，同条約57条(1)により代金支払場所が売主 X の営業所であるからという理由で，日本に国際裁判管轄が認められうる。これに対して，当事者が契約の準拠法を選択していない場合には，国連国際売買条約1条(1)(a)および(b)により条約が適用される場合であっても，同条約57条(1)により定める債務の履行地を基準として日本に国際裁判管轄は認められない。

　これに対して，日本の裁判所が特定の契約事件について裁判管轄権を有する場合であっても，民訴法3条の9は「日本の裁判所が審理及び裁判をすることが当事者間の衡平を害し，又は適正かつ迅速な審理の実現を妨げることとなる特別の事情」があるときは，問題となる訴えを却下することを認めている。し

かしながら，本条の特別の事情による訴えの却下の規定は，日本の裁判所に裁判管轄の合意をしている場合には，適用されない。

### [2]── 合意に基づく管轄権 ［民訴3条の7］

**[設例12－1]** の売買契約書に，日本の裁判所の管轄を合意する次のような管轄条項が記載されている場合には，日本の国際裁判管轄は原則として認められる（民訴3条の7）。

The courts of Japan will have exclusive jurisdiction to adjudicate any dispute arising under or in connection with this Agreement.（日本の裁判所はこの契約に起因しまたは関連して生じるすべての紛争を裁判する専属的な管轄権を有するものとする。）

ただし，「管轄の合意がはなはだしく不合理で公序法に違反するとき」（チサダネ号事件最三小判昭和50・11・28民集29巻10号1554頁）は管轄条項が無効とされる場合がある。消費者契約および労働契約における管轄合意の制限については，第**13**章参照。

なお，国際的な売買契約書には，裁判管轄条項ではなく仲裁条項が含まれていることが多い（→**資料3**「売買契約書」第17項）。

## **3** 当事者による準拠法選択──主観的連結

---

**＊通則法7条**
　（当事者による準拠法の選択）
　　法律行為の成立及び効力は，当事者が当該法律行為の当時に選択した地の法による。

---

通則法7条は，法律行為の成立および効力について，当事者が契約準拠法を選択できるとする当事者自治の原則を採用している。当事者の意思によって特定の問題をいずれの法秩序に結び付けるかを決定するので，**主観的連結**と呼ばれる。これに対して，通則法8条は当事者による準拠法選択のない場合の準拠

法の決め方を定めている。これは特定の問題を当事者の意思に左右されずに最も密接な関係を有する地の法秩序に結び付けるので，**客観的連結**という。

　これらの規定は，もっぱら契約の成立および効力の問題に適用される。しかし，消費者契約と労働契約については，それぞれ11条および12条で特例が設けられている。

　契約以外の法律行為としては，①単独行為（取消し・解除，相殺など）と②合同行為（法人設立行為など）があるが，①は契約の準拠法，②は法人の従属法（属人法）（→第**15**章）の問題とされる（なお相殺については→第**19**章**2**）。

## ［1］―― 当事者の明示の指定がある場合

---

**［設例12―1］　準拠法条項**

　日本の商社 X 社がアジアの A 国の Y 社向けに輸出した商品の売買契約書に次のような条項があるとする。

Article XX Governing Law

　　This Agreement will be governed by and construed in accordance with the laws of Japan.（第 XX 条　準拠法　この契約は，日本の法律によって規律され，かつ，解釈されるものとする。）

　Y 社が代金を支払わないので，売買契約に基づいて X 社が A 国の裁判所に Y を訴えたとする。A 国の裁判所は日本法を適用して X 社の権利を判断してくれるだろうか。

---

　このような条項は，準拠法条項または法選択条項と呼ばれる（→**資料3**「売買契約書」第16項）。準拠法条項により，当事者は契約を日本法に服させることができる。当事者が契約準拠法を決定できるのは，日本の国際私法が，通則法7条で，契約の成立および効力を「当事者が……選択した地の法による」として当事者自治の原則を採用しているからである。世界には当事者自治の原則を認めず，契約はすべて自国法で判断する国がある。設例で A 国がこのような国であれば，準拠法条項の効力は認められず，A 国の裁判所は A 国法で X 社の権利を判断すると考えられる。

　通則法7条の法選択は，「当該法律行為の当時に」という限定が付されている。これ以後の当事者による法選択は，当事者による準拠法変更（通則法9条）ととらえられているからである。

　当事者自治の原則は，夫婦財産制でも限定的に認められている（通則法26条
2項）。通則法は，事務管理，不当利得（16条）および不法行為（21条）におい
ても当事者による事後的な法選択（準拠法変更）を認めている。

### ▼▼【もっとくわしく12−1】　外国法の選択と日本の強行法規

　当事者が選択できる「法」とは，日本
では国会の議決を経て制定される法律
（憲法59条）その他法令等のルールから
なる法秩序（法システム）のことであ
る。英米法における判例法も法である。
改正前の法例では準拠法秩序を指すのに
「法律」という用語が使われていたが，
通則法では「法」と改められた（通則法
2条と比較）。これに対して，仲裁（★
**判例12−1**参照）では「ユニドロワ国
際商事契約原則」などの統一的商慣習
（レクス・メルカトリア　lex mercato-
ria）も「法」として適用することがで
きると解される（仲裁法36条1項参照）。

　当事者による選択の場合を含み，国際
私法規則が指定する法には任意法規だけ
ではなく強行法規も含まれる。では，当
事者が日本法中のある強行規定を回避す
るために外国法を選択することは許され
るか。それが通則法42条の国際私法上の
公序に反するといえるのはどのような場
合か。民法90条の公序（民法91条参照）
とはどう違うのだろうか。当事者がある
契約を外国の法秩序に服させることを可
能とする当事者自治の原則は，契約自由
の原則のみによっては根拠づけることが
できない。

### [2]──　当事者の指定が黙示的である場合

　通則法7条は，**【設例12−1】**のように準拠法選択に関する当事者の意思が
明示されている場合だけではなく，契約書の文言や事案の一切の事情により推
定される黙示的意思がある場合も含む。次の★**判例12−1**（リングリング社仲
裁事件）で引用した一般的判示が示すような法例7条1項に関する黙示的意思
の探求理論は，通則法の下でも維持される。黙示的意思は，契約締結に関係す
る当事者の行為その他の要素から契約解釈の枠内で認定されるものである。こ
れに対して，当事者の現実の意思が明らかにならない場合に，裁判所が本来あ
るべきと考える合理的な当事者の意思を推認して準拠法を決定する方法を「仮
定的意思の探求」として，黙示の意思解釈のなかに含めて考える見解がある。
法例7条2項の行為地法の機械的な適用がなくなった現在では，このような方
法による必要性はなく，裁判所があるべきと考える合理的な法選択の探求は，
通則法8条の解釈の中に含まれるべきである。

## ★判例12－1　リングリング社仲裁事件

最一小判平成9・9・4民集51巻8号3657頁［百選119事件：中村達也］

日本のX社が米国のリングリング社（R社）とサーカスの興行契約を締結した際に，次のような仲裁の合意（仲裁契約）をした。「本件興行契約の条項の解釈又は適用を含む紛争が解決できない場合は，その紛争は，当事者の書面による請求に基づき，商事紛争の仲裁に関する国際商業会議所の規則及び手続に従って仲裁に付される。R社の申し立てるすべての仲裁手続は東京で行われ，上告人Xの申し立てるすべての仲裁手続はニューヨーク市で行われる。各当事者は，仲裁に関する自己の費用を負担する。ただし，両当事者は仲裁人の報酬と経費は等分に負担する。」ところが，X社は，R社の代表者であるYがキャラクター商品等の販売利益の分配などに関してXを欺罔してXに損害を被らせたと主張して，Yに対して不法行為に基づく損害賠償を求めた。これに対して，Yは，XとR社との間の本件仲裁契約の効力がXとYとの間の本件訴訟にも及ぶと主張して，本件訴えの却下を求めた。

「仲裁は，当事者がその間の紛争の解決を第三者である仲裁人の仲裁判断にゆだねることを合意し，右合意に基づいて，仲裁判断に当事者が拘束されることにより，訴訟によることなく紛争を解決する手続であるところ，このような当事者間の合意を基礎とする紛争解決手段としての仲裁の本質にかんがみれば，いわゆる国際仲裁における仲裁契約の成立及び効力については，法例7条1項［通則法7条］により，第一次的には当事者の意思に従ってその準拠法が定められるべきものと解するのが相当である。そして，仲裁契約中で右準拠法について明示の合意がされていない場合であっても，仲裁地に関する合意の有無やその内容，主たる契約の内容その他諸般の事情に照らし，当事者による黙示の準拠法の合意があると認められるときには，これによるべきである。」

## ▼▼【もっとくわしく12－2】　契約と契約書中の仲裁条項を区別すること

★判例12－1では，「本件興行契約の条項の解釈又は適用を含む紛争」が仲裁に付託されることになっていた。本件では興業契約書中に仲裁契約条項が含まれていたのか，それとも興業契約書とは別に仲裁契約書を作成したのかは明らかではないが，仲裁の対象となる契約中に仲裁契約条項をおく例が多い（→資料3「売買契約書」第17項）。したがって，紛争が生じた契約とその契約書に含まれる仲裁契約条項にあらわされた仲裁契約

（仲裁合意）を混同しないように注意すべきである。

本件では仲裁契約の効力，すなわちX社とR社との仲裁契約がYにも及ぶかが争点となったのであり，興業に手抜きがあった等という興業契約が問題とされたのではない。

なお，仲裁法は，仲裁合意を含む契約が無効や取消によって効力を生じない場合でも仲裁合意は当然には効力を失うものではないと規定している（13条6項）。

契約の実体的条項と仲裁合意の分離
（separability 分離可能性とも呼ばれる）

の問題である【国際民事手続法】。

## ▼▼【もっとくわしく12―3】　仲裁契約の準拠法と実体的判断の準拠法

**仲裁契約の準拠法**　★判例12―1
は X 社と R 社とのサーカスの興行契約
に関して仲裁の合意（仲裁契約）がさ
れ，仲裁契約の効力が R 社の代表者 Y
に及ぶかの問題が，法例7条1項［通則
法7条］により，当事者には仲裁合意
（仲裁契約）をニューヨーク州法によら
せるという黙示の合意があるとして，同
州法を適用して判断されたものである。
仲裁合意の準拠法については，仲裁判断
の取消し・執行手続における仲裁合意の
有効性に関する仲裁法44条1項2号およ
び同法45条2項2号を類推適用して決定
するという見解も有力である。

**仲裁の実体的判断の準拠法**　では，
この場合の仲裁が日本で行われるとすれ
ば，仲裁人は，Y に不法行為があった
かどうかあるいは興行契約の契約違反が
あったかどうかを判断するための準拠法

をどのように決定すればよいか。仲裁に
おける実体的判断の準拠法の問題であ
る。仲裁法36条は，仲裁判断において準
拠すべき法を定めている。当事者が合意
で準拠法を定めていればその法により
（同条1項），合意がない場合には仲裁手
続に付託された紛争に最も密接な関係が
ある国の法（同条2項）を適用しなけれ
ばならない。仲裁法36条は通則法の特別
法だから，不法行為の準拠法を定める通
則法17条以下および契約の準拠法を定め
る通則法7条以下の規定に優先して適用
されると考えられる。

なお，UNCITRAL 国際商事仲裁モデ
ル法28条は次のように定める。当事者の
指定がない場合には，仲裁廷は，自己が
適用すべきと認める抵触法規則によって
決定される法を適用しなければならない
【国際民事手続法】。

## ★判例12―2　バンコック銀行債権質事件

最一小判昭和53・4・20民集32巻3号616頁［百選30事件：野村美明］
「……本件債権質には客体である本件定期預金契約上の債権の準拠法が適用される
こととなるが，その準拠法を決定するには，まず法例7条1項［通則法7条］に従い
当事者の意思によるべきところ，原審の確定したところによれば，当事者の明示の意
思表示を認めることはできないが，上告人（本店所在地タイ国）東京支店は，当時日
本に居住していた華僑の高春木と円を対象とする本件定期預金契約をし，同預金契約
は，上告人東京支店が日本国内において行う一般の銀行取引と同様，定型的画一的に
行われる附合契約の性質を有するものであるというのであり，この事実に加えて，外
国銀行がわが国内に支店等を設けて営業を営む場合に主務大臣の免許を受けるべきこ
と，免許を受けた営業所は銀行とみなされること（銀行法32条）等を参酌すると，当
事者は本件定期預金契約上の債権に関する準拠法として上告人東京支店の所在地法で

ある日本法を黙示的に指定したものと解すべきである。したがつて，右と同旨の認定判断のもとに，本件定期預金契約が訴外会社の上告人香港支店に対する当座貸越債務を担保するため締結されたということは，本件定期預金契約をするに至つた縁由たる事情にすぎず，これによりその準拠法を香港法とする旨の黙示の意思表示がされたものとは認められないとした原審の判断は，正当」である。

《コメント》

★判例12—2（バンコック銀行債権質事件）（図18-2参照）は，定期預金契約の準拠法について，被告銀行「東京支店の所在地法である日本法を黙示的に指定したものと解すべきである」とした。しかし，原告は，問題となる定期預金契約は第三債務者が所有する訴外会社が被告銀行香港支店に対する当座貸越債務を担保するため締結したのだから，定期預金契約の準拠法を香港法とする黙示の意思があったと主張している（松岡博『国際取引法と国際私法』272頁以下，286頁（晃洋書房，1993年）は香港法が準拠法となるという）。最判のように当事者の黙示の意思を銀行の支店所在地法とする見解は，少なくとも一方当事者の現実の意思とは違うおそれがある。このような場合は，当事者の仮定的意思を認めたものといえる。現在では，次の「客観的連結」の解釈の中で考慮すべき問題ではないか。

## 4　当事者による準拠法選択のない場合——客観的連結

--------------------------------------------------

＊通則法8条

（当事者による準拠法の選択がない場合）

　前条の規定による選択がないときは，法律行為の成立及び効力は，当該法律行為の当時において当該法律行為に最も密接な関係がある地の法による。

2　前項の場合において，法律行為において特徴的な給付を当事者の一方のみが行うものであるときは，その給付を行う当事者の常居所地法（その当事者が当該法律行為に関係する事業所を有する場合にあっては当該事業所の所在地の法，その当事者が当該法律行為に関係する2以上の事業所で法を異にする地に所在するものを有する場合にあってはその主たる事業所の所在地の法）を当該法律行為に最も密接な関係がある地の法と推定する。

3　第1項の場合において，不動産を目的物とする法律行為については，前項の規定にかかわらず，その不動産の所在地法を当該法律行為に最も密接な関係がある地の法と推定する。

--------------------------------------------------

## [1]──　最密接関係地法の原則

通則法が制定される前の法例7条2項は，当事者の黙示的な意思も認められない場合には，契約は行為地法によると規定していた。これは，契約を，当事者の意思（主観的）とは関係なく，行為地法秩序に「客観的に」結びつける，客観的連結の方法を採用したものである。これに対して通則法は，客観的連結の方法として最密接関係地法の原則を導入した。

通則法8条1項は，当事者による準拠法選択がされていない場合，法律行為の成立および効力は，当該法律行為の当時において当該法律行為に最も密接に関係する地の法律によるものとする。最密接関係地法の探求は国際私法の基本的な方法であるが（→1章**3**[**4**]），ここでは契約の準拠法を補助的に指定する方法として用いられている。しかし，契約関係に最も密接に関係する地といっても，当事者の常居所地，契約締結地，契約履行地など複数考えられるので，特定することは困難である。

## [2]──　特徴的給付の理論の採用

通則法8条2項は，[**1**]の最密接関係地法を推定するために，次の特徴的給付の理論を採用している。法律行為について，その種類の法律行為に特徴的な給付を一方当事者のみが行う場合には，その給付を行う者の常居所地法を当該法律行為に最も密接に関係する地の法律と推定するというものである。

特徴的給付とは，ある種類の契約類型を他の種類のものから社会的および経済的機能の観点に基づき区別する基準となる給付のことを指す。したがって，特徴的給付の理論の基本的発想は，特徴的給付こそが問題となる法律関係が各国の経済的および社会的生活の中でどのような機能を果たすかを示す指標になると考え，ここから契約と最も密接に結びついた社会経済的環境を特定できると考えるところにある（参考文献12-⑦47巻1号125頁以下，132頁（1997年）参照）。特徴的給付の理論を採用することで，EUや韓国などの諸国（EUの契約債務の準拠法に関する規則（ローマⅠ規則）4条（ECの契約債務の準拠法に関する条約4条），スイス国際私法117条および韓国国際私法26条参照）との国際私法の調和が進むことが期待される。

**[設例12─1]**の売買契約で準拠法についての合意がなかったとすれば，売

主Xによる商品引渡しが特徴的給付であるから，日本が法廷地となればXの常居所地法（Xの事業所がA国にある場合には，Xの主たる事業所の所在地法）である日本法が契約準拠法となる。同様に，後掲【**設例12—2**】の代理店契約の場合には，代理店業務を行うYの常居所地法が代理店契約の準拠法である（ローマⅠ規則4条1項(f)も同じ）。

　このように，売買契約における代金債務や代理店契約における仲介手数料支払いなどの金銭債務の履行は，他の多くの契約に一般的にみられるものなので，特徴的給付とはいえない。これに対して，国際的貸付（ローン）契約のような，契約当事者の双方が金銭を給付する約束をする場合には，特徴的給付は銀行が提供する金銭給付であり，借主の貸付金の返済ではないというべきである。★**判例12—2**の定期預金契約の準拠法は，金融サービス（役務）を提供する銀行の支店所在地法である日本法である。

　では，銀行に対するローン債務についての保証契約の最密接関係地法はどのように決定すればよいだろうか。保証契約の準拠法として主たる債務の準拠法を選択するという黙示の意思が推認できない場合には，特徴的給付を行う者の常居所地法つまり保証を行う保証人の常居所地法が最密接関係地法と推定される。

### ▼▼【もっとくわしく12—4】「法律行為」の特徴的給付といってよいか

　通則法が単位法律関係を契約ではなく法律行為としている点については，通則法の体系的な位置からも，また国際的な通用性ないしわかりやすさの観点からも，問題がある。

　まず，通則法では第3章2節の法律行為で「契約の準拠法」を定めながら，不法行為等の準拠法は同章4節の債権において定めているのは，いかにも不自然であり国際的にも説明が困難である。国際私法の教科書でも，法律行為の部分では法律行為に共通の代理や方式の問題を取り上げており，契約は債権的法律行為として不法行為などと同様「債権」の部分で説明してきたからである。

　次に，特徴的給付の理論はもともと契約に関するものであるのに，単独行為を含む法律行為に当てはめるのは無理がある。頭の中では契約を考えながら，わざわざ「法律行為に固有の給付」と言い換えるのは迂遠であり，一般市民にはきわめてわかりにくい。また，日本の法情報を対外的に発信するのに，特徴的給付の理論を法律行為に適用したという説明では，理解を得るのが難しいだろう。

> **[設例12−2]　代理店契約の成立**
> 　日本に居住するＸは、Ｇ国に居住するＹに手紙を送り、ＹがＸ製品のＧ国にお
> ける代理店としてＸのためにＧ国の顧客と売買契約を締結し、ＸがＹに仲介手数料
> を支払うことなどを内容とする代理店契約の締結を申し込んだ。Ｙはこれを承諾す
> る手紙をＸに送ったが、この承諾の通知が途中で紛失して、Ｘに到達しなかった。
> 当事者による契約準拠法の選択がないとして、ＸＹ間の代理店契約は成立している
> かどうかについて論じなさい。
> 　なお、Ｇ国は隔地者間の契約成立時期について発信主義をとると仮定しなさい。

　当事者による法選択がない場合、契約が成立しているかどうかは、「法律行
為の成立」の問題として、通則法８条の定める最密接関係地法による。**【設例
12−2】**で代理店契約が成立していれば、Ｘの給付はＹに対する手数料の支
払いであり、Ｙの給付はＸに代わって売買契約を締結することである。Ｘに
よる金銭の給付は代理店契約に特徴的とはいえず、ＹによるＸのための仲介
サービスの提供が特徴的給付であると考えられる。したがって、Ｙの常居所
地であるＧ国法が準拠法となり、Ｙによる承諾は申込者Ｘに到達していない
が発信主義により契約は成立することになる。なお、**【設例12−2】**のような
代理店契約（Agency Agreement）と販売店契約（Distributor Agreement）とは厳
密には区別する必要がある。代理店契約では代理店が本人である売主（設例の
Ｘ、製品の供給者＝サプライヤーなど）のために第三者である顧客との間で取引を
するのに対して、販売店契約では販売店は自己の計算とリスクで供給者から商
品を購入して顧客と直接に取引をする点が異なる（→参考文献12-⑩103-104頁参
照）。**【国際取引法】**

▽▽**【比較法】**
　日本民法改正（平成29年）前526条１
項は契約成立について発信主義をとって
いた（英国法と同じ）が、この規定が削
除されたので、契約成立も同法97条１項
の到達主義によることになった。

--------

　**【立法例12−1】　契約債務の準拠法に関する規則（ローマⅠ規則）**
　ローマⅠ規則は、ドイツ、フランス、英国などのEU諸国の契約に関する国際私
法規則を、個別の条約に反しない限りで、統一するものである。規則３条は、「契約

は，当事者の選択した法に規律される。その選択は，明示されるか，又は契約文言
若しくは事案の諸事情により明確に示されなければならない。」と規定している。

## [3]── 例外的推定規定

以上に対して，通則法8条3項は不動産を目的とする法律行為について，通
則法12条3項は労働契約について，特徴的給付による推定を採用せず，別個の
推定規定を設けている。

8条3項は，不動産を目的とする法律行為について，不動産の所在地法を法
律行為に最も密接に関係する地の法律と推定する。不動産を目的とする法律行
為とは，不動産に関する物権を目的とする契約に限られない。たとえば日本の
当事者同士が外国所在の不動産に関する賃借契約を日本で締結する場合なども
含まれうる。

## [4]── その他の論点

(a)　当事者による準拠法の変更

------------------------------------------------

＊通則法9条
　（当事者による準拠法の変更）
　当事者は，法律行為の成立及び効力について適用すべき法を変更することができる。ただ
し，第三者の権利を害することとなるときは，その変更をその第三者に対抗することができ
ない。

------------------------------------------------

当事者が契約締結時に合意した準拠法を，その後変更できるか。また，契約
締結時には準拠法の合意をしなかったが，その後準拠法合意をすることができ
るか（たとえば**【設例12－1】**で準拠法をA国法などに変更すること）。通則法の制
定前から第三者の権利を害しないという留保つきで認めるべきであるとする見
解が有力であったが，通則法9条は「当事者による準拠法変更」を明文で認め
た。契約締結時に当事者による準拠法選択がなくても，契約準拠法は客観的に
定まっていると考えられるので，このような表現を採用したのである。「当事
者」の意味については，参考文献12-⑤5-6頁参照。

　すなわち，当事者は，法律行為の準拠法を遡及的または将来的に変更するこ

とができる。しかし，その変更により第三者の権利が害される場合は，その第三者に対抗できない（上の例で第三者にはＡ国法への変更が主張できない結果，変更前の日本法によることになる）。対抗できない第三者としては，契約債務の保証人，契約債権の譲受人（保険代位の場合の保険会社なども含まれる）が考えられる。なお，契約（法律行為）の方式は，変更前の法による（通則法10条）。準拠法変更によって契約の有効性に疑問が生じないようにするためである。

(b)　準拠法合意の有効性と存在

**【設例12―1】**のＹが，日本法を指定した準拠法条項は錯誤によって無効だと主張したと仮定する。当事者の法選択が錯誤，詐欺や脅迫による（意思表示の瑕疵がある）場合に，準拠法選択の合意の有効性はいずれの国の法で決定すればよいか。通則法にはこの点に関する定めがない。かつては，法廷地国際私法（法例）の解釈問題であるとする（国際私法独自説）が有力であった。最近では，その契約または条項が仮に有効であるとした場合にその契約または条項に適用されるべき法によるという見解（準拠法説）が多数となっている。準拠法説によれば，準拠法条項で選択された法によってその条項の有効性を判断することになる。

　以上に対して，当事者の一方がある国の法を選択する意思を表示していても，他方がこれに同意しない場合には，表見的・外観的にも法選択は存在しない（→参考文献12-⑥18-19頁）。このような法選択の存在（その意味での「成立」）はいずれの国の法で判断すべきかについても通則法は規定を設けていない。原則として準拠法説によるべきと思われるが，ＥＵ法は，それが明らかに不合理である場合に備えて，反対当事者はその常居所地の法を援用することを認めている（ローマⅠ規則10条2項参照）。

(c)　分割指定

　通則法は，準拠法の分割指定（部分指定ともいう）については明文の規定をおいていない。分割指定とは，当事者が，自らの選択により，契約の一部に適用されるべき法を指定することである**【総論】**。例として，保険契約の有効性等は日本法に準拠するが，保険者の填補責任の有無などは英国の法と慣習によるという合意をする場合（★**判例13―2**および東京地判昭和52・5・30判時880号79頁参照）がある。

　当事者による分割指定は，学説では支持されている。明文の規定をおくことによって，準拠法に関する予見可能性が高まり取引の安全にもかなう。逆にこのような規定を設けないと，日本の国際私法は分割指定を否定するものと解釈されるおそれがある。ローマⅠ規則3条1項は，当事者は契約準拠法の選択において，当該契約全体または部分にのみ適用される法を指定することができると定めている。

　そのほかにも，後述のように外国法を契約準拠法とする契約関係の一部に法廷地の強行法規（絶対的強行法規）が特別に連結される場合も分割指定の一例といわれる。

**【参考文献】**

12-①　青木清「平成18年国際私法改正──契約および方式に関する準拠法」年報8号2-19頁（2006年）

12-②　竹下啓介「法律行為に関する準拠法」ひろば59巻9号13-21頁（2006年）

12-③　道垣内正人「国際商事仲裁」国際法学会編『紛争の解決』（日本と国際法の100年）79-102頁（三省堂，2001年）

12-④　道垣内正人『国際契約実務のための予防法学　準拠法・裁判管轄・仲裁条項』（商事法務，2012年）

12-⑤　野村美明「契約の準拠法Ⅰ──当事者による法選択と強行法規」《主要文献》日本国際経済法学会編3-32頁

12-⑥　野村美明「国際売買」国際法学会編『国際取引』（日本と国際法の100年）28-65頁（三省堂，2001年）

12-⑦　野村美明・藤川純子・森山亮子「契約債務の準拠法に関する条約についての報告書（1）～（10完）」阪大法学46巻4～9号，47巻2～3号，48巻2号，4号

12-⑧　早川吉尚「通則法における契約準拠法」年報9号2-28頁（2007年）

12-⑨　藤川純子「契約準拠法の分割指定について」国際公共政策研究1巻1号87-101頁（1997年）

12-⑩　松岡博編『レクチャー国際取引法［第2版］』（法律文化社，2018年）

12-⑪　森下哲朗「国際私法改正と契約準拠法」年報8号20-39頁（2006年）

# 第13章 消費者契約・労働契約

【キーワード】 消費者契約／労働契約／管轄合意／事業地管轄／常居所地法／労務提供地法／強行法規の特別連結／絶対的強行法規（国際的強行法規）／国際私法上の公序

## 1 概　　観

　当事者の情報力格差および交渉力格差を法規によって補完すべきという考え方は，実質法だけではなく，国際裁判管轄および準拠法の決定においてもとり入れられている。

　国際裁判管轄については，消費者契約および労働契約に関する規定が民訴法3条の4，3条の7第5項，6項におかれている。

　準拠法決定については，通則法11条が消費者契約，同法12条が労働契約に関する特例を設けている。

## 2 消費者事件の国際裁判管轄

### ［設例13－1］　消費者契約

　G国（外国）の事業者Yは，日本に居住する消費者らに向けて日本語のウェブサイトに売買契約書を掲載し，消費者らがこれに合意することが売買の前提であると表示している。そして，この契約書には，契約はG国の法によって支配され，解釈されるという準拠法の合意（準拠法条項）が含まれていた。Yはこのサイトに掲載された商品Sに関する重要な事項について事実と異なる説明をしていたが，日本に居住する消費者Xは，この説明を事実であると信じてSを購入する契約を締結してしまった。

　以上のような場合はＧ国法では契約を取り消すことができないと仮定する。日本
の消費者Ｘは，Ｇ国の事業者Ｙに対して，Ｓに関する売買契約には事業者の不実告
知によって消費者が誤認して申込みの意思表示をしたときはこれを取り消しするこ
とができるという消費者契約法４条１項１号の強行規定（同法）を適用すべきであ
ると主張している。
　㋐　Ｘは上のように主張して，日本の裁判所に，契約を取り消してＳの代金の返
還を求める訴えを提起した。この訴えについて，日本の裁判所は国際裁判管轄を有
するか。
　㋑　この訴訟において，日本の消費者契約法の不実告知に関する規定（同法４条
１項１号）の適用はあるか。

　民訴法の３条の２以下は国際裁判管轄に関する規定である。消費者契約につ
いては，民訴法３条の４および３条の７第５項に特則がある。
　次のような場合に，日本の裁判所は消費者契約に関する事件を裁判すること
はできるだろうか。


## ［1］── 管轄合意がある場合

**［設例13―1］**㋐で，事業者Ｙが売買契約書に，この契約から生じた紛争に
ついてはＧ国の裁判所にのみ訴えを提起することができる（「専属的管轄合意」
と呼ばれる）との規定をおいている場合。

　まず，「管轄の合意がはなはだしく不合理で公序法に違反するとき」（チサダ
ネ号事件最三小判昭和50・11・28民集29巻10号1554頁）に管轄条項が無効とされる。
　このような場合でなくても，民訴法３条の７第５項は「将来において生ずる
消費者契約に関する紛争を対象とする」管轄合意の有効性を厳しく制限してお
り，うえのような専属的管轄合意は無効とされる（もっとも，「その国以外の国の
裁判所にも訴えを提起すること」ができるという「付加的管轄合意」としての有効性は
１号括弧書により認められる。なお，付加的管轄合意の問題点については，参考文献13
-④）。このため，Ｇ国裁判所への専属的管轄合意は認められない。この結果，
民訴法３条の４により訴え提起のときまたは契約締結時に消費者の住所が日本
国内にあれば，消費者の住所地である日本の裁判所に裁判管轄権が認められ
る。
　なお，消費者Ｘが事業者Ｙの本拠地であるＧ国で訴えを提起したり，さら

にYが日本でXを訴えた場合にXがG国裁判所への専属的管轄合意を援用してYの訴えの却下を求めたりすることがありうる。このような場合にはうえのような専属的合意の有効性は認められる（民訴3条の7第5項2号）。

### [2]── 管轄合意がない場合

　**[設例13−1]** に **[1]** のような管轄合意がない場合には，日本に住所を有するXは，直接民訴法3条の4により日本で事業者Yを訴えることができる。㋐の訴えについて日本の裁判所は裁判管轄権を有する。

　以上の他にも，Yが日本に代表者や営業所（民訴3条の3第4号参照）を置いていない場合であっても，売買契約の債務履行地管轄（民訴3条の3第1号）を主張できる。また，設例のように，ウェブサイト等を通じて消費者の居住する国に向けて事業を展開しているような場合には，「日本において事業を行う者」として，その者がした業務に関する売買契約上の訴えについては，日本に提起できると考えられる（事業地管轄，民訴3条の3第5号）。

　以上に対して，事業者は，消費者契約に関しては，民訴法3条の3が定める契約上の債務に関する訴え等の管轄権を利用することはできない（民訴3条の4第3項）。したがって，事業者Yから消費者Xへの訴えは，消費者契約に関するG国裁判所への管轄合意が存在しないか無効である場合（3条の7参照）には，G国でのXの応訴（3条の8参照）がない限り，民訴法3条の2の原則に従い，Xの住所がある日本でしなければならない。

　なお，消費者契約に関する仲裁合意の有効性については，仲裁法附則3条参照。

## *3* 消費者契約の準拠法

------------------------------------------------

＊通則法11条
（消費者契約の特例）
　消費者（個人（事業として又は事業のために契約の当事者となる場合におけるものを除く。）をいう。以下この条において同じ。）と事業者（法人その他の社団又は財団及び事業として又は事業のために契約の当事者となる場合における個人をいう。以下この条において同じ。）との間で締結される契約（労働契約を除く。以下この条において「消費者契約」とい

う。）の成立及び効力について第7条又は第9条の規定による選択又は変更により適用すべき法が消費者の常居所地法以外の法である場合であっても，消費者がその常居所地法中の特定の強行規定を適用すべき旨の意思を事業者に対し表示したときは，当該消費者契約の成立及び効力に関しその強行規定の定める事項については，その強行規定をも適用する。

2　消費者契約の成立及び効力について第7条の規定による選択がないときは，第8条の規定にかかわらず，当該消費者契約の成立及び効力は，消費者の常居所地法による。

3　消費者契約の成立について第7条の規定により消費者の常居所地法以外の法が選択された場合であっても，当該消費者契約の方式について消費者がその常居所地法中の特定の強行規定を適用すべき旨の意思を事業者に対し表示したときは，前条第1項，第2項及び第4項の規定にかかわらず，当該消費者契約の方式に関しその強行規定の定める事項については，専らその強行規定を適用する。

4　消費者契約の成立について第7条の規定により消費者の常居所地法が選択された場合において，当該消費者契約の方式について消費者が専らその常居所地法によるべき旨の意思を事業者に対し表示したときは，前条第2項及び第4項の規定にかかわらず，当該消費者契約の方式は，専ら消費者の常居所地法による。

5　消費者契約の成立について第7条の規定による選択がないときは，前条第1項，第2項及び第4項の規定にかかわらず，当該消費者契約の方式は，消費者の常居所地法による。

6　前各項の規定は，次のいずれかに該当する場合には，適用しない。

一　事業者の事業所で消費者契約に関係するものが消費者の常居所地と法を異にする地に所在した場合であって，消費者が当該事業所の所在地と法を同じくする地に赴いて当該消費者契約を締結したとき。ただし，消費者が，当該事業者から，当該事業所の所在地と法を同じくする地において消費者契約を締結することについての勧誘をその常居所地において受けていたときを除く。

二　事業者の事業所で消費者契約に関係するものが消費者の常居所地と法を異にする地に所在した場合であって，消費者が当該事業所の所在地と法を同じくする地において当該消費者契約に基づく債務の全部の履行を受けたとき，又は受けることとされていたとき。ただし，消費者が，当該事業者から，当該事業所の所在地と法を同じくする地において債務の全部の履行を受けることについての勧誘をその常居所地において受けていたときを除く。

三　消費者契約の締結の当時，事業者が，消費者の常居所を知らず，かつ，知らなかったことについて相当の理由があるとき。

四　消費者契約の締結の当時，事業者が，その相手方が消費者でないと誤認し，かつ，誤認したことについて相当の理由があるとき。

----------------------------------------------

## [1]── 概　観

通則法11条は，次のような構造を持っている。第1に，当事者による準拠法選択がされた場合であっても，当該契約に関して消費者がその常居所地法上の強行規定を適用すべき旨の意思を事業者に対して表示したときは，その強行規定も適用されるものとする（1項）。第2に，当事者による準拠法選択がされ

ていない場合の消費者契約は，8条の一般原則とは異なり，消費者の常居所地法による（2項）。第3に，以上の特例が適用されない場合である（6項）。

　消費者契約にどこの国の法が適用されるかは，当事者による準拠法選択がある場合とない場合に分けて考えるとわかりやすい。

### ［2］── 当事者による準拠法選択がある場合（主観的連結の制限）

　**【設例13―1】** の消費者契約の成立や効力は，当事者が選択した契約準拠法であるG国法で判断されるはずである。では，日本の消費者Xは常居所地である日本の消費者契約法の不実告知に関する規定（同法4条1項1号）に基づいて契約の取消しを求めることができるか（(イ)）。この規定は当事者が合意によって排除することができない強行的な規定である。Xはこの規定を適用する意思を事業者に表示したのであるから，裁判所はXの主張の成否をこの規定によって判断することになる（通則法11条1項）。本条における意思表示については時期の限定がないので，契約締結時でも，紛争が生じてから訴えを提起する前であっても，裁判外で表示することが可能である。契約に関するその他の問題は，契約準拠法として合意されたG国法で判断される。

　ここで注意すべき点が2つある。

　第1に，消費者の常居所地法上の強行法規とは，国際的事案を準拠法のいかんにかかわらず強行的に規律する趣旨のもの（後述の国際的強行法規または絶対的強行法規→**5［2］**）に限られない。専ら国内的な事案を規律するための強行法規であってもよい。したがって，問題となる消費者契約法の規定が絶対的強行法規かどうかあるいは国内的な強行法規かを問題にする必要がない。

　第2に，消費者が強行規定の効果を含む適用の意思を表示しないと通則法11条による保護を受けられないとすれば，平均的消費者にはハードルが高いものとなる（→参考文献13-②21頁）。

　なお，通則法11条3項は，消費者契約の方式についても消費者による常居所地法の強行規定の援用を定めている。方式に関して10条が定める契約準拠法または行為地法などとの選択的連結（10条1項・2項および4項）の例外である（→第**14**章**2, 3**）。また，当事者が契約（の成立・効力）について消費者の常居所地法を選択した場合であっても，消費者が方式についてもっぱら常居所地法

を援用する場合には，方式に関する10条2項および4項の選択的連結は排除され，方式は，当事者の選択した常居所地法によることになる（11条4項）（11条4項・5項に対する批判は→参考文献13-③）。

### [3]── 当事者による準拠法選択がされていない場合（客観的連結）

**[設例13─1]** で消費者Xと事業者Yが準拠法の合意をしていないと仮定しよう。この場合は，Xの主張のいかんに関わらず，契約の成否は消費者の常居所地法である日本法によって判断される（通則法11条2項）。つまり，売買契約であっても特徴的給付をする売主Yの事業所（営業所）所在地法への連結は推定されない。消費者契約は，消費者の常居所地法に連結されるのである。このように，特徴的給付の理論による最密接関係地法の推定ルールでは，事業者の事業所（営業所）所在地法が最密接関係地法とされる場合が多いと考えられるので，下記 **[4]** の制限内で常居所地法へ客観連結することによって，当事者による法選択の機会を有利に利用できる事業者と，そのような機会にめぐまれない消費者との力のバランスをはかることが可能となる。

なお，消費者契約の方式は，消費者契約の成立に関する当事者の準拠法選択がないときは，その常居所地法による（通則法11条5項）。10条に定める行為地法などの選択的連結（10条2項および4項）の例外である（→第**14**章**2**，**3**）。

### [4]── 消費者保護規定が適用されない4つの例外

**[2]** または **[3]** の消費者契約に該当するものであっても，消費者保護規定が適用されない場合が4つある。最初の2つの例外は，事業者と消費者の所属する法域と消費者の能動性の相関関係に着目する例外である。すなわち，事業者の事業所が消費者の常居所地とは違う法域にあり，消費者がその法域において，①契約を締結したとき，または②契約の履行のすべてを受けたときである。ただし，消費者が常居所地の法域で①または②を受けることについて勧誘を受けた場合は，**[2]** または **[3]** の消費者保護規定の適用がある。**[設例13─1]** の場合には，消費者XはG国に出かけていって契約を締結したり履行を受けたりしたわけではないと考えられるので，ウェブサイト上の広告が勧誘にあたるかを問題にするまでもなく，**[2]** または **[3]** の消費者保護規定は

適用されうる。

　以上の他の例外2つは，事業者が，③消費者の常居所がある法域を主観的に
も客観的にも知らなかったこと，および④相手方を消費者でないと相当の理由
があって誤認したことである。


### [5]——　普通の連結と特別な連結

　通則法11条1項は，当事者の意思による通常の主観的連結とは別個に，消費
者の常居所地の消費者保護に関する強行法規を特別に連結することを認めてい
る。この強行規定には，国内的な効力を意図したものも含まれている。**【設例
13—1】**の消費者契約法の規定も国内的な強行規定といえる（注釈Ⅰ269頁［西
谷祐子］参照）。

　これに対して，消費者保護に限らず，強行規定には，問題となる渉外的法律
関係の準拠法がどこの国の法であっても，絶対的に適用されるべきものがある。
これを一般的に**絶対的強行法規**とか**国際的強行法規**という（→本章**5**[2]）。こ
れとの比較で，もっぱら国内的な効力を意図した強行法規は，相対的強行法規
または国内的強行法規と呼ばれる。

　消費者が援用したその常居所地法中の強行規定が契約関係に「特別連結」さ
れるといっても，それが契約関係のすべてに適用されるわけではない。その強
行法規がターゲットとしている部分にのみ適用されるのである。

　**【設例13—1】**では，消費者の申し込みの意思表示は取り消せるかどうかと
いう点のみが，日本法で判断される。申込みはどのような内容であるべきか，
申込みの意思表示はいつ有効となるかなどの問題は，当事者が合意したはずの
契約準拠法で判断される。


## **4**　労働契約

--------------------------------------------------

＊通則法12条
　（労働契約の特例）
　労働契約の成立及び効力について第7条又は第9条の規定による選択又は変更により適用

すべき法が当該労働契約に最も密接な関係がある地の法以外の法である場合であっても，労働者が当該労働契約に最も密接な関係がある地の法中の特定の強行規定を適用すべき旨の意思を使用者に対し表示したときは，当該労働契約の成立及び効力に関しその強行規定の定める事項については，その強行規定をも適用する。

2　前項の規定の適用に当たっては，当該労働契約において労務を提供すべき地の法（その労務を提供すべき地を特定することができない場合にあっては，当該労働者を雇い入れた事業所の所在地の法。次項において同じ。）を当該労働契約に最も密接な関係がある地の法と推定する。

3　労働契約の成立及び効力について第7条の規定による選択がないときは，当該労働契約の成立及び効力については，第8条第2項の規定にかかわらず，当該労働契約において労務を提供すべき地の法を当該労働契約に最も密接な関係がある地の法と推定する。

--------------------------------------------------

## [1]──　労働契約の国際裁判管轄

労働契約その他の労働関係に関する事項について個々の労働者と事業主との間に生じた民事紛争については，国際裁判管轄に関する特則が設けられている。「労働者」とは，事業または事務所に「使用される者」で「賃金を支払われる者」をいう（労基法9条参照）。通則法12条の「使用者」は事業主のために行為をするすべての者を含む（労基法10条参照）広い概念であるが，ここでは事業主が問題とされる。なお，通則法12条2項の「労務を提供すべき地」は，一義的に定まることが必要であるが，民訴法3条の4第2項の「労務の提供の地」の場合は，その地が特定されさえすれば，特定された労務提供地が複数あることは差し支えない。

民訴法3条の4は，労働者から事業主に対する訴えは，同法3条の3が定める管轄に加えて，労働契約における労務の提供地が日本にあれば，日本の裁判所に提起できると定める。これに対して，事業主が労働者に対する訴えを日本の裁判所に提起した場合には，民訴法3条の3の管轄が利用できず，労働者の住所等が日本にあるとき（3条の2第1項），有効な国際裁判管轄の合意があるとき（3条の7第6項）または労働者が応訴したとき（3条の8）に限り，日本に国際裁判管轄が認められる（→本章**2[2]**）。

**★判例13─1**のパイロット事件において，米国人パイロットXと米国会社Yが雇用契約の締結時にカリフォルニア州の裁判所への専属的裁判管轄の合意をしていたとした場合，この管轄合意は雇用契約の終了時にされたものでは

なく，労務提供地である日本の裁判所についての管轄合意でもないので（民訴3条の7第6項1号），Xがこれを援用しない限り（同項2号），日本の裁判所はこの管轄合意の有効性を認めないだろう。

日本で労務を提供していた労働者が退職後に外国で就職して外国に住所を移転したような場合に，事業者が，労働者の不法行為（競業避止義務違反や秘密漏洩など）を理由に日本の裁判所で損害賠償を求める訴えを提起するためには，事業者は労働者との間で民訴法3条の7第6項の要件を充足する管轄合意をしておく必要がある。

なお，将来において生じる個別労働関係民事紛争に関する仲裁合意は，当分の間無効とされる（仲裁法附則4条参照）。

## ［2］── 労働契約の準拠法

労働者と使用者との間には，消費者と事業者の間に見られるような，力の格差が存在する。各国は，労働者に対しても，消費者と同様，社会的弱者として各種の法的保護を与えている。各国の労働者保護法は，その国の経済政策，社会政策上の理由から立法されており，このため契約当事者による私的自治を制限することが多い（労基法13条，労働契約法16条参照）。

渉外的な労働契約関係について，国際私法上どのような規律がふさわしいかが問題となる。

通則法12条1項は，当事者による準拠法選択がされた場合であっても，労働者が当該契約に最も密接に関係する地の法律上の強行規定を適用すべき意思を使用者に対して表示したときは，その強行規定が適用されるものとする。同条2項は，この場合において，労働契約の最密接関係地法を労務提供地の強行法規または労働者が雇い入れられた事業所の所在地とする推定規定である。

以上には消費者契約の準拠法に関して述べたのと同様の説明があてはまる。しかし，労働契約では最密接関係地法の効果の援用を認めるので，消費者契約の場合の常居所地法と比較すると，より多様な法域の法が準拠法となる可能性がある。この差異は，国際的な労働契約の多様性から説明されうる。

通則法12条3項は，当事者による準拠法選択がない場合に，労務提供地の法律を労働契約に最も密接に関係する地の法律と推定するものとするとしてい

る。労務提供地が一義的に定まらない場合には，労働者が雇い入れられた事業
所の所在地の法律が密接関係地法とされる（同条２項）。

なお，労働契約の場合には，消費者契約の場合のような方式に関する特例
（通則法11条３項・４項および５項）は設けられていない。

### ★判例13—1　労働契約と強行法規—パイロット事件

東京地決昭和40・４・26労民集16巻２号308頁［百選15事件：山川隆一］

アメリカ会社Ｙに雇用されＡ（日航）の国内線の機長として派遣されたアメリカ
人Ｘが，Ｙに対する苦情申立をＡに通告したことがＡに派遣中の従業員およびＹ
の利益を害したとして解雇を通告された。Ｘは，本件解雇は労働組合結成準備を弾圧
するために行われた不利益取扱であって，解雇理由としてＹの表示した事由は単に
表面上の理由に過ぎず，本件解雇は労働組合法第７条第１号に違反して無効であると
して解雇の効力を争い，賃金仮払いの仮処分を申請した。

裁判所は本件雇傭契約の準拠法は合衆国連邦法またはカリフォルニア州法であると
認定し，次のように判示した。「本件解雇の意思表示は，東京国際空港駐在のＹ会社
東京企画担当支配人兼外国人業務主任……ＪＪから，本件労働契約に基いて日航に派
遣され，その支配の下に日航国内線の機長として勤務している，東京都港区在住のＸ
に対してなされたものであるから，かかる解雇の効力は，労務の給付地であるわが国
の労働法を適用して判断すべきであつて，この点に関するかぎり法例第７条［通則法
７条］の適用は排除されるものと解すべきである。［下線筆者］けだし，労働契約関
係を律する労働法はひとしく労使の契約関係を規律する一般私法法規と異なり，抽象
的普遍的性格に乏しく各国家がそれぞれ独自の要求からその国で現実に労務給付の行
われる労使の契約関係に干渉介入し，独自の方法でその自由を制限し規整しているの
で，労働契約に基く現実の労務給付が本件の如く継続して日本国内で行われるように
なつた場合には，法例第７条［通則法７条］の採用した準拠法選定自由の原則は属地
的に限定された効力を有する公序としての労働法によつて制約を受ける［下線筆者］
ものと解するのを相当とするからである。」

### 《コメント》

通則法12条１項および２項に従えば，★判例13—1の雇用契約の最密接関
係地法は，日航の国内線のパイロットであるＸの労務提供地（判例は給付地とい
う）である日本の法律となる。仮に雇用契約の準拠法が黙示的にカリフォル
ニア州法とされたとしても，Ｘが日本の労働法を援用して解雇の効力を争う
以上，解雇の効力については労務提供地法である日本法が適用される結果に変

わりはない。契約のその他の部分については，当事者が明示的または黙示的に指定した準拠法があれば，その準拠法が客観的に連結される（分割指定→第**12**章**4**[**4**](c)）。

## **5** 当事者自治の一般的制限

### [1]── 国際私法上の公序

　国際私法上の当事者自治の原則はうえでみたように，通則法11条および12条によって特定の強行規定による制限をうける。さらに，通則法42条（法例33条）の公序によっても制限される（第**3**章**6**でくわしく説明する）。当事者が選択した外国法の適用の結果が，国際私法上の公序に反する場合には，排除されるからである【**総論**】。

　国際私法上の公序を適用するためには，①外国法の適用の結果が法廷地の公序良俗に反すること，および②問題となる事案が法廷地と密接な関係（内国牽連性ともいう）を有することが必要である。

　**[設例3─1]** ラスベガス賭博契約（→第**3**章**6**）のような賭博行為は，刑法の賭博罪を構成することからもわかるように，公序良俗に反する行為のなかでも不法性が強いとされる（上記①）。このような場合，当事者が契約準拠法として黙示的にネバダ州法を選択したとしても，日本においてネバダ州法を適用して賭金債務の弁済を認める（上記②）のは，国際私法上の公序に反すると考えられる。

### [2]── 絶対的強行法規の特別連結

　通則法によれば，消費者契約や労働契約の場合は，消費者の常居所地法や労務供給地法上の強行法規は，当事者が選択した契約準拠法があっても，問題となる法律関係に別個に適用される。さらに，日本の絶対的強行法規（→本章**3**[**5**]）は，通則法の要件を充足しないような場合にでも適用される。しかし，通則法は，絶対的強行法規について明文の規定を設けていない。では，このような強行法規を適用するための要件とはどのようなものか。**[設例13─3]** は

売買契約を例にして，絶対的強行法規の特別連結の考え方について説明するものである。

　強行法規の特別連結とは，契約の準拠法でない国の強行法規を，国際私法規則による主観的連結（通則法7条）または客観的連結（通則法8条）とは別に，特別に連結することを意味する。EUのローマⅠ規則9条2項（→【立法例13―1】）や2002年のハーグ国際私法会議で採択された口座管理機関が保有する証券に関するある権利についてのハーグ条約（ハーグ証券条約）も，その11条2項で，法廷地の「国際的強行法規」の特別連結を認めている。

　日本の国際私法上，第三国の強行法規の特別連結を認める見解は少ない。このような特別連結を認める要件としては，①その強行法規が問題となる事案を準拠法のいかんに関わらず規律する意図を持っていること，②事案と第三国の密接関係性，および③当該強行法規の適用結果が法廷地において受容されることが主張されている。

---

**［設例13―3］　売買契約と特別連結**
　日本法人Xを輸入者買主，アメリカ法人Yを輸出者売主として，コンピュータの最新鋭プロセッサー（CPU）の売買契約が締結された。Xはさらに中東国法人Aとの間でこのプロセッサーを組み込んだパソコンの売買（輸出）契約をした。アメリカは，中東国に対する輸出禁止令を発令，Yは，Xとの契約には米国の輸出禁止令が適用されると主張して，Xに商品の引渡しを拒絶した。XY間の売買契約の準拠法は日本法として，日本の裁判所はYの主張を認められるか。

---

　**［設例13―3］** では，米国の輸出禁止令は，契約準拠法（日本法）でも法廷地法（日本法）でもない第三国の強行法規である。通説ではYの主張は認められない。では，X・A間の輸出契約の準拠法が日本法であり，しかもこの契約は，日本の外国為替及び外国貿易法の「国際的な平和および安全の維持」に関する規律（たとえば，外為法25条・25条の2・48条など）に違反するが，X・Y間の売買契約自体は外為法に違反するものでない（したがって，契約準拠法の日本法上は形式的には適法である）というような場合はどうか。米国の輸出禁止令と日本の外為法による規制の目的の同一性を考慮して，特別連結により米国の輸出禁止法の効力を認めるべきではないか。もっとも，日本の契約法上，債務者

Yの履行不能がYの責めに帰すべき事由によらないで事後的に生じた場合として，Yの引渡し債務は消滅するとする構成も可能である。

大判大正 9・10・6 評論 9 巻諸法481頁［渉外判例百選19事件：鳥居淳子］は，契約準拠法である外国の強行法規の効力を認めたものと解されている。この事件は，第一次大戦中の日本で，ドイツ系商社 X（買主，荷受人，船荷証券所持人）がカナダ系の汽船会社 Y に対して，英国法を準拠法とする運送契約に基づいて船貨の引渡しを請求したもので，大審院は，X は英国対敵取引禁止令のブラックリストに載っているので，X に船貨を引き渡さないように訴外売主（在米商社）が Y に命じたのは，英国売買法上の差し止め権の行使として有効であると判示して X を敗訴させた原審の判断を正当とした。

### ★判例13 — 2　イラン絨毯事件

東京高判平成12・2・9 判時1749号157頁［百選16事件：横溝大］

原告 X の東京から米国カリフォルニア州への転居に際し，X との間で，X 所有の家財道具一式について運送契約を締結した被告 Y1 株式会社が，運送中に運送品の一部である高価なイラン製絨毯四枚を紛失させたとして，X が，Y1 に対し，運送契約の債務不履行または不法行為に基づく損害賠償請求として，右イラン製絨毯の当時の時価相当額である964万円2400円余の支払を求め，また，運送契約締結に際し，Y1 が，被告 Y2 火災海上保険株式会社との間で，X を被保険者とする貨物海上保険契約を締結していたことから，Y2 に対し，保険契約に基づく保険金支払請求として，Y1 と連帯して，本件絨毯についての付保金額である当時の時価相当額の支払を求めた。

本件保険証券の表面には，不動文字で，「本保険は一切の填補請求に対する責任及びその決済に関してイギリスの法律及び慣習によることを了解し，かつ，約束する。」と記載されていた。本件事故発生当時，イラン原産の物品の米国への輸入は，イラン取引規則により原則的に禁止されていた。

争点は，米国への輸入が禁じられている物品の海上運送において，当該物品について生じた損害を填補することを内容とする本件保険契約が，被保険利益を欠くものとして無効であるか否かであった。原審は，「本件保険契約は，被保険利益を欠き，それ自体公序良俗に反するものとして無効と解すべきであるし，少なくとも保険者において刑事訴追を受ける可能性のある保険金の支払を請求できないと考えるべきである。」と判示し，X の Y2 に対する請求を棄却した。

これに対して控訴審判決は，次のように述べて，X の Y2 に対する請求を認めた。

保険契約の有効性について，「日本国においては，個人が趣味で蒐集して所有し又は保管しているイラン製絨毯を住居の移転に伴って引越荷物（家財道具）として日本

から米国に運送することは何の法律にも違反しないのであり，それがイラン取引規則に反し，一審原告において同規則が定める米国内への持込みについての特別許可を取得することがおよそ不可能であったとしても，同規則は米国の行政上の一時的な規制にすぎず，絨毯は麻薬や武器などの物品それ自体に問題がある通常の禁制品とは異なるものであるから……，契約を無効としてまで取締りを徹底する必要があるかは疑問の生じるところであり，本件運送契約が公序良俗に反して無効であるということはできず，したがって，本件保険契約の被保険利益が公序良俗に反するものであるということも困難である。[下線筆者]　そして，右に述べたところからは，本件運送契約及び本件保険契約が履行不能であるということもできない。」

　次に，Y2は，仮に本件保険契約が無効でないとしても，本件保険契約における保険者の填補責任の有無に関する準拠法である英国法では，保険に付された航海事業および遂行方法の適法性を要するところ，本件保険契約の対象である貨物海上運送は，適法な方法で遂行し得ないそれ自体違法な航海事業であるから，保険者であるY2は，右契約に基づく填補責任を負わないと主張した。「前記文言は，本件保険が担保する危険の種類と実体的損害などの填補責任の内容についてイギリスの法律及び慣習によることとしたものであり，それ以外の事項である航海（海上）事業の適法性についてまでイギリス法によることを定めたものではないと解するのが相当である。そうすると，航海事業の適法性については，本件保険契約が公序良俗に反するか否かについての一要素として考慮すれば足りるというべき[下線筆者]であり，前示のとおり，日本においては本件運送が法律に触れることはなく，契約の履行地である米国のイラン取引規則には触れるが，必ずしもその違法性が高いとは認められず，現在では刑事制裁を科されないことが確定していること，本件保険事故は，右イラン取引規則に違反することに関係して生じたものではなく，単なる盗難と見られること等を考慮すると，本件保険契約が公序良俗に反するとは認められないというべきである。」

## 《コメント》

原審も控訴審も，填補責任と決済に関する問題は英国法によるが，保険契約の有効性の問題は日本法によるという分割指定（→第**12**章**4**[**4**](c)）を認めたうえで，日本法上の公序良俗について判断している。これに対して第三国であり運送契約の履行地である米国のイラン取引規則を適用してその私法上の効果を判断（絶対的強行法規の特別連結）すべきであったという見解がある（前掲百選16事件解説）。

---

**【立法例13－1】　契約債務の準拠法に関する規則（ローマⅠ規則）**

第9条　絶対的強行規定

1　絶対的強行規定（overriding mandatory provisions）とは，国の公益（たとえばその政治的・社会的・経済的組織）を保護するために遵守が必須と考えられる規定であって，この規則のもとで本来であれば適用されるべき法のいかんにかかわらず，その適用範囲に含まれるあらゆる事案に適用されるものをいう。

2　［省略］

3　契約債務を履行すべき国又は実際に履行された国の法の絶対的強行規定が契約の履行を違法としている場合に限り，その絶対的強行規定に効力を与えることができる。当該規定に効力を与えるか否かを判断する場合には，その性質，目的及び適用又は不適用の結果を考慮しなければならない。

＊この規則の前身となったECの契約債務の準拠法に関する条約7条における第三国の強行規定の適用要件については，参考文献13-⑤参照。条約の翻訳は同48巻2号567頁にある。

---

**【参考文献】**

13-①　西谷祐子「消費者契約及び労働契約の準拠法と絶対的強行法規の適用問題」年報9号29-67頁（2007年）

13-②　野村美明「契約の準拠法Ⅰ——当事者による法選択と強行法規」《主要文献》日本国際経済法学会編3-32頁

13-③　野村美明「消費者契約の準拠法——通則法11条批判」法曹時報68巻6号1453-1480頁（1-28頁）（2016年）

13-④　野村美明・黄ジンテイ「ローン契約における『一方的管轄条項』の有効性」阪大法学64巻1号1-24頁（2014年）

13-⑤　野村美明・藤川純子・森山亮子「契約債務の準拠法に関する条約についての報告書（1）～（10完）」阪大法学46巻4～9号，47巻2～3号，48巻2号，4号

13-⑥　早川吉尚「通則法における契約準拠法」年報9号2-28頁（2007年）

13-⑦　村上愛「法の適用に関する通則法12条と労働法規の抵触法的処理——『法例』から『法の適用に関する通則法』へ」年報11号149-181頁（2009年）

# 第14章　法律行為一般

【キーワード】　法律行為の方式／優遇の原則／隔地的契約／契約締結能力（法律行為能力）／取引保護規定／権利能力／当事者能力／手続は法廷地法による／契約締結権限／代理（任意代理・法定代理）／授権行為の準拠法／代理行為地法／代理行為の準拠法／代理の準拠法に関するハーグ条約／連結点の集中

## 1　概　　観

　第12章および第13章では，債権の発生原因としての契約という法律行為について，その準拠法の決定方法を説明した。第14章では，法律行為一般に共通する国際私法規則として，方式と代理の問題をあつかう。これらの問題の解決のためには，債権的な法律行為だけではなく，担保権を設定したり物権を譲渡したりする法律行為や，親族法上の法律行為に共通する一般的な理論を考えることが有益だからである。また，抽象的でわかりにくい代理の問題をよりよく理解するために，契約に関する能力と権限という具体例を用いて行為能力の問題を説明している。行為能力の問題と関連する権利能力の問題についても本章で言及する。

## 2　法律行為の方式の準拠法

-----------------------------------------------------

＊通則法10条
　（法律行為の方式）
　法律行為の方式は，当該法律行為の成立について適用すべき法（当該法律行為の後に前条の規定による変更がされた場合にあっては，その変更前の法）による。

183

2 前項の規定にかかわらず，行為地法に適合する方式は，有効とする。

3 法を異にする地に在る者に対してされた意思表示については，前項の規定の適用に当たっては，その通知を発した地を行為地とみなす。

4 法を異にする地に在る者の間で締結された契約の方式については，前2項の規定は，適用しない。この場合においては，第1項の規定にかかわらず，申込みの通知を発した地の法又は承諾の通知を発した地の法のいずれかに適合する契約の方式は，有効とする。

5 前3項の規定は，動産又は不動産に関する物権及びその他の登記をすべき権利を設定し又は処分する法律行為の方式については，適用しない。

--------------------------------------------------

## [1]—— 法律行為の成立要件としての「方式」

日本法上，「両性の合意（日本国憲法24条1項）」に基づいて事実上の夫婦生活を続けていても，それだけで法的に有効な婚姻が成立するわけではない。婚姻適齢や重婚の禁止などの実質的成立要件のほか，婚姻の届出という形式的成立要件（方式）の双方が満たされてはじめて婚姻が法律上有効に成立するのである。通則法は，法律行為の成立要件のうち実質的成立要件（および効力の問題）については，それぞれの法律行為について準拠法を個別的に定めている。たとえば，契約については通則法7条以下が，物権をめぐる法律行為については同法13条が成立および効力の準拠法について定めている。他方，形式的成立要件については，一部の例外を除いて，すべての法律行為に共通する準則が置かれている。それが通則法10条であり，まずは本条について検討することとし，方式に関するその他の規定については本章3で後述する。通則法10条や同法34条は，法律関係の有効性を優遇する原則（優遇の原則）を採用して，準拠法の選択的適用を認めている。

## [2]—— 準拠法の決定

通則法10条は，「法律行為」（契約のほか，契約の成立の瑕疵を理由とする取消しの意思表示や，相手方の債務不履行を理由とする解除の意思表示などのいわゆる単独行為を含む）の「方式」（意思表示を外部的に表現するための方法）の準拠法を決定する。具体的には，契約の成立に書面を要するか否か，書面への署名捺印の要否，公的機関の証明の要否，届出の要否などの問題が対象となる。

通則法10条は，法律行為の方式について，その成立の準拠法（1項）と行為地法（2項）との選択的連結を認めている。[1]で述べたように，方式は法

律行為の成立要件の一部であるから，その成立の準拠法による。しかしながら，通則法は，行為地法による方式も有効としている。その根拠は，たとえば当事者が法律行為をおこなおうとしている地に公証人制度がないにもかかわらず，成立の準拠法が公正証書の作成を要求しているとすれば，当事者は方式要件を充足することができなくなるなど，一律に成立の準拠法によることが当事者にとって望ましくない結果をもたらす場合もあることや，国際取引の安全と円滑の観点から，契約の成立をなるべく容易にすべしとの要請もあることなどに求められる。

　ここでの行為地とは，当該法律行為のおこなわれた地（契約の場合には契約締結地）をいうが，意思表示の発信地と到達地が異なる場合には，発信地が行為地となる（3項）。また，法を異にする地に在る者との間で締結された契約の方式については，契約の成立の準拠法（1項），申込みの通知を発した地の法および承諾の通知を発した地の法の選択的連結（4項）が認められている。選択的連結の帰結として，いずれか1つの準拠法の要件を具備している場合には方式上有効とされることとなり，他の準拠法上の要件は充足されていなくてもよい。

　不動産の譲渡や抵当権設定の方式など，動産または不動産に関する物権およびその他の登記を設定または処分する法律行為の方式については，本条2項から4項の規定は適用されない（5項）。この場合の方式は1項により物権の準拠法（目的物所在地法）によることとなる。

> **【立法例14—1】　契約債務の準拠法に関する規則（ローマⅠ規則）**
> 　ローマⅠ規則11条2項は，「契約の締結時において，相異なる国にある者又は代理人の間で締結された契約は，本規則により契約の実質を規律するものとされる法，契約締結時にいずれか一方の当事者又は代理人が所在する国の法又は当事者のいずれか一方がその当時に常居所を有していた地の法のうち，いずれかの方式要件を充たした場合には，方式上有効とする。」と定める。同条3項は，単独行為について，契約の実質の準拠法，行為地法および表意者の常居所地法の選択的適用を定めている。

> **[設例14－1]　弁護士保証事件　（[設例18－5]参照）**
> 　日本の銀行Ｘは，Ｇ国法人Ａとの間で日本法を準拠法とするローン（融資）契約
> をＧ国において書面で締結した。一方，Ａの取締役であった日本の弁護士Ｙは，Ｘ
> との間で，この融資契約に基づくＡの債務について，Ｇ国において口頭で保証契約
> を締結し，日本法を準拠法とすることを合意した。
> 　その後Ａがこの融資の返済をしなかったので，ＸはＹに対して日本の裁判所にお
> いて本件保証契約に基づく保証債務の履行を請求した。これに対しＹは，本件保証
> 契約の準拠法である日本法によれば，保証契約は，書面または電磁的記録によって
> しなければ，その効力を有しないと定められている（民法446条2項および3項）と
> ころ，本件保証契約は口頭によるものであったので，本件保証契約は成立していな
> いと主張している。他方，Ｇ国法によれば，保証契約は，口頭で有効に成立すると
> されている。Ｙの上記の主張は，認められるか。★**判例15－2**から作成した。

　**【設例14－1】**は，保証契約の方式の問題であるので，その有効性は通則法
10条にしたがって決定される準拠法による。同条によれば契約の成立の準拠法
（設例では日本法によると合意された）か，行為地法（設例ではＧ国で契約が締結さ
れた）のいずれかによって有効であれば有効な方式として認められる（選択的
連結）。本件保証契約は口頭によるものであったため，日本法によれば有効な
方式とならないが，行為地法たるＧ国法は口頭による保証契約の成立を認め
ているので，本件保証契約は方式上有効に成立している。したがって，Ｙの
主張は認められない。なお，Ｙが消費者の場合は通則法11条4項参照。

## **3**　方式に関するその他の規定

　消費者契約については，消費者保護の観点から，通則法11条3項ないし5項
に特則が置かれている（→第**13**章**3**を参照）。婚姻の方式（→第**4**章**3**を参照）は
通則法24条2項および3項が，遺言の方式（→第**11**章**4**[**4**]を参照）について
は遺言の方式の準拠法に関する法律が定めている。通則法25条から33条に規定
されている親族関係についての法律行為の方式は，法律行為の成立について適
用すべき法（通則法34条1項）または行為地法（同2項）の選択的適用となる。
なお，通則法26条2項は夫婦財産制の準拠法選択の方式について定めている。

手形および小切手の方式については，手形法（89条）および小切手法（78条）が定めている。

# **4** 権利能力・行為能力の準拠法

### [1]—— 権利能力の準拠法

　通則法は，権利能力の準拠法につき明文の規定を置いていないため，これをどのように決定するか問題となる。権利能力をめぐる具体的な問題としては，人格の始期（出生時か，母体分離後一定時間の生存を要求するか）や終期（年長者が先に死亡したと推定するのか，同時に死亡したと推定するのか）などが挙げられる。

　この点，多数説はつぎのように考える。すなわち，人の生死の時点はそれだけで直接問題となることはなく，相続（同一の事故により死亡した者の間に相続権が発生するか，胎児に相続権があるか）や，損害賠償（胎児に損害賠償請求権が認められるか）に付随して生じる。したがって，個々の権利義務を離れて別個に準拠法を決定する必要性はない。結局，問題となっているそれぞれの権利義務の準拠法（胎児の相続権の有無については相続の，不法行為にもとづく損害賠償請求に際して胎児がすでに生まれたものとみなされるかについては不法行為の準拠法による）によるべきである。

　これに対し，個々の権利義務の準拠法によらず，一般的権利能力の問題を独立の単位法律関係と構成して，別個に準拠法を考えるべきとする説もある。この説によれば，一般的権利能力の問題は人の人格にかかるものであり，その者の本国法によることとなる。この考え方は，通則法4条の類推解釈（同条の「行為能力」には国際私法上「権利能力」も含まれると解する）や，条理（あるいは権利能力につき当事者の属人法によるとの不文のルールがあるとみる）によって導かれる。

### [2]—— 行為能力の準拠法

-------------------------------------------------

＊通則法4条
　（人の行為能力）
　　人の行為能力は，その本国法によって定める。

2　法律行為をした者がその本国法によれば行為能力の制限を受けた者となるときであっても行為地法によれば行為能力者となるべきときは，当該法律行為の当時そのすべての当事者が法を同じくする地に在った場合に限り，当該法律行為をした者は，前項の規定にかかわらず，行為能力者とみなす。
3　前項の規定は，親族法又は相続法の規定によるべき法律行為及び行為地と法を異にする地に在る不動産に関する法律行為については，適用しない。

--------------------------------------------------

(a)　行為能力の準拠法と適用範囲

行為能力とは，単独で有効な法律行為をすることができる法律上の地位あるいは資格をいう。すべての者に権利能力を認めつつ，未成年者など一定の者について行為能力を制限し，一律に法律行為を取り消すことができることとして，これらの者を保護する制度は，世界的規模で広く採用されている。契約を締結する能力も行為能力である。行為能力については，通則法4条1項により当事者の本国法によって定めるが，同条2項に行為地法による重要な制限が定めてある。取引保護の考慮が理由である。通則法は，すべての当事者が同一法域内に所在するときにされた法律行為については，当該法律行為をした者が本国法によれば行為能力の制限を受けている者である場合であっても，行為地法によれば行為能力者であるときは，その者を行為能力者とみなす。しかし，通則法4条2項のみなし規定は，行為地法の指定がその実質法だけではなく国際私法を含む（総括指定説→【もっとくわしく3−2】）と解さない限り，行為地法の国際私法が定める制限能力者の保護を無視する結果をもたらす。

通則法4条の「行為能力」は，主として，年齢による契約締結能力（財産的行為能力）の制限，いわゆる未成年者の行為無能力を念頭においているとされる。後見，保佐，補助の審判等の効果として能力が制限されるか，制限されるとすればどのような内容かについては，通則法5条に従い日本法による場合の他は，通則法35条により定まる準拠法によると考えるべきである。また，手形行為能力については手形法88条1項，小切手行為能力については小切手法76条1項に従い，いずれも義務者の本国法（反致を認める）によりさらに署名地法による取引保護（手形法88条2項および小切手法76条2項）がはかられている。

従来の通説・判例によれば法例3条2項は法人に類推適用されてきた。通則法4条のような行為地法の適用に例外を認めないルールの下でも同じ解釈を維

持できるかどうかが問題となる。たとえば，法律行為の当事者が行為地を選択することによって，日本法または法人の属人法による能力制限が回避されるおそれはないのだろうか。

(b)　当事者能力・訴訟能力【国際民事手続法】

　当事者能力，訴訟能力および訴訟無能力者の法定代理の問題は，手続として性質決定されるから，「手続は法廷地法による」という原則に従う。したがって，民訴法28条により原則として民法その他の法令に従う（法廷地法説）。法廷地法説には，「その他の法令」に通則法4条1項が含まれると考え，この規定によって本国法上の権利能力または訴訟能力の有無を判断する見解もある。他方，当事者能力または訴訟能力は直截に本国法（本国の実体法か訴訟法かによって見解がわかれる）によるとする属人法説もある（→参考文献14-⑤）。いずれの説によっても，法人でない社団等については民訴法29条により当事者能力が認められる場合があり，本国法によれば訴訟能力がない場合にも民訴法33条により訴訟能力を認められる場合がある（→第2章3[2]）。

### [3]―― 契約締結権限――任意代理・法定代理

　契約締結権限については，代理人と法人の代表者の場合が問題となる。

　代理人の契約締結権限が契約の相手方との間で問題になった場合（任意代理）は，通説によれば，代理人によって契約が現実に締結された地（代理人による法律行為の現実の行為地）における法，すなわち現実の代理行為地法で判断する。

　次に法人の代表者等（機関）に契約締結権限があるか（法定代理の一種）は，法人の従属法すなわち日本の国際私法では法人が設立された法（設立準拠法）で判断する。法人の行為能力の問題ともいわれる（→第15章3）。もっとも，取引保護のために通則法4条2項を類推適用して，設立準拠法に対する行為地法による制限を認める見解もある。

　任意代理については次の項，法人の代表者等については第15章でさらに説明する。

# **5**　代理の準拠法

　代理の核心は，ある者（代理人）が他の者（本人）に代わって相手方との間で法律行為（日本法の場合）をした場合に，その効果を本人に帰属させるところにある。たとえば，代理人が本人に代わって契約をした場合であれば，その契約上の権利義務は，直接，本人と契約の相手方の間に発生することになる。日本の国際私法には代理に関する明文の抵触規則がないというのが通説の立場であるので，条理解釈から導くことになる。

　本人の意思に基づいて代理人となる場合を任意代理といい，そうでないものを法定代理という。国際私法上，法定代理の場合の代理権の発生，範囲，消滅の問題は，代理権発生の原因となる法律関係の準拠法によるのが通説である。たとえば親権者の代理権は親権の準拠法すなわち親子間の法律関係の準拠法による（通則法32条）。もっとも，この原則は，夫婦の一方の日常家事「代理権」については，内国取引保護に関する通則法4条2項（法例3条2項）の規定の類推適用によって制限されると考えることもできる。

　**[設例14—2]**は，代理人（A）が本人（Y）に代わって相手方（X）との間で法律行為（代理行為）をした場合の，代理行為の効果の本人帰属（代理の外部関係）を問題としている。**[設例15—1]**の法人の代表者（機関）の行為の効果が法人に帰属するかの問題と類似している。

---

**[設例14—2]　ドイツで締結した契約の効力はだれに帰属するか**

　訴外A（東京在住のドイツ人）は，ドイツのハンブルグにおいて，日本会社Yの代表者であることを表示してドイツの有限会社Xとの間で継続的な契約を締結した。ところが，契約当時，AはYと何の関係も有さず，Yから契約を締結するための代理権も与えられていなかった。Aはその後Yの代表取締役に就任し，Yはこの契約を追認した。XはYに対し契約に基づく支払いを催告したが，Yは契約当時のAの無権代理を理由に支払わない。Aの締結した契約の効力がYに帰属するかどうかは，どこの国の法律によって判断すべきか。
＊東京地判昭和31・2・25下民集7巻2号429頁を元に作成。

【参照条文】　ドイツ民法典177条１項：無権代理人が本人の名前で契約を締結した場合には，契約が本人のためのまたは本人を害する効果を生じるためには，本人の追認を要する。（日本民法113条１項：無権代理は追認のない限り無効）
　　　　　　　ドイツ民法典184条１項：別段の定めがない場合には，事後の追認は法律行為の締結時に遡ってその効力を有する。（日本民法116条：契約の時に遡って効力を有する）


## [１]──── 代理の内部関係の準拠法

　代理の内部関係は，本人と代理人との関係（設例のＡとＹ）である。内部関係の準拠法は，代理権の授与があったか，授与された代理権の範囲はどのようなものかを決定する。次の４つの見解がある。

　第１に，①本人と代理人との間の代理権授与行為の準拠法（通則法７条）による（授権行為準拠法説）。ただし，代理権授与行為は委任契約や雇傭契約に含まれるのが通常だから，委任契約や雇用契約の準拠法が代理権授与行為の準拠法だという。第２に，代理権授与行為という概念を用いないで②直截に本人と代理人との間に代理関係を創設する契約の準拠法による（基本契約準拠法説）。第３に，③本人と相手方との関係（→[２](a)）と同様に，代理行為地法によって決定する（代理行為地法説）。第４に，④代理の準拠法に関するハーグ条約（→【立法例14─２】）は，内部関係は本人と代理人が選択した法により（５条），選択のない場合は，代理人が主として行為すべき地が本人の営業所所在地または常居所地と一致する場合はその主たる行為地法（６条２項），その他の場合は代理人の営業所所在地または常居所地法による（６条１項）としている（連結点集中説）。


## [２]──── 代理の外部関係の準拠法

(a)　本人と相手方（【設例14─２】のＹとＸ）との関係

　外部関係の準拠法は，代理権の存否，範囲および代理権行使の効果，本人への効果帰属を決定する。準拠法決定方法に関しては，４つの見解がある。①授権行為準拠法説，②代理の効果の発生の問題と取引秩序との関係（または相手方である第三者の利益の保護）から，最も密接な関係にある地の法として代理行為地法によるべきとするもの（代理行為地法説），③基本的には①の授権行為準拠法説によりつつ，取引保護の観点から代理行為地法の適用を認めるもの（選

択的適用説），および④代理されるべき行為の準拠法によるべきとするもの（代理行為準拠法説）。

代理の準拠法に関するハーグ条約（→【立法例14－2】）は，連結点の集中の方法により，代理における本人および相手方の関係についてできるだけ両者に中立的な準拠法を探求しようとする。この条約は，本人と相手方との間で代理準拠法についての書面による明示の指定がある場合はその指定された準拠法により（14条），指定がない場合は，代理人の営業所所在地法によるのを原則としている（11条1項）。ただし，本人または相手方の営業所が代理行為地にあるなどの一定の場合には代理行為地の法によらせる（11条2項）。

以上の準拠法によれば代理権が存在しないか，または代理権の範囲を超えているのにもかかわらず代理行為がされた場合，その効果をどの法で決めるか（無権代理の要件・効果）。ハーグ条約は，有権代理の場合と同じ準拠法によるとする。②説の場合も有権代理と同じ準拠法によることが可能である。

(b) 代理人と相手方（【設例14－2】のＡとＸ）との関係

外部関係のうち代理人と相手方との関係については，代理行為の準拠法による。無権代理の場合も，代理行為の準拠法で決めてよいか。ハーグ条約は，代理人と相手方との関係についても，本人と相手方との関係の準拠法を適用する（15条）。

【設例14－2】で問題となる法律関係の性質は，代理の外部関係または無権代理の問題と考えられる。

②の代理行為地法説によれば，代理行為地はドイツと考えられるから，準拠法はドイツ法となる。④の代理行為準拠法説では，継続的契約の準拠法によることになるから，通則法8条の解釈からはドイツ法が準拠法になる。ハーグ条約では，11条1項によれば，代理人Ａの営業所所在地は日本であるが，同条2項(b)では代理行為地（ドイツ）が相手方Ｘの営業所所在地または常居所地（ドイツ）と一致しているときは，代理行為地法によるから，結局ドイツ法が準拠法となる。

なお，代理の外部関係の準拠法に関しては，当事者（本人と相手方）による準拠法選択を認めるかどうかが経済的には重要である。日本における現在の通説である代理行為地法説は当事者自治を認めないが，ハーグ条約14条はこれを

認める。

---

**【立法例14―2】代理の準拠法に関するハーグ条約**

第11条　本人と第三者との間において，代理人の権限の有無及び範囲並びに代理人の権限の行使及び権限の行使と称して行つた行為の効果は，代理人が行為をした時に，営業所を有した国の国内法によつて定める。

　前項の規定にかかわらず，以下のいずれかの場合には，代理人が行為をした国の国内法を適用する。

　(a)　本人がその国に営業所（営業所を有しない場合は常居所）を有し，かつ代理人が本人の名において行為をした場合。

　(b)　第三者がその国に営業所（営業所を有しない場合は常居所）を有する場合。

　(c)　代理人が取引所又は競売において行為をした場合。

　(d)　代理人が営業所を有しない場合。

　当事者が二以上の営業所を有する場合は，本条の適用上営業所とは，代理人の行為が最も密接に関連するものをいう。

第14条　第11条の規定にかかわらず，本人又は第三者が，同条を適用すべき事項に関し，書面で準拠法を指定し，いずれか一方がその指定を明示で承認した場合は，その法律を適用する。

---

**【参考文献】**

14-①　青木清「能力」(特集・平成国際私法の発展と展望（1））民商135巻6号915-930頁（2007年）

14-②　河野俊行「法適用通則法における自然人の能力」ジュリ1325号（2006年）40-46頁

14-③　嶋拓哉「成年年齢の準拠法――国際養子縁組を題材として」北大法学論集67巻3号350-372頁（2016年）

14-④　高桑昭「代理の準拠法に関する条約の概要」ジュリ648号112-116頁（1977年）

14-⑤　中野俊一郎「外国人の訴訟上の地位」青山善充・伊藤眞編『民事訴訟法の争点［第3版］』280-281頁（1998年）

14-⑥　西賢「国際私法における代理権」神戸法学雑誌9巻1・2号207-233頁（1959年）

14-⑦　野村美明「代理の準拠法と民法学説」阪大法学44巻2・3号369-392頁（1994年）

14-⑧　野村美明「国際私法の現代化に関する要綱案について」判タ1186号60-74頁（2005年）

第**15**章 　法　　人

【キーワード】　法人格／法人の従属法（属人法）／設立準拠法／本拠地法／外人法／設立準備行為／代表者の行為の効果／法人格否認の法理／当事者能力／外国法人／擬似外国会社／規律管轄権

## *1* 概　　観

　どのような人または財産の集合に法人格を与え，自分の名で権利義務の主体となれる能力（権利能力）を与えるかは，一国の法政策の問題であり，その法秩序によって異なる。したがって，外国の法人が日本で活動できるのは，国際私法で外国法人の法人格を認め，民法で日本における法人としての存在を認許している（35条）からである。また，会社法第6編は，外国会社の日本における活動を規律している。

　国際私法上，法人の権利能力の問題を決定する法を「法人の従属法」または「属人法」という。「従属法」という言葉は，権利能力がない団体にも用いることができる。「属人法」は自然人の場合にも用いられる。【設例15―1】でみるように，法人の従属法は，法人の行為能力や成立から消滅までといった広範囲の問題に適用される。

　法人の従属法をいかに決定すべきかについて，設立準拠法主義と本拠地法主義の2つの原則がある。適用通則法には法人の従属法に関する明文の規定はないが，多数説は，国際私法の条理解釈として，法人が設立の際に準拠した法律をその属人法とすべきとし，設立準拠法主義を取る。民法，法例および商法の起草者の多数も，会社（法人）の従属法を設立準拠法であると考えていた。

　法人に関する渉外的問題は法人の従属法のみによって規律されるわけではな

い。**[設例15－2]** のように，法人格否認の法理が契約準拠法の一部として適用される場合がある。また，外国法人に関する民法の規定や外国会社に関する会社法の規定は，外国法人（および外国自然人）の権利享有や監督規律について定める実質法として，外人法とよばれることがある**【総論】**。民法35条2項は外国法人の認許および内外人平等の原則を定めており，外人法の総則的規定である（自然人に関する民法3条2項に対応する）。

　法人に関する訴えが日本で認められるかという国際裁判管轄の問題については，民事訴訟法に明文規定が存在する。本章ではまず，法人に関する国際裁判管轄について説明したうえで（**2**），法人の従属法（**3**）および取引の準拠法との関係関連（**4**），そして会社法による外国会社の規律（**5**）について説明する。この章については，高桑・私法264頁以下参照。

---

**[設例15－1]　発起人の締結した契約の効力は会社に帰属するか**

　ニューヨーク州法に準拠して設立中のX会社の発起人Aが，将来設立するX会社のために日本でX会社の名において第三者Y会社（日本法人）との間でニューヨーク州法を準拠法とする独占販売代理店契約（Yが製造する製品の米国およびカナダにおける独占販売権をX会社に与える）を締結した。X会社設立後，X会社はY会社と10か月間に22万ドル以上の商品の取引を行った。本件契約書11条2項には，本件契約に関する紛争はすべて日本商事仲裁協会の仲裁規則に従い，東京において仲裁に付託する旨規定されているところ，契約に関して紛争が生じたので，X会社は，右条項に基づき，Y会社を相手方として商事仲裁の申立をなした。

　これに対してY会社は，本件契約は，X会社の代表者と称するAがY会社と締結したものであるが，その当時X会社は法人として存在していなかったのであるから，本件契約は無効であり，仲裁条項も効力を有さないと反論し，さらに次のように主張する。「会社設立前に発起人がなした本件契約のような営業的行為は，会社設立自体に必要な行為ではなく，発起人の権限を逸脱した行為であるから，定款に記載され且つ法定の要件を充たさなければ有効でない。このような無効行為は会社の基礎を危くし資本充実の原則にも反するものであるから追認が許されないし，かりに無効行為の追認が可能であっても，書面による方式でしなければならない。」

　X会社は，本件契約上の権利義務を取得できるか，その要件いかんを決定すべき準拠法はなにか。なおX会社の本拠地もニューヨーク州にあり，日本には営業所などを有しないとせよ。

## *2*　法人・団体に関する国際裁判管轄

　法人または団体に関する国際裁判管轄については，民訴法3条の2以下に規定がある。まず，一般管轄として，民訴法3条の2第3項は，法人その他の社団又は財団に対する訴えについて，①その主たる事務所又は営業所が日本国内にあるとき，②事務所若しくは営業所がない場合又はその所在地が知れない場合には，第2次的に，代表者その他の主たる業務担当者の住所が日本国内にあるとき，日本の裁判所に国際管轄が認められるとする。**[設例15―1]**においては，被告Y会社は日本法人であり，その主たる営業所（本店）が日本国内に認められるため，日本における国際裁判管轄は肯定される。

　続いて特別管轄として，民訴法3条の3第4号は，訴えが事務所又は営業所を有する者に対する訴えでその事務所又は営業所における業務に関するものであるときには，当該事務所又は営業所が日本国内にあるとき，日本の裁判所に国際裁判管轄が認められるとする。また，日本に事務所又は営業所等の拠点がない場合であっても，同条第5号は，日本において事業を行う者（日本において取引を継続してする外国会社（会社法（平成17年法律第86号）2条第2号に規定する外国会社をいう。）を含む。）に対する訴えについて，当該訴えがその者の日本における業務に関するものであるとき，日本の裁判所に国際裁判管轄が認められるとする。

　第4号と第5号の違いは，法人が日本国内に事務所又は営業所を有するかどうかである。つまり，第4号においては，法人が日本に事務所又は営業所を有することを前提とし，訴えが当該事務所又は営業所の業務に関連する場合にのみ，日本に国際裁判管轄を認める。一方で，第5号では，法人が日本に事務所又は営業所を有しない場合でも，日本において事業を行っており，訴えがその業務に関連する場合に，日本に国際裁判管轄を認める。国際ビジネスでは，日本に物理的な営業所等を有さずとも，インターネット等を通じて，日本で事業活動を行うことが可能であることから，このような業態に対して対処するために第5号が規定されている。また，欧米の会社が日本にアジア地域を統括する

支店等（営業所）を設置し，訴えが当該支店等の日本以外の業務に関するものである場合，当該訴えは「日本における業務」と関連しないため第5号は適用できないが，第4号の規定により国際裁判管轄は肯定される。

　民訴法3条の3第7号は，同号イ〜ハに掲げる，会社その他の社団または財団に関する訴えについて，社団または財団が日本法に準拠して設立された法人であるときには，日本に国際裁判管轄を認める。たとえば，持分会社から社員に対する出資懈怠に基づく損害賠償請求（会社法582条1項）（イ：会社その他の社団からの社員若しくは社員であった者に対する訴え）や，株式会社から取締役等に対する任務懈怠に基づく損害賠償請求（会社法423条）（ロ：社団又は財団からの役員又は役員であった者に対する訴えで役員としての資格に基づくもの）などが挙げられる。これは，証拠収集等の便宜等の理由により，日本に国際裁判管轄を認めるべきであるとの判断による。

　また，民訴法は，設立時に日本法に準拠した会社等に関する訴えのうち，一定のものについては，日本に専属管轄を認めている（専属管轄→第2章[2]）。民訴法3条の5第1項は，①会社法第7編第2章に規定する訴え（同章第4節および第6節に規定するものを除く），②一般社団法人及び一般財団法人に関する法律（平成18年法律第48号）第6章第2節に規定する訴え，③その他これらの法令以外の日本の法令により設立された社団又は財団に関する訴えでこれらに準ずるものの管轄権は，日本の裁判所に専属すると規定する。たとえば，会社の設立無効の訴え（会社法828条）や，株主代表訴訟（会社法847条）などが該当する。

## 3　法人の従属法

　法人は，いずれかの国の法にしたがって設立され，その国の法によって法人格が与えられることによって初めて権利義務の主体となることができる。すなわち，法人には必ず設立の根拠となる法が存在しており，このような法人に固有の法を，法人の「従属法」という。法人の従属法は，法人の設立，内部組織などの問題を規律する。

　法人の従属法の決定基準については，主に設立準拠法主義と本拠地法主義が

対立している。設立準拠法主義によれば，法人が設立時に準拠した法が法人の従属法となるため，一旦外国法にしたがって設立され，法人格が与えられた法人は，内国でもその法人格が国際私法上認められることになる。したがって，法人の設立地を選択することによって，実際に活動する地の法が法人の従属法として適用されることを回避することが可能となる。一方，本拠地法主義によれば，法人が本拠を有する地の法が当該法人の従属法となるため，設立地と本拠地が異なる場合には，その法人格は国際私法上認められない。したがって，本拠地と設立地が異なる擬似外国会社（→**5**を参照）は，本拠地法主義の下では法人格が認められないことになる。日本法においては，法人の従属法の決定基準に関する明文規定はないが，通説によれば，設立準拠法主義を採用しているものとされる。

　最高裁は，**［設例15―1］** の元となった★**判例15―1** において，X会社が契約上の権利義務を取得できるかという問題を，会社の行為能力の問題と性質決定した。発起人は設立中の会社の執行機関と考えられるからである。では，会社の行為能力を判断する準拠法はどのようにして決定するか。最高裁は，これを決定するための国際私法規則を法例3条1項の類推から導いた。すなわち，法人の能力はその属人法（従属法）によるという規則である。このような規則は，適用通則法においては4条1項の類推によって導くことが可能であるが，国際私法上の条理解釈から導く方法もある。

　**［設例15―1］** では，設立準拠法主義でも本拠地法主義でも，X会社の従属法はニューヨーク州法となる。ニューヨーク州判例法に従えば，X会社は設立後，Aの締結した契約を明示または黙示に承認することができるから，XY間の契約も仲裁条項（もっとも，契約が無効でも契約中の仲裁条項が無効になるわけではない（仲裁法13条6項）（→【**もっとくわしく12―2**】））も有効ということができる。最高裁判例の論理を延長すれば，会社の従属法によれば行為能力がなかったという場合には，適用通則法4条2項（法例3条2項）を類推することになる。したがって，外国法人が日本で契約をした場合には，従属法上は能力が認められなくても日本法で能力が認められれば契約は有効に締結できる。

　設例は，法人に関する国際私法的処理に関するものである。したがって，外人法による実質法的規律の問題とは区別する必要がある。第1に，X会社は，

たとえば外国人土地法，船舶法，鉱業法のような内国の外人法の規定により，その権利自体の取得を制限される場合がある。第2に，日本の規制・監督権限（規律管轄権）が及ぶ範囲で，その法人の従属法の適用が，日本の広い意味での外人法により制限を受ける場合がある。外国法人および外国会社について，内国における継続的取引を基礎として適用される民法・会社法の監督的規定はその代表例である。これについては，**[設例15―3]**で説明しよう。

### ★判例15―1　　会社の行為能力の準拠法

最三小判昭和50・7・15民集29巻6号1061頁［百選新法対応補正版20事件：神前禎］

「株式会社の設立発起人が，将来設立する会社の営業準備のため，第三者と契約を締結した場合，当該会社が，設立された後において，右契約上の権利義務を取得しうるか，その要件いかん等は，法が会社の株式引受人，債権者等の利益保護の見地に立つて定めるものであるから，会社の行為能力の問題と解すべきであり，したがって，法例3条1項［通則法4条1項］を類推適用して，右会社の従属法に準拠して定めるべきであり，原審が適法に確定したところによれば，被上告人は，ニューヨーク州法に準拠して設立され，かつ，本店を同州に設置しているのであるから，被上告人の従属法はニューヨーク州法というべきである。また，本件契約が上告人と被上告人との間にその効力を生ずるためには，所論のような追認を要するものでないことは，原判示のとおりである。」「また，被上告人が本件仲裁契約を採用（adoption）するためには，何らの方式を要するものではなく，被上告人の採用によつて，上告人と被上告人との間に本件仲裁契約が成立したことは，明らかである。」

### ★判例15―2　　国際弁護士保証事件

東京地判平成4・1・28判時1437号122頁・判タ811号213頁［百選22事件：神前禎，渉外判例百選23事件：野村美明］

＊事案の概要：　カリフォルニア州で設立された訴外A社は，日本の金融機関である原告X社との間で，X社から融資を受けるための契約（「本件契約」）を締結した。本件契約は，A社の社長兼統括業務執行役員（「CEO」）であるBが，X社の代表であったCとともに契約書に署名し，X社がAに金員を送金することによって締結されたものである。X社は，A社の本件契約に基づく債務について，A社の取締役であった日本の弁護士である被告Yらがそれぞれ一部保証をしたと主張して，Yらに対して保証債務の履行を請求した。

「本件の争点の一つは，Bの本件契約の締結権限の有無にあるところ，Bが，本件契約の締結権限を有していたか否かは，法人の代表者の権限の存否及び範囲又はその制限に関する事項であり，代表者の行為の効果が法人に帰属するか否かという法人の行為能力又は権限の欠缺の問題であるから，原則として法人の従属法に属し，かつ，

右従属法は，法人の設立準拠法であると解するのが相当である。」

　＊判旨：　「Ａ社はアメリカ合衆国カリフォルニア州サン・ジョゼを本拠地とし，カ州法を設立準拠法とする会社であることが認められる。したがって，Ａ社の従属法は，カ州法であり，本件契約のごとくＡ社が第三者となす対外的行為についても，原則として，カ州法の規定によることになる。」

　本件契約については，カ州法307条(b)に従い，書面による持ち回り決議の方法により取締役会決議がされたものというべきである。

## ▼▼【もっとくわしく15−1】　法人の従属法と民法35条の認許

　民法35条は，「外国法人は国，国の行政区画及び外国会社を除き，その成立を認許しない。ただし法律又は条約の規定により認許された外国法人は，この限りではない」と定める。したがって，外国会社は，日本で特別の行為をしないでも，その成立を認められることになる。この条の言う認許とは，通説によれば，法人がその従属法である外国法によりすでに付与されている法人格を，日本において承認するものである。

　この認許の定式に従えば，第1に，日本における法人格の承認のためには，日本の抵触規則によって指定される法人の従属法（設立準拠法）により法人として成立していることが必要である。第2に，承認の効果は，日本において権利義務の主体となることを認めることである。

　第1点については，日本の国際私法規則は，法人格は法人の従属法である設立準拠法によるという。したがって，設立準拠法によって法人格を認められない会社は，そもそも民法35条による外国法人の承認適格性を欠く。同じく設立準拠法上，営利を目的とする会社でない場合（たとえば外国の相互会社）は，民法35条1項本文によって当然に認許されるこ

とはない。したがって，同項ただし書に従い，特別の法律（保険業法193条等参照）によって認許される必要がある。

　第2点については，通説は，日本における法人格の承認を民法上の認許として説明しながら日本において民法上一般的な認許がされない外国法人（たとえば外国のNPO法人とする）の，外国における行為については国際私法上の設立準拠法により説明する。すなわち，外国のNPO法人が，①設立準拠法所属国またはその法人が認許されている第三国のような外国でおいてした法律行為などは，「わが国際私法上，これを法人の行為として認めるべきである」。そして，②右のような行為から生じた権利・義務を行使するために日本の裁判所に原告または被告として出頭することができること，すなわち当事者能力の有無は，設立準拠法により判断されるべきだという（山田268頁）。これは説得的だろうか。

　①外国における行為が日本の国際私法上，法人の行為と認められたとしても，②その法人としての行為の効力は自動的には日本の裁判所で認められないはずだ。②の問題はまさに外国法人の法人格を日本で承認するか否かの問題なのである。確かに，外国人の当事者能力に関す

る法廷地法説（民訴法28条参照）でも属人法説でも（→第**14**章**4**[**2**](b)），結論的には「外国法人の当事者能力は，その属人法による」ことを認めるが，だからといって②の問題が国際私法上の設立準拠法の適用の効果として説明できるわけではないのである（参考文献15-⑪）。

# **4**　法人の従属法と取引の準拠法

　渉外的事案において法人格否認の法理が問題となる場合，その準拠法はどう考えたらよいか。

　最高裁は，「法人格が全くの形骸にすぎない場合，またはそれが法律の適用を回避するために濫用されるが如き場合においては，法人格を認めることは，法人格なるものの本来の目的に照らして許すべからざるものというべきであり，法人格を否認すべきことが要請される場合を生じる」（最一小判昭44・2・27民集23巻2号511頁）として，法人格否認の法理を認めている。民法1条2項（信義誠実の原則）や同条3項（権利濫用の禁止）が根拠とされる。法人格否認の法理の適用場面は様々であり，適用結果も法人の存在を否定するのではなく，事案の妥当な解決のために必要な範囲において，法人格の機能の一部を一時的相対的に否定するものである。

　以上のような法人格否認の法理の多様性から，渉外事件において準拠法を選択する場合にも，単純に法人格の問題として法人の従属法によるとする立場は見あたらない。法人格否認の法理がどのような利害調整の道具として用いられているかに応じて，次のように実質的に考えるべきである。

　①過小資本の会社に対して株主がした貸付を出資とみなしたりする場面では，本国会社法によって一律に解決すべきである。会社債権者を平等に扱う必要があるからである。②これに対して，子会社の債権者が子会社と親会社との実質的一体性を根拠に，親会社に対して請求していく場合には，当該子会社と債権者との間の取引の準拠法による。不法行為が問題となっている場合には，不法行為の準拠法により，契約上の債務を負担する主体が問題となる場合には，契約の準拠法によることになる（実質法的アプローチ）。

> **［設例15－2］ペーパーカンパニーの親会社の責任**
> 　Xは，日本の証券会社Y1の子会社であるY2会社（バハマ法に基づいて設立された法人で，ナッソーに登録上の事務所を有する）との間で，XがY2からスウェーデン輸出信用銀行が発行した債券を買い受け，これをY2がXから6ヶ月後に買い戻す旨の債券現先取引契約を締結し，Y2に対して，売買代金を支払った。Xは，履行期にY2に対して，本件債券の引渡債務について履行の提供をしたが，Y2が約定の売買代金をXに支払わなかったため，Y2に対して債務不履行に基づく損害賠償を請求するとともに，Y1に対して，Y2はY1が形式上も実質的にも管理，支配していたまったくのペーパー会社であり，その法人格は全くの形骸にすぎず，またY2を用いた取引は日本の証券取引規制を免れるためのものであり，Y2の法人格の濫用であるから，Y2の債務不履行についてY1も責任を負うべきであると主張し，損害賠償を請求した。Y1は，Xに対して，Y2と法人格が異なることを理由に契約上の責任を免れることは許されるか。
> ＊東京高判平成14・1・30判時1797号27頁を元に作成した。百選新法対応補正版21事件［眞砂康司］，野村美明・リマークス27号133頁参照。

　法人格否認の法理の問題に関する準拠法について実質的アプローチをとれば，設例ではXに対する契約債務の主体がY1かY2かが問題となっているのであるから，この問題は契約準拠法（X―Y2間の債券現先契約の準拠法）で判断すればよい。

　他方，法人格否認の問題を契約準拠法によらせると，契約準拠法が外国法ならば，準拠外国法に同様の法理がない限り，Y2の法人格を否定することは困難である。設例の親会社Y1が日本の非常に強い証券取引規制（強行法規）を回避するために外国子会社Y2に契約をさせたのだとすれば，契約準拠法が外国法だからといってY1の責任を問えないのはおかしいことになる。

　このような場合の処理としては，第1に，通則法42条の公序によって準拠外国法の適用を排除することが考えられる。第2に，設例のような事案において，子会社Y2の契約責任を親会社Y1に帰属させることが強く要請されるとすれば，この場合の法人格否認の法理を，契約準拠法のいかんにかかわらず適用されるべき法廷地の強行法規（絶対的強行法規）（→第13章**3**［**5**]）としてその適用を説明することができる。

　権利濫用禁止や信義則違反の一般条項に基づいて法人格否認の法理に強度や

機能の異なる様々な機能を担わせることを認めるのであれば，これを法廷地である日本の絶対的強行法規と解すべき場合があることは当然である。反対に，法人格否認の法理によって守るべき公的な利益が強くなく，事案と日本との関連性も強くない場合には，事案の規律は契約準拠法に委ねられることになる。このように法人格否認の法理の強行性の程度はさまざまであるので，その趣旨に照らして判断すべきである。

## 5　外国会社の規律

　会社法821条１項は，日本に本店を置き，または日本において事業を行うことを主たる目的とする外国会社（擬似外国会社）は，「日本において取引を継続してすることができない」と規定し，２項で「前項の規定に違反して取引をした者は，相手方に対し，外国会社と連帯して，当該取引によって生じた債務を弁済する責任を負う。」と定めている。この規定は，擬似外国会社を日本法の立場から監督規制するためのルール（外人法→【もっとくわしく15－２】）であり，日本の法律の適用を避けるために，外国においてこの種の会社を設立する者が出てくることを防止しようとするものである。

---

**［設例15－３］　日本に本拠を置くデラウエア法人**

　Ａ会社は，米国デラウエア州法に準拠して設立された会社で同州を本店所在地とし東京都に営業所を設置したものとしてその旨の登記がなされている。Ａ社の取締役の全員であるＸ，Ｙ及びＢの住所はいずれも東京都内にあり，Ｙは代表取締役で同時に日本における代表者とされている。Ａ社は設立以来米国においては何らの営業行為をなさず，また，店舗その他の施設および従業員もない。Ａ社は，その営業の経過および態様からみれば少なくとも日本に営業の本拠を置き，日本において営業をなすことを主たる目的とする会社である。ＹはＸが香港に帰国した後もＡ社の代表取締役および日本における代表者の資格で，同会社名義の多量に上る商品を処分して日本を出国し，その後ＢをしてＡ社の日本における代表者の権限を代行させて，残存商品の売却および債権の取立て等をさせている。Ａ社は日本において取引を継続できるか。ＹまたはＢはＡ社を代表して取引をすることはできるか。
＊東京地判昭和29・6・4判タ40号73頁［百選24事件：藤田友敬］を元に作成した。

---

　A社は会社法821条の定める擬似外国会社にあたるから，日本で継続して取引をすることができない。しかし，A社が設立準拠法であるデラウェア州法で会社として有効に設立されている以上，日本においても民法35条によって外国法人として権利義務の主体となることができる。したがって，YまたはBを介した残存商品の売却や債権の取立て等の行為は，A社の行為となる。ただ，会社法821条1項に違反した行為に対しては科料に処せられ（979条2項），また同条2項により，YまたはBはその取引から生じる債務（たとえば商品の引渡し）についてA社と連帯して弁済する責任を負う。

　以上の規律を強制すれば，便宜置籍船を所有するためのパナマ会社，資産証券化のためのケイマン法による特別目的会社などは，日本において「外国会社」としての支店を通じた商売が出来なくなる。日本において継続取引をするためには，実際上日本で会社を再設立するしかない。経済の実態からいえば，法律回避はビジネスの常套手段である。これに対して，国家側は国際的租税回避については，各国や国際機関において，対策を講じている（参考文献15-⑯）。日本でも，パナマやケイマンなど租税回避地で設立されたタックスヘイブン法人については，税法上，本店または主たる事務所の場所および株式の保有関係を主な基準として，特別の規制が設けられている（租特法66条の6以下参照）。

　このように，「擬似外国会社」に対しては，分野ごとの個別的立法によって規制目的にあった規制をするべきである。日本法回避の防止という一般的な目的のために，継続的取引を一般的に禁止するのは，形式的にすぎよう（参考文献15-⑪，15-⑤。参議院法務委員会による会社法に対する付帯決議（平成17年6月28日）参照）。

### ▼▼【もっとくわしく15−2】外人法とはなにか

　内国における外国人（および外国法人）の権利の享有について定める法律を「外人法」という。外人法の代表例としては，改正前破産法2条（相互主義を条件とする内外人平等），特許法25条や外国人土地法が挙げられる。民法35条2項は，外国法人に関する外人法の総則的規定である。これに対して，民法3条2項は，外国人による私権の享有についての外人法の総則的規定といえる（参考文献15-⑩263頁以下参照。）。

　外国人土地法，船舶法，鉱業法のような規定は，外国人または外国法人の権利の取得自体を制限するものである。これ

に対して，会社法817条や同818条は，民法35条の認許を前提として，日本において継続的に取引をするための要件を定めるものである。反対にいえば，日本において継続的に取引をする者には，日本の規律管轄権（立法管轄権ともいう）が及ぶから，代表者を定め，登記させたり（会社法817条・933条・976条1号），取引を禁止したり（会社法821条・979条2項・827条1項・976条34号），貸借対照表の公告やその他の重要情報の開示（会社法819条）を要求することができるのである。

## 【参考文献】

15-① 相澤哲「外国会社」江頭憲治郎・門口正人編集代表『会社法大系　第1巻［会社法制・会社概論・設立］』445-465頁（青林書院，2008年）

15-② 石黒一憲『金融取引と国際訴訟——国際金融の牴触法的考察』（有斐閣，1983年）

15-③ 江頭憲治郎「法人格否認の法理の準拠法」遠藤美光・清水忠之編『企業結合法の現代的課題と展開』（田村諄之輔先生古希記念）1-22頁（商事法務，2002年）

15-④ 大杉謙一「会社の代理・代表者の実質法・準拠法」ジュリ1175号42-49頁（2000年）

15-⑤ 小野木尚「擬似外国会社規制と事業活動の自由」年報14号200-223頁（2013年）

15-⑥ 神作裕之「会社法総則・擬似外国会社」ジュリ1295号134-142頁（2005年）

15-⑦ 佐野寛「国際企業活動と法」国際法学会編『国際取引』（日本と国際法の100年）167-188頁（三省堂，2001年）

15-⑧ 高杉直「国際私法における法人」国際法外交雑誌106巻2号125-146頁（2007年）

15-⑨ 龍田節「国際化と企業組織法」竹内昭夫・龍田節編『現代企業法講座（2）企業組織』259-319頁（東京大学出版会，1985年）

15-⑩ 野村美明「外国人の権利能力」谷口知平・石田喜久夫編『新版　注釈民法（1）［改訂版］』（有斐閣，2002年）

15-⑪ 野村美明「外国会社の規律—居留地からグローバル社会へ」ジュリ1175号21-29頁（2000年）

15-⑫ 田中美穂『多国籍企業の法的規制と責任』（大阪大学出版会，2005年）

15-⑬ 溜池良夫「外国法人の認許及びその権利能力」林良平・前田達明編『新版　注釈民法（2）総則（2）』192-202頁（有斐閣，1991年）

15-⑭ 藤田友敬「国際会社法の諸問題（上）（下）」商事法務1673号17-24頁，1674号20-27頁（2003年）

15-⑮ 藤田友敬「会社の従属法の適用範囲」ジュリ1175号9-20頁（2000年）

15-⑯ 水野忠恒「国際的な租税回避・脱税とその対策税制」高桑昭・江頭憲治郎編『国際取引法［第2版］』464-477頁（青林書院，1993年）

15-⑰ 山内惟介『国際会社法研究（1）』（中央大学出版部，2003年）

15-⑱ 横溝大「法人に関する抵触法的考察：法人の従属法か外国法人格の承認か」（特集・平成国際私法の発展と展望（1））民商135巻6号1045-1076頁（2007年）

# 第16章　不法行為一般

【キーワード】　不法行為地／原因事実発生地／加害行為地（行動地）／結果発生地（損害発生地）／例外条項／明らかにより密接な関係地法／当事者自治

## *1*　概　　観

　★**判例16 ― 4** のカナダ・スキーツアー事件のように外国で人身事故がおきて日本の裁判所で損害賠償が請求された場合には，まず損害賠償を請求する訴えが日本の裁判所に提起できるかという不法行為に関する国際裁判管轄の問題と，つぎに請求を判断すべき準拠法はいずれの国の法かという不法行為の準拠法決定の問題が生じる。

## *2*　不法行為の国際裁判管轄など

　不法行為に関する事件の国際裁判管轄は，民訴法3条の3第8号に規定されている。同号は，不法行為に関する訴えは，不法行為があった地が日本国内にあるときは，日本の裁判所に提起することができると定める。不法行為の準拠法が加害行為地または結果発生地のいずれかの法に限定される（通則法17条）のに対して，国際裁判管轄の根拠としての不法行為地は，加害行為地および結果発生地の双方に認められる。ただし，外国で行われた加害行為の結果が日本国内で発生した場合であっても，日本国内におけるその結果の発生が通常予見することのできないものであったときは，日本には結果発生地を根拠とする国際裁判管轄は認められない。

　生産物責任の国際裁判管轄については，準拠法と異なり（→第17章**2**），特
則は置かれていない。国際裁判管轄上，生産物責任は不法行為の一種として，
民訴法3条の3第8号に包摂される。

　次の★**判例16－1**は民訴法の国内の土地管轄に依拠して日本の国際裁判管
轄を判断するという2011（平成23）年の民訴法改正以前の国際裁判管轄の決定
方法によるものであり，現在では先例的価値がない。しかし，不法行為の国際
裁判管轄の管轄原因事実をいかに確定するかについて，「原則として，被告が
我が国においてした行為により原告の法益について損害が生じたとの客観的事
実関係が証明されれば足りる」として，客観的事実関係説に立つことを明らか
にした部分は現在でも妥当する。

　★**判例16－1**の（3）は民訴法改正以前の方法に従って，民訴法の併合請
求の裁判籍の規定による国際裁判管轄について判示しているが，「我が国の裁
判所の国際裁判管轄を肯定するためには，両請求間に密接な関係が認められる
ことを要する」とした部分は，現在の民訴法3条の6の併合請求（→第2章**2**
**[2]**）における国際裁判管轄の要件と同様である。

### ★判例16－1　ウルトラマン事件

最二小判平成13・6・8民集55巻4号727頁［百選94事件：高橋宏志］

　X（円谷プロ）は，本件著作物の日本における著作権者であり，ベルヌ条約によ
り，ベルヌ条約の同盟国であるタイ王国においても著作権を有する。Xは，日本の
A社（バンダイ）に対し，日本および東南アジア各国における本件著作物の利用を
許諾している。Yは，タイ王国に在住する自然人であって，日本において事務所等を
設置しておらず，営業活動も行っていない。

　Yは自分が社長を務めるB社の香港における代理人からA社らに対し，B社は，
本件著作物の著作権を有し，又はXから独占的に利用を許諾されているから，A社
の香港，シンガポールおよびタイ王国における子会社が本件著作物を利用する行為
は，B社の独占的利用権を侵害する旨の警告書を送付させた。

　本件は，Xが，Yに対し，〔1〕本件警告書が日本に送付されたことによりXの業
務が妨害されたことを理由とする不法行為に基づく損害賠償（以下「本件請求〔1〕」
という。以下同じ。），〔2〕Yが日本において本件著作物についての著作権を有しな
いことの確認，〔3〕本件契約書が真正に成立したものでないことの確認，〔4〕Xが
本件著作物につきタイ王国において著作権を有することの確認，〔5〕Yが本件著作
物の利用権を有しないことの確認，ならびに，〔6〕Yが，日本国内において，第三

者に対し，本件著作物につき Y が日本国外における独占的利用権者である旨を告げることおよび本件著作物の著作権に関して日本国外において X と取引をすることは Y の独占的利用権を侵害することになる旨を告げることの差止めを請求する事案である。なお，X は，本訴提起後タイの裁判所に，Y らを相手方として，本件著作物についてタイにおける Y らの著作権侵害行為の差止め等を求める訴えを提起している。

　「(1) 我が国に住所等を有しない被告に対し提起された不法行為に基づく損害賠償請求訴訟につき，……我が国の裁判所の国際裁判管轄を肯定するためには，原則として，被告が我が国においてした行為により原告の法益について損害が生じたとの客観的事実関係が証明されれば足りると解するのが相当である。……

　本件請求〔1〕については，Y が本件警告書を我が国内において宛先各社に到達させたことにより X の業務が妨害されたとの客観的事実関係は明らかである。よって，本件請求〔1〕について，我が国の裁判所の国際裁判管轄を肯定すべきである。

　原審は，不法行為に基づく損害賠償請求について国際裁判管轄を肯定するには，不法行為の存在が一応の証拠調べに基づく一定程度以上の確かさをもって証明されること（以下「一応の証明」という。）を要するとしたうえ，Y の上記行為について違法性阻却事由が一応認められるとして，本件請求〔1〕につき我が国に不法行為地の国際裁判管轄があることを否定した。」しかし，国際裁判管轄を肯定するためには，不法行為の存在が認められる必要はない。「また，不法行為の存在又は不存在を一応の証明によって判断するというのでは，その証明の程度の基準が不明確であって，本来の証明に比し，裁判所間において判断の基準が区々となりやすく，当事者ことに外国にある被告がその結果を予測することも著しく困難となり，かえって不相当である。〔以下略〕」

　「(3) 本件請求〔3〕ないし〔6〕は，いずれも本件請求〔1〕及び〔2〕と併合されている。

　ある管轄原因により我が国の裁判所の国際裁判管轄が肯定される請求の当事者間における他の請求につき，民訴法の併合請求の裁判籍の規定〔略〕に依拠して我が国の裁判所の国際裁判管轄を肯定するためには，両請求間に密接な関係が認められることを要すると解するのが相当である。けだし，同一当事者間のある請求について我が国の裁判所の国際裁判管轄が肯定されるとしても，これと密接な関係のない請求を併合することは，国際社会における裁判機能の合理的な分配の観点からみて相当ではなく，また，これにより裁判が複雑長期化するおそれがあるからである。

　これを本件についてみると，本件請求〔3〕ないし〔6〕は，いずれも本件著作物の著作権の帰属ないしその独占的利用権の有無をめぐる紛争として，本件請求〔1〕及び〔2〕と実質的に争点を同じくし，密接な関係があるということができる。よって，本件請求〔3〕ないし〔6〕についても，我が国の裁判所に国際裁判管轄があることを肯定すべきである。」

# *3*　不法行為の準拠法——原則的連結政策

　通則法が制定される前の法例11条（通則法14条）は，事務管理，不当利得および不法行為をそれぞれ単位法律関係とし，すべてについて，「原因タル事実ノ発生シタル地ノ法律ニ依ル」と規定していた。

　通則法は，第1に，不法行為の原則的準拠法を，侵害の結果が発生した地の法（結果発生地法）として明確化した（17条）。事務管理および不当利得の原則的準拠法については，法例11条の原因事実発生地法を維持している（14条。くわしくは→第**17**章）。不法行為，事務管理および不当利得地については，第2に，例外条項として明らかにより密接な関係地法によるべき場合を認め（15条，20条），第3に当事者自治を導入した（16条，21条）。当事者自治は，第1の原則および第2の例外条項に優先して適用される。第4に，生産物責任および名誉毀損の準拠法の定め方については，それぞれ特則をおいている（→第**17**章）。

　なお，不法行為については法例の時代と同様に，公序による制限条項が残されている（22条）（★**判例16—2**の(3)参照）。

　法例11条1項の不法行為の原因事実発生地については，加害行為地（行動地）と損害発生地（結果発生地）が異なった国にあるような隔地的不法行為の場合（★**判例16—2**参照）に関して，解釈がわかれてきた。学説は「意思活動の行われる場所」とする行動地説と「現実に権利侵害が発生した地」とする結果発生地説に大別される。前者は不法行為制度の行動規制・抑止機能に着目し，後者は損害填補機能を重視する。

　通則法17条は，結果発生地説の考え方を一般的なルールとして取り入れたも

のといえる。第1章でもとりあげたつぎの★**判例16─2**は，特許権の効力の
準拠法を登録地国法によらせながら（→第22章**3**，★**判例22─1**），特許権侵害
を理由とする損害賠償請求の法律関係の性質を不法行為と決定し，法例の下で
不法行為の原因事実発生地を結果発生地と解釈した点で意義がある。

　なお，外国の商標権侵害を理由とする損害賠償請求の法律関係の性質を不法
行為とし，不法行為地である外国における商標権を侵害した行為が不法行為に
あたるとして損害賠償責任を認めた例として，　★**判例16─3**がある。

### ★判例16─2　カードリーダー事件　その2（★判例1─1）

最一小判平成14・9・26民集56巻7号1551頁［百選51事件：島並良］

　事案については★**判例1─1**参照。下線は筆者のものである。

　「2　上告人の被上告人に対する本件損害賠償請求が理由がない旨の原審の判断は，
結論において是認することができる。その理由は，次のとおりである。

　(1)　本件損害賠償請求は，本件両当事者が住所又は本店所在地を我が国とする日本
人及び日本法人であり，我が国における行為に関する請求ではあるが，被侵害利益が
米国特許権であるという点において，渉外的要素を含む法律関係である。本件損害賠
償請求は，私人の有する財産権の侵害を理由とするもので，私人間において損害賠償
請求権の存否が問題となるものであって，準拠法を決定する必要がある。

　そして，特許権侵害を理由とする損害賠償請求については，特許権特有の問題では
なく，財産権の侵害に対する民事上の救済の一環にほかならないから，法律関係の性
質は不法行為であり，その準拠法については，法例11条1項［通則法17条は内容変
更］によるべきである。原審の上記1(1)の判断は，正当である。

　(2)　本件損害賠償請求について，法例11条1項［通則法17条は内容変更］にいう
「原因タル事実ノ発生シタル地」は，本件米国特許権の直接侵害行為が行われ，権利
侵害という結果が生じたアメリカ合衆国と解すべきであり，同国の法律を準拠法とす
べきである。けだし，(ア)我が国における被上告人の行為が，アメリカ合衆国での本件
米国特許権侵害を積極的に誘導する行為であった場合には，権利侵害という結果は同
国において発生したものということができ，(イ)準拠法についてアメリカ合衆国の法律
によると解しても，被上告人が，米国子会社によるアメリカ合衆国における輸入及び
販売を予定している限り，被上告人の予測可能性を害することにもならないからであ
る。その準拠法が我が国の法律であるとした原審の上記1(2)の判断は，相当でない。

　(3)　米国特許法284条は，特許権侵害に対する民事上の救済として損害賠償請求を
認める規定である。本件米国特許権をアメリカ合衆国で侵害する行為を我が国におい
て積極的に誘導した者は，米国特許法271条(b)項，284条により，損害賠償責任が肯定
される余地がある。

　しかしながら，その場合には，法例11条２項［通則法22条１項］により，我が国の法律が累積的に適用される。本件においては，我が国の特許法及び民法に照らし，特許権侵害を登録された国の領域外において積極的に誘導する行為が，不法行為の成立要件を具備するか否かを検討すべきこととなる。

　属地主義の原則を採り，米国特許法271条(b)項のように特許権の効力を自国の領域外における積極的誘導行為に及ぼすことを可能とする規定を持たない我が国の法律の下においては，これを認める立法又は条約のない限り，特許権の効力が及ばない，登録国の領域外において特許権侵害を積極的に誘導する行為について，違法ということはできず，不法行為の成立要件を具備するものと解することはできない。

　したがって，本件米国特許権の侵害という事実は，法例11条２項［通則法22条１項］にいう「外国ニ於テ発生シタル事実カ日本ノ法律ニ依レハ不法ナラサルトキ」に当たるから，被上告人の行為につき米国特許法の上記各規定を適用することはできない。

　⑷　よって，本件損害賠償請求は，法令上の根拠を欠き，理由がない。」


《コメント》

　★判例16−2は，第１に，日本におけるＹの行為が，米国での本件米国特許権侵害を積極的に誘導する行為であった場合には，権利侵害という結果は米国において発生したとして，不法行為の準拠法として結果発生地法である合衆国法を採用した。通則法17条は，不法行為の原則的準拠法を結果発生地法として不法行為地法の解釈を明確化した。

　第２に，★判例16−2は，準拠法を結果発生地の合衆国の法と解しても，Ｙが，Ｚによる米国における輸入および販売を予定している限り，Ｙの予測可能性を害することにもならないと判示している。通則法17条のただし書によれば，Ｙの予見可能性がなければ，結果発生地法ではなく加害行為地法（日本法）によることになるだろう。これに対して，結果発生地説の立場からは，加害者側の予見可能性という主観的要件を付加して加害行為地法の適用に道をひらくのは，損害塡補機能を根拠としたことに矛盾するといえる。しかし，一般的不法行為では，生産物責任や名誉毀損の場合と異なり，だれが加害者になるか，被害者になるかがまったく予想できず，結果がどこで発生するかも予見できないことが多い。たとえば，危険物を日本で荷造りして外国に送ったような場合でも，どこでだれに損害を与えるかは，最終目的地以外，予見できない。誤送の可能性もある。このような隔地的不法行為の場合でも，通則法17条ただ

し書によれば加害行為地法である日本法が適用されることになる。

### ★判例16—3　NEC 商標権侵害事件

東京地判平成23・3・25裁判所ウェブサイト

　本件は，Ｘが，Ｙらが権限なく「NEC」の文字標章を使用し，第三者に使用を許諾するなどしたと主張して，商標権侵害に基づく損害賠償を請求した事案である。裁判所はこれを不法行為と性質決定し，通則法17条により不法行為地である中華人民共和国，台湾，香港における商標権侵害行為を認め各国法に基づく損害賠償を認めた。

　本件の特徴は，Ｘが外国において有する商標権を当該国の業者が侵害したという事件において，Ｙら（日本法人およびその代表者）から外国業者への違法な使用許諾の連鎖とＹらへの利益の帰属に着目して，Ｙらに共同不法行為責任を認めたところにある。Ｘは中国，台湾，および香港における商標権者であり，Ｙらは，ＹらにＸ商標の使用権限および使用許諾権限がないことを知りながら，外国業者である訴外ＡらにＸ商標の使用許諾を行い，さらに訴外Ａらも被告ＹらにＸ商標の使用権限および使用許諾権限がないことを知りながら，中国，台湾，および香港の企業にＸ商標の再使用許諾を行い，ＹらおよびＡらは共同して，故意に，これらの製造業者にＸ商標を付した商品を製造販売させて，これらにより利益を得たと認定されている。裁判所は，これらの行為は上記各国法上，権限なく登録商標と同一の商標を使用したものとして商標権侵害行為に該当し，Ｙらは，Ａらとともに，上記各国法上，共同不法行為者として連帯責任を負うと判示した。

## **4**　例外条項

------------------------------------------------

＊通則法20条

　（明らかにより密接な関係がある地がある場合の例外）

　前３条の規定にかかわらず，不法行為によって生ずる債権の成立及び効力は，不法行為の当時において当事者が法を同じくする地に常居所を有していたこと，当事者間の契約に基づく義務に違反して不法行為が行われたことその他の事情に照らして，明らかに前３条の規定により適用すべき法の属する地よりも密接な関係がある他の地があるときは，当該他の地の法による。

------------------------------------------------

　通則法20条は，同法17条の不法行為の原則的な準拠法およびこれに対する同法18条の生産物責任と19条の名誉棄損の特則に対する例外となる。

## ★判例16—4　カナダ・スキーツアー事件

### 千葉地判平成9・7・24判時1639号86頁

　日本からカナダへのスキーツアーに参加した日本人Xはカナダのスキー場でYとの接触事故により傷害を負った。Xは日本でYに対して不法行為を理由として日本に帰国した後に生じた治療費や休業損害等の賠償請求をした。

　「本件事故はカナダ国内のスキー場で起きたものであるが，本件においてXの主張する損害は，いずれも我が国において現実かつ具体的に生じた損害である。そして，不法行為の準拠法について定める法例11条1項［通則法17条は内容変更］の「その原因たる事実の発生したる地」には，当該不法行為による損害の発生地も含まれるものと解すべきであり，加えて，本件ではXもYも，準拠法についての格別の主張をすることなく，我が国の法律によることを当然の前提として，それぞれに事実上及び法律上の主張を展開しており，したがって両者ともに日本法を準拠法として選択する意思であると認められること，法例11条2項，3項［通則法22条1項・2項］が，外国法が準拠法とされる場合であっても，なお不法行為の成立及び効果に関して日本法による制限を認めていることの趣旨などをも併せ考慮すると，本件には日本法が適用されるものと解するのが相当である。」

### 《コメント》

　★判例16—4に通則法17条の一般原則を適用すると，加害行為の結果発生地はカナダになるから，日本の裁判所はカナダ法を適用すべきことになる。このような場合，日本法を適用した裁判所の結論は，通則法20条の下では正当化されうる。不法行為の当時において当事者の常居所地法が同一であること（X・Yは日本に居住する）などから，日本が結果発生地のカナダより明らかにより密接な関係を有する法域とみられなくもないからである。また，XおよびYが日本から出発したスキーツアーの参加者であったことが，不法行為が「当事者間の契約に基づく義務に違反して」行われたものとはいえないとしても，「その他の事情」に当たると考えられる。

　福岡高判平成21・2・10判時2043号89頁［百選39事件：高杉直］は，アルゼンチンにおける自動車事故に基づく日本人同乗者から日本人運転者に対する損害賠償請求事件において，法例11条1項によりアルゼンチン法を準拠法としながら，加害者も被害者も日本に常居所を有する日本人であること等を考慮して，アルゼンチン法により損賠償額を算定することは日本の公序に反するとし，法例33条（通則法42条）によりアルゼンチン法の適用を排除して日本法の定める損害賠

償の範囲によるべきであるとしたが，現在では通則法20条で正当化されうる。

　例外条項が適用されるその他の例として，通則法17条によれば結果発生地や加害行為地がいずれの国の領域にも属さない地（たとえば公海）となる場合がある。公海上の船舶衝突の場合には，衝突した船舶に共通の旗国があるときは共通の旗国法の適用，それがないときはそれぞれの旗国法の累積的適用が主張される（通説）が，通則法20条の下では，直接最密接関係法によることも可能である［百選42事件：増田史子］。これに対して，結果発生地が公海上であっても通則法17条の加害行為地法によるべき場合がある（たとえば，東京高判平成25・2・28，野村美明・リマークス48号138-141頁参照）。なお，船舶衝突ニ付テノ規定ノ統一ニ関スル条約（船舶衝突条約）は，衝突船舶のいずれもが締約国に属する場合に適用される。海事事件については，注釈Ⅰ618頁以下［増田史子］参照。

　通則法20条の例外規定は，「前3条の規定にかかわらず」という文言から明らかなように，不法行為（17条）だけではなく，生産物責任（18条）および名誉毀損（19条）の特例についても適用される。

　通則法は，事務管理および不当利得についても，15条に同様の例外を設け，原因事実発生地よりも明らかに密接な法域の法の適用を可能としている。


#### ▼▼▼【もっとくわしく16−1】　例外条項の規定方法と機能

　要綱案中間試案では，第1に，①当事者の常居所地法が同一であるときはその法律により，②不法行為，事務管理または不当利得が当事者間の法律関係に関係するときはその法律による（付従的連結という）ものとする意見が示されていた。第2に，前記1の原則的に連結される法域や，①同一常居所地および②付従的に連結される地より明らかにより密接な関係を有する法域がある場合には，その法域の法律によるという例外条項が提案されていた。これに対して，通則法では，同一常居所地と付従的連結とを独立した連結点としないで，明らかにより密接な関係を判断する要素の1つとしたのである。

　EUの契約外債務の準拠法に関する規則（ローマⅡ規則）4条1項は，不法行為の原則的準拠法を，加害者の予見可能性を問わないで損害発生地法と定め，同条2項は，①加害者と被害者が共通常居所地を有する場合にはその法を適用することとし，さらに同条3項は，②明らかにより密接な関係を判断する根拠の例として，不法行為と密接に関係する契約など，当事者間に既存の関係があることをあげている。

## ▼▼【もっとくわしく16−2】　国家による不法行為とサヴィニー型国際私法

国家の公権力行使に当たる公務員が外国でその職務遂行上違法に私人に損害を与えたとされる場合の賠償責任の問題は，不法行為として侵害結果発生地である外国の法によるべきか。この問題は，基本的に国際私法によって準拠法を決定すべき私法的法律関係ではなく，公法的法律関係とされ，現在では国家賠償法の問題となる（→第1章**3**[**1**]）。

なぜそうなるかについて，ある裁判例は次のように説明する。

「元来，法例は，サヴィニー（Friedrich Carl von Savigny: 1776-1861）の，国家と市民社会とは切り離すことができ（これにより国際私法は主権の衝突ではないと考えることができるようになる。），市民社会には特定の国家法を超えた普遍的な価値に基づく私法があり，これはどこの国でも相互に適用可能なものであり，個人にその生活の本拠があるように，私的法律関係にも『本拠(Sitz)』というべき法域があり，それを常に適用することによって，どこで裁判がなされても同じ結果がもたらされうるという考え方（サヴィニー型国際私法）を前提とする，ローマ法の伝統，キリスト教など共通の価値観を基礎とするヨーロッパの『国際法的共同体』という思想を基礎とするものであるとされている。［……中略……］

右のように，私法的法律関係の「本拠」として，法律関係に最も密接に関係する地の法律を適用するというサヴィニー型国際私法の前提は，私法の領域では，法の互換性が高く，法律の所属する国家の利益に直接関係しないということにあるから，国家利益が直接に反映され，場合によっては処罰で裏打ちされることもある公法的な法律関係については，その選定［前提］を欠き，埒外の問題とされる。すなわち，そのような法律関係は，サヴィニー型国際私法における右の前提を欠くからである。」(東京地判平成11・9・22判タ1028号92頁（河野俊行・ジュリ1179号（重判平成11年度）302頁参照)

# **5**　当事者自治

---

＊通則法21条

（当事者による準拠法の変更）

　不法行為の当事者は，不法行為の後において，不法行為によって生ずる債権の成立及び効力について適用すべき法を変更することができる。ただし，第三者の権利を害することとなるときは，その変更をその第三者に対抗することができない。

---

　不法行為，事務管理および不当利得について，通則法は21条で事後的な当事
者自治を認めている。★**判例16－4**のカナダ・スキーツアー事件は，不法行
為地法主義によれば，事故が起こったカナダの州の法律を準拠法とすべき事例
であった。日本法を準拠法とする１つの根拠は，当事者が準拠法についての格
別の主張をすることなく日本法によることを当然の前提として訴訟を進めたこ
とであった。通則法17条では，不法行為は原則として結果発生地に連結され
る。しかし，通則法21条で当事者自治が認められたことによって，不法行為の
後ならば，当事者は正面から日本法を選択することが可能となる。訴訟におい
ても，当事者が「準拠法についての格別の主張をすることなく，我が国の法律
によることを当然の前提として，それぞれに事実上及び法律上の主張を展開し
ており，したがって両者ともに日本法を準拠法として選択する意思であると認
められる」といえるだろう。

　通則法21条は，通則法17条などによってすでに準拠法が客観的に定まってい
ることを想定して，事後的に「適用すべき法を変更することができる」と書い
たのである。ただし，第三者の権利を害することとなるときは，その変更を第
三者に対抗することができない（→第**12**章**4[4]**(a)）。

## *6*　法廷地不法行為法の留保

---

**＊通則法22条**
　（不法行為についての公序による制限）
　不法行為について外国法によるべき場合において，当該外国法を適用すべき事実が日本法
によれば不法とならないときは，当該外国法に基づく損害賠償その他の処分の請求は，する
ことができない。
2　不法行為について外国法によるべき場合において，当該外国法を適用すべき事実が当該
　外国法及び日本法により不法となるときであっても，被害者は，日本法により認められる
　損害賠償その他の処分でなければ請求することができない。

---

　通則法22条は，法例11条２項および３項がそれぞれ不法行為の原因および救
済方法に関して日本法を留保していたものを，１項および２項で引き続き維持

することにした。学説上はこれら特別留保条項に対する批判が強い。内国法を過度に優先する，不法行為の成立を制限するので被害者保護に欠ける，あるいは通則法42条のような一般的な外国法排斥条項に委ねれば足りるというのがその理由である。海外における立法例も少ないといわれる。**★判例16―2**は，米国特許権を米国で侵害する行為を日本で積極的に誘導した者は，合衆国特許法の規定によって損害賠償責任が肯定される余地があるとしながら，法例11条2項［通則法22条1項］により日本法を累積的に適用して，属地主義の原則を採用する日本法の下においては，「登録国の領域外において特許権侵害を積極的に誘導する行為について，違法ということはできず，不法行為の成立要件を具備」しないとした。

　通則法22条2項の「日本法により認められる損害賠償その他の処分」に当たらない例としては，米国法上の懲罰的損害賠償が考えられる。日本法により認められないような実損額とかけ離れた法外な損害賠償請求は，同項により被害者は請求することができない。

### ▼▼【もっとくわしく16―3】　外国判決の承認・執行

　懲罰的損害賠償を命じた米国の判決が日本において効力を有するかは，外国判決の承認・執行の問題である（→**第2章4**）。補償的損害賠償に加えて，「見せしめと制裁のために……懲罰的損害賠償としての金員の支払いを命じた」ような外国判決は，民訴118条3号の公序に反するものとして，懲罰的損害賠償を命じた部分は日本では承認されない（最二小判平成9・7・11民集51巻6号2573頁**【設例2―2】萬世工業事件**［百選111事件：横山潤]）。

## *7*　不法行為と相続

### ［設例16―1］　カリフォルニア自動車事故事件

　Aさんは，米国のカリフォルニア州にある英語学校へ留学中のある日，留学生仲間のB君の借りたレンタカーでドライブに出かけた。B君は，ハイウェイを制限速度をオーバーして運転するうちに，ハンドル操作を誤り，車を反対車線に進入させてしまった。車は対向して進んできた貨物トラックと正面衝突し，B君は即死，A

さんは重傷を負った。Ａさんは，近くの病院に収容されてから１か月後にようやく意識を回復して，すぐに両親と日本へ帰国して病院に入院したが，現在も治療中である。Ａさんの傷は全治する見込みはなく，常に介護が必要なほどの後遺障が残ってしまった。

　Ａさんがもし事故にあわなければ，就職して退職するまでに少なくとも6000万円ほどの収入があったと計算されている。Ａさんはすでに治療費や付き添い看護費などで700万円を出費しており，これからも相当の出費が予想される。車を運転していた亡Ｂ君の主な遺産は，アメリカでレンタカーを借りるときに加入した生命保険の保険金約2000万円しかない。この遺産についてはカリフォルニアで遺産管理手続が行われたが，Ａさんはここから本件事故による損害賠償債務の弁済として700万円を受け取っただけである。Ａさんは，Ｂ君の両親を被告として，大阪地方裁判所で損害賠償請求の訴訟をした。Ａさんの請求は認められるか。

　なお，ＡさんとＢくんの両親の主張は次の通りである。

　(1)　Ａさん（原告）の主張：　重大な過失があったＢ君は本件事故によって生じた損害を賠償する責任があるが，その損害賠償債務は通則適用法36条（法例26条）により定まる相続準拠法である日本法（民法896条［相続の一般的効力］，889条１項［相続人］）による相続によって，一人っ子であったＢ君の両親が相続したものである。

　(2)　Ｂ君の両親（被告）の主張：　不法行為に基づく損害賠償債務が相続されるかどうかは通則法17条（法例11条１項は内容変更）により，カリフォルニア州法により決定されるべきで，カリフォルニア州法によれば損害賠償債務は相続の対象にならない。（→【もっとくわしく11−1】）

＊大阪地判昭和62・２・27交民集20巻１号268頁・判時1263号32頁［百選79事件：中西康］をもとに作成。

　設例はつぎの２つの方針で解答することができる。どちらが説得的だろうか。

　㋐　まず，本件債務が被告らに相続されるというためには，不法行為準拠法（個別準拠法）であるカリフォルニア州法も相続準拠法（包括準拠法）である日本法もともに債務が相続されることを認めていなければならないと解釈できる。すると，カリフォルニア州法が相続を認めていないので，日本法上そのような債務の相続が認められるとしても，本件債務が相続によって被告らに受け継がれることはないから（個別準拠法は包括準拠法を破る），原告は被告に対して損害賠償請求ができない（上記裁判例の採用した考え方である。山田・早田編130-133頁［中野俊一郎］参照。）。

　㋑　以上に対して，①不法行為による損害賠償債務は，債務者の死亡後も存

続し，相続人に移転するかの問題と，②遺産が債務超過になったとき残存債務
は相続されるかの問題を区別し，①は不法行為準拠法であるカリフォルニア州
法により，②は相続準拠法である日本法により判断することができる。移転可
能性はカリフォルニア州法も認めているので，残存債務の相続性の点を日本法
によって判断すればよい（鳥居淳子・判タ臨増677号170頁も参照。より厳密ではあ
るが，同旨を説く）。民法896条によれば，死亡加害者の両親はその一切の権利義
務を承継する。

　なお，**［設例16—1］**で，不法行為の当事者であるAさんとB君の常居所
地がその当時日本にあったとすれば，例外条項により最密接関係地法である日
本法を適用することが可能である（→本章**4**）。

**【参考文献】**

16-①　植松真生「新国際私法における不法行為」年報8号65-85頁（2006年）

16-②　奥田安弘「法の適用に関する通則法の不法行為準拠法に関する規定」年報8号40-
　　　64頁（2006年）

16-③　中西康「法適用通則法における不法行為」年報9号68-103頁（2007年）

16-④　中野俊一郎「法適用通則法における不法行為の準拠法について」民商135巻6号
　　　931-953頁（2007年）

16-⑤　不破茂『不法行為準拠法と実質法の役割』（愛媛大学法学会叢書，13）（成文堂，
　　　2009年）

16-⑥　横山潤「不法行為地法主義の限界とその例外」年報2号69-89頁（2000年）

【キーワード】　生産物責任／名誉毀損／信用毀損／不正競争／事務管理／不当利得

# *1* 概　　観

　第17章でみる生産物責任の準拠法ルール（通則法18条）および名誉または信用毀損の準拠法ルール（19条）は，不法行為の原則的準拠法を定めた17条の特則であり，通則法ではじめて導入された規定である。不正競争の準拠法ルールも同様に検討されたが，立法には至っていない。
　事務管理および不当利得の準拠法（14条）は，通則法が制定される前の法例11条が定める原因事実発生地法を維持している。もっとも，通則法15条による明らかにより密接な関係がある地がある場合の例外（20条参照）および同法16条による当事者による準拠法の変更（21条参照）を認めた点が，法例の場合と異なる。

# *2* 生産物責任の準拠法

----------------------------------------

＊通則法18条
（生産物責任の特例）
　前条の規定にかかわらず，生産物（生産され又は加工された物をいう。以下この条において同じ。）で引渡しがされたものの瑕疵により他人の生命，身体又は財産を侵害する不法行為によって生ずる生産業者（生産物を業として生産し，加工し，輸入し，輸出し，流通させ，又は販売した者をいう。以下この条において同じ。）又は生産物にその生産業者と認めることができる表示をした者（以下この条において「生産業者等」と総称する。）に対する

債権の成立及び効力は，被害者が生産物の引渡しを受けた地の法による。ただし，その地における生産物の引渡しが通常予見することのできないものであったときは，生産業者等の主たる事業所の所在地の法（生産業者等が事業所を有しない場合にあっては，その常居所地法）による。

----------------------------------------------

　生産物責任の準拠法について定める通則法18条の生産物とは，製造または加工された動産（製造物責任法２条１項）に限らず，建物や未加工の農水産物を含む。本条は，生産物が流通に置かれ消費者等に取得されるまでの市場と考えられる地のうち，被害者が生産物の引渡しを受けた地の法を生産物責任の準拠法と定めつつ（本文），特定の地で引渡しを受けたことを生産業者等が客観的に予見できなければ，その主たる事業所の所在地の法を準拠法とする（ただし書）ことによって，生産者と消費者等（事業者も含まれる）のバランスをはかっている。

　生産物の引渡しを受けた地とは，①被害者が生産物を現実に自己の支配下に置いた地を意味するとする見解と，②被害者が生産物の占有を法的に取得した地とする見解がある（①②のほか，被害者の身体または財産が生産物に内在する潜在的な危険にさらされた地を意味するという見解もある。横山205頁参照）。**[設例17―1]**の場合はいずれの見解によっても結果は変わらないが，国際的な動産売買の場合は検討の余地がある（→**【もっとくわしく17―1】**）。

---

### [設例17―1]　欠陥ヘアードライヤー事件

　2020年１月，日本人Ｘは，アジアのＡ国に主たる営業所を有するＡ国法人Ｙが Ａ国で製造したヘアードライヤーをＡ国の小売店で購入した。Ｘは，日本に帰国後，このドライヤーを使用中に，製品の欠陥のため負傷した。ＸはＹに対して日本の裁判所で損害賠償を求めた。Ｙは日本には営業所も代表者もおいていない。

　㋐　Ｙはヘアードライヤーを日本に向けて輸出しておらず，問題となったヘアードライヤーと同種の製品は日本市場では流通していないと仮定する。Ｘの請求を判断すべき準拠法はいずれの国の法か。

　㋑　ＸがＹから大量にドライヤーを輸入して販売している日本の家電量販店Ｓで製品を取得したとしたら，準拠法は変わるか。

　㋒　Ｘの近くにいた人（バイスタンダー）が負傷した場合はどうか。

　**【設例17－1】**において，通則法17条の本文によれば，加害行為の結果発生地である日本の法律が準拠法となりうる（同条ただし書参照）。これに対して，通則法18条によれば，被害者が生産物の引渡しを受けた地の法が準拠法となる。

　**【設例17－1】**(ア)では，被害者Ｘが生産物であるヘアードライヤーの引渡しを受けたのはＡ国であると考えられるので，Ａ国法が準拠法となる。(イ)のようなＸがヘアードライヤーを家電量販店Ｓから取得した場合には，Ｘが生産物の引渡しを受けたのは日本ということになるから，準拠法は日本法となる。日本の家電量販店ＳがＹ製品の流通経路の末端に位置することから，通則法18条ただし書の解釈上，Ｙは，日本における生産物の引渡しを予見することができるといえる。反対に，ＸがＹの通常の流通経路からはずれた販売店から引渡しを受ける場合などは，同条ただし書により，日本における引渡しについて客観的にみて予見可能性がないといえるので，準拠法はＹの主たる事業所の所在地であるＡ国の法となる。

　(ウ)のバイスタンダーの場合には，生産物の引渡しがあったとはいえないので，本条ではなく不法行為の原則である17条によって準拠法を決定すべきである。しかし，引渡しを受けた者と同居する家族などは，被害者と同一視できるものというべきである。

　なお，生産物責任の場合にも，一般の不法行為の場合と同様に，事後的な当事者自治（21条）と例外条項としてのより密接な関係地法（20条）の適用がある。

### ▼▼【もっとくわしく17－1】　国際売買における引渡し　【国際取引法】

　Ａ国のメーカーＹが日本の商人Ｘに機械を販売し，ＹがＡ国の港で運送人に引き渡し，その後Ｘが日本でその機械を使用中にその瑕疵により重傷を負ったような場合には，上記①の見解ではＸが生産物を現実に自己の支配下に置いた地は日本であるといえるから，Ｙの生産物責任の準拠法は日本法となる。Ｙはその機械を日本に向けて輸出したのであるから，通則法18条の意味における日本における「引渡し」を通常予見できたはずである。

　これに対して上記②の見解によれば，Ｘが生産物の占有を法的に取得した地はＡ国であると解釈できれば，Ａ国法が準拠法となる。しかし，生産物の占有を法的に取得するというためには，物権準拠法による判断，たとえばその物権準拠法が日本法であるという場合，民法183条の占有改定や同182条の代理占有が

認められるかなどの判断が必要となりうる。

なお，契約上定められた引渡地やFOB（本船渡条件）などのような定型取引条件による引渡地（船積港）は，通則法18条の引渡地と同一視すべきではない。

FOBとはFree on Boardの略である。国際商業会議所（ICC）がまとめた「インコタームズ2020」によれば，物品の運送契約は買主が締結し，物品が指定船積港において本船上に置かれたときに，売主が引渡義務を履行したことを意味する（船積港に着目してFOB Kobeのように記載する）。このことは，それ以後買主が物品に関する一切の費用および滅失または損傷の危険を負担しなければならないことを意味する。CFR（運賃込）およびCIF（運賃保険料込）条件は，本船上が引渡義務，費用および危険負担の境界になることはFOBと同じであるが，売主が運送契約を締結し，目的港までの運賃や保険料を負担する（目的港に着目してCFR San Franciscoのように記載する）点が異なる。

---

**【立法例17―1】　契約外債務の準拠法に関する規則（ローマⅡ規則）**
　EUでは，契約外債務の準拠法については，非構成国を当事国とする他の既存の条約（交通事故の準拠法に関するハーグ条約，生産物責任の準拠法に関するハーグ条約など）に反しない限り，この規則の定めるところによる。ローマⅡ規則5条1項は，製造物責任は，次の地が生産物の販売地と一致することを条件として，段階的に，(a)被害者の常居所地の法，(b)生産物の取得地の法および(c)損害発生地の法によるものとし，ただし以上の地において加害者がその生産物または同種の生産物の販売を通常予見することができない場合には，生産者の常居所地の法によるものと定めている。

---

# *3*　名誉毀損・信用毀損の準拠法

---

＊通則法19条
　（名誉又は信用の毀損の特例）
　第17条の規定にかかわらず，他人の名誉又は信用を毀損する不法行為によって生ずる債権の成立及び効力は，被害者の常居所地法（被害者が法人その他の社団又は財団である場合にあっては，その主たる事業所の所在地の法）による。

---

　通則法19条が定める名誉毀損または信用毀損の原則的準拠法は，被害者の常

居所地法である。ただし，名誉毀損の場合にも，一般の不法行為の場合と同様に，事後的な当事者自治（通則法21条）と例外条項としての明らかにより密接な関係地の法（同法20条）の適用がある。

---

**［設例17－2］　国境を越えた名誉毀損**

　Ｘは，アジアのＡ国とＢ国で活躍する日本の騎手（日本に常居所を有する）である。Ｙは，スポーツ新聞Ｓ紙を発行する日本の新聞社である。Ｙは，Ｘに現地の犯罪シンジケートがらみの八百長レースの疑惑があるなどという新聞記事をＳ紙上に掲載して，全国に報道した。Ｓ紙はＡ国およびＢ国でも日系人相手に代理店を通じて販売されている。Ｘは，本件記事の掲載によって名誉を傷つけられた，本件記事は日本国内のみならず，Ａ国およびＢ国のマスコミ，競馬関係者の間においても周知の事実となっており，騎手としての名声や社会的信用が失墜させられたとして，Ｙに対して日本の裁判所で慰謝料等と謝罪広告を求めた（以上，「競馬ジョッキー事件」東京地判平成4・9・30判時1483号79頁［百選44事件：野村美明］をアレンジした。）。Ｘの請求を判断する準拠法はどの国の法か。Ｘの常居所地がＡ国またはＢ国である場合はどうか。

---

　設例において，Ｘの常居所地が日本であれば，通則法19条によって被害者の常居所地である日本の法が準拠法となる。しかし，Ｘの常居所地がＡ国またはＢ国である場合には，それぞれＡ国法またはＢ国法が適用される。設例ではＡ国またはＢ国におけるＳ紙の販売は，Ｙの意図するところであった。しかし，Ｓ紙がＹの支配下にはない第三者によってＡ国やＢ国にもたらされたとすれば，これらの国での被害発生はＹの予見するところではない。出版社や報道機関が加害者の場合には，憲法上の言論の自由，報道の自由を保障する必要があるから，このような場合は，連結点についての予見可能性は重視されるべきである。この点では，被害者の常居所地よりも情報の頒布地（受信地）の方が連結点としてすぐれている。

　出版社や報道機関の常居所地では名誉毀損に当たらない行為（刑法230条の2参照）が被害者の常居所地の法では違法になる場合や，外国法による救済が，たとえば日本国憲法が保障する良心の自由（憲法19条）を侵害するおそれがある。このような場合には，通則法42条の一般的公序条項ではなく，同法22条1項および2項の留保条項で処理することになる。

## ★判例17―1　インターネットを介した名誉毀損およびプライバシー権侵害事件

東京地判平成28・11・30判タ1438号186頁［羽賀由利子・ジュリ1518号（重判平成29年度）306頁］

日本在住の日本人X1が東京の高級住宅街に新居を建設していること等に関する英文記事（以下，本件記事）等が，米国に本社を置く通信社であるY1・Y2の運営するインターネットウェブサイト上に掲載された。これにより，X1のプライバシー権並びにX1およびX2（X1が代表者を務める会社）の名誉権が侵害されたなどと主張して，Xらは，Yらに対し，共同不法行為に基づく損害賠償の支払を求めるとともに，人格権に基づき上述の記事等の削除を求めた。裁判所の準拠法判断は以下の通りである。

「XらのY2に対する請求のうち，名誉権侵害の不法行為を理由とする部分については，通則法19条により，Xらの常居所地法である日本法が適用されることとなる。また，上記認定のとおり日本国内においてX1のプライバシー権侵害が発生しており，上記結果の発生が通常予見することのできないものであったとも認められないから，プライバシー権侵害の不法行為を理由とする部分については，同法17条により，結果発生地法である日本法が適用されることになる。」

《コメント》

★判例17―1は，名誉毀損の準拠法決定につき，通則法19条が適用された事案である。なお，本判決ではプライバシー権侵害の準拠法決定につき17条を適用しているが，これに関しては19条によるべきであったとの指摘がある（同上，および，渡辺惺之・リマークス57号151頁参照）。

ちなみに，国際裁判管轄の有無の判断で，東京地裁は，名誉権侵害を理由とする請求について，併合管轄（民訴3条の6，38条）（→第16章2）を認めた。すなわち，同裁判所は，プライバシー権侵害を理由とする本件記事の削除請求について不法行為地管轄（同3条の3第8号）（→第16章2）を認め，このうえで，前者の請求と後者の請求との間に密接な関連性があることは明らかであり，かつ，各原告の請求相互間には民訴法38条前段所定の関係があるとして，前者の請求について併合管轄があるとした。前者の請求について不法行為地管轄が認められなかったのは，本件記事によるXらの名誉権侵害はないと判断されたからである。

### ▼▼【もっとくわしく17−2】　拡散型の隔地的不法行為と結果発生地

【設例17−2】の名誉毀損や越境的環境汚染の場合のように，一般的に，加害行為地（行動地）と損害発生地（結果発生地）が異なった国にある場合を，隔地的不法行為という。隔地的不法行為の時の不法行為地の決定については，行動地説と結果発生地説などの諸説があったが，一般的不法行為の原則的準拠法を結果発生地法としたので，結果発生地が単一の場合には立法的に解決された。

しかし，損害が同時に複数の国で発生する「拡散型」または「並列型」不法行為の場合には，結果発生地の確定が問題となる。通則法19条は被害者の常居所地法を準拠法と定めるから，名誉毀損の場合には結果発生地の確定は不要である。

なお，A国で受傷してB国で死亡したような連鎖型（直列型）不法行為については，最も重大な結果が生じた場所を不法行為地（結果発生地）と考えることができる。営業秘密の不正取得行為，開示ないし使用行為のように，不法行為が複数の国にまたがる一連の侵害行為からなる場合に，主たる違法行為が行われた地を不法行為地とした事例として，東京地判平成3・9・24判時1429号80頁がある（百選38事件［齋藤彰］，野村美明・リマークス7号156頁参照）。しかし，拡散型の場合にもそう言えるかは疑問である。以上に対して，損害ごとに各々の結果発生地法を適用する見解（「モザイク理論」と呼ばれる）がある。

## 4　不正競争の準拠法

不正競争の準拠法は通則法に明文規定を置くことが見送られたため，準拠法決定は現在も解釈に委ねられている。下級審の裁判例は相当蓄積されているが，その判断は統一されているとは必ずしも言えない。

### ★判例17−2　サンゴ砂事件（★判例22−1）

東京地判平成15・10・16判タ1151号109頁［藤澤尚江・ジュリ1287号143頁］

原告X（日本法人）は，サンゴ化石微粉末健康食品を製造，販売し，米国にも輸出，販売している。被告Y（日本法人）は，サンゴ砂を利用した発明について米国特許権を有する。Yは，Xの取引先の訴外A（米国法人）に，Aが米国で販売している商品がYの米国特許権を侵害する旨，Aからの回答がなければ直ちに米国裁判所に提訴する旨を警告し，Xに対しても同様の警告を行った。この警告行為が不正競争防止法の虚偽事実の告知・流布に当たり，Xの営業上の信用を毀損するとして，XがYの告知流布に対する差し止めを請求したところ，裁判所は「差止請求権は，営業誹

謗行為の発生を原因として競業者間に法律上当然に発生する法定債権」だとして，法例11条１項により請求権の原因事実の発生地の法が準拠法となるから，Ｙが電子メールおよび郵便書簡を発信ないし発送した地である日本の法を準拠法とした。

★**判例17－2**のような問題の法律関係を，通則法下でも一般的不法行為（17条）と性質決定し，結果発生地が米国とされれば，米国法が準拠法となる可能性がある。これに対して，信用毀損と性質決定すれば，通則法19条（→本章**3**）により，被害者Ｘの主たる事業所の所在地法である日本法によることになる。

上記事案のような競業者の利益保護ではなく，たとえば他人の周知商品等表示の使用の場合など，公正な競争秩序維持という公益に関わるような場合には，そのような公益を侵害した地を17条の結果発生地と解することになるだろう。ただし，通則法20条・21条の例外条項は適用すべきではない（もっとも，20条を適用した裁判例として知財高判平成31・1・24裁判所ウェブサイト）。なお，不正競争にかかる請求を不法行為とは性質決定せず，異なる単位法律関係として，市場地法という独立の連結点を考える立場もある。

---

**【立法例17－2】　契約外債務の準拠法に関する規則（ローマⅡ規則）**
　ローマⅡ規則６条１項は，不正競争から生じる契約外債務の準拠法は，競争関係または消費者の集団的利益が影響を受けるか受けうる国の法であるとしながら，同条２項は，不正競争行為が専ら特定の競争者の利益に影響を与える場合には，不法行為の原則的準拠法を定める４条を適用するものと規定している。

---

## **5**　事務管理・不当利得の準拠法

---

＊**通則法14条**
　（事務管理及び不当利得）
　事務管理又は不当利得によって生ずる債権の成立及び効力は，その原因となる事実が発生した地の法による。
＊**通則法15条**
　（明らかにより密接な関係がある地がある場合の例外）

　前条の規定にかかわらず，事務管理又は不当利得によって生ずる債権の成立及び効力は，その原因となる事実が発生した当時において当事者が法を同じくする地に常居所を有していたこと，当事者間の契約に関連して事務管理が行われ又は不当利得が生じたことその他の事情に照らして，明らかに同条の規定により適用すべき法の属する地よりも密接な関係がある他の地があるときは，当該他の地の法による。

＊通則法16条

（当事者による準拠法の変更）

　事務管理又は不当利得の当事者は，その原因となる事実が発生した後において，事務管理又は不当利得によって生ずる債権の成立及び効力について適用すべき法を変更することができる。ただし，第三者の権利を害することとなるときは，その変更をその第三者に対抗することができない。

--------------------------------------------------

## [1]—— 不当利得の準拠法

　通則法14条は，不当利得の成立および効力は原因事実発生地によるものとし，不当利得地法主義を採用している。不当利得地より密接な関係を有する法秩序がある場合にそなえて，通則法15条の例外条項が設けられている（20条参照）。

　たとえば，日本のX会社が契約（契約準拠法は日本法とする）に基づいてG国のY会社に財貨を給付したが契約が無効だったので，財貨を取り戻すというケースを考えてみよう。XがYから財貨を取り戻すことができるかという問題は，原因となった契約（基本関係）の延長の問題とみることができる。つまり，ある基本的な法律関係に基づいて財貨が給付された場合の利得の返還いかんの問題は，通則法15条によれば，明らかに不当利得地よりも基本関係である契約に「より密接な関係がある」といえる。したがって，この例では不当利得地であるG国法でなく，契約準拠法である日本法によって不当利得の成立と効力を決定する方がふさわしいことになる。これに対して，誤って配達された商品を第三者が使用した場合（他の例として，他人の別荘を勝手に使用したような場合）は，不当利得地法の適用は不合理ではない。

　なお，通則法15条により，契約準拠法を適用した裁判例として，東京高判平成31・1・16金法2122号66頁がある。

★判例17— 3　　中国映画著作権事件

知財高判平成24・2・28裁判所ウェブサイト［木棚照一・ジュリ1446号122頁］

　中国法人であるＸは記録映画（本件各原版）の著作権を有しているが，Ｙの製作・販売に係るDVDが上記記録映画を複製または翻案したものであること等を主張して，Ｙに対し，不法行為に基づく損害賠償を請求したところ，Ｙは，Ｘが本件各原版に係る著作権を有することを争うとともにＹはＸから本件各原版の利用許諾を受けていたことなどを主張した。原審は，著作権侵害を理由とする不法行為に基づく損害賠償請求については日本法を準拠法とし，その一部については時効消滅したと判断して，Ｘの損害賠償請求のうち10万5000円の限度で認容した。控訴審は，Ｘが新たに追加した不当利得返還請求に関する準拠法について，次のように判断した。

　「本件において，ＸがＹにより本件各原版が複製され，Ｙ各DVDが販売されたと主張するのは我が国であるから，『その原因となる事実が発生した地』（法の適用に関する通則法14条）として，日本法が準拠法となる。もっとも，不法行為に基づく損害賠償請求権及び不当利得返還請求権に係る準拠法が，日本法であることについて，当事者間に争いはない。」「Ｙは，本件各原版の著作権者であるＸの利用許諾を受けずに，Ｙ各DVDを製造，販売し，本件各原版の使用料相当額の利益を受け，Ｘに同額の損失を及ぼしたものと認められる。」「以上の諸事情を考慮すると，本件各原版の使用料相当額は，Ｙ各DVDの小売価格3800円（税抜）の25％に実販売本数を乗じた額と認めるのが相当であり，Ｙは上記使用料相当額の利得を得たと認められる。」「Ｙが利用許諾権限を有していないプレシャス社ないしGMGに対し上記対価を支払ったことによって，Ｙの利得が法律上の原因がある利得になるとはいえない……。」「Ｙは，Ｘに対し，不当利得に基づき，……本件各原版の使用料相当額として1054万5000円及び……民法704条前段所定の利息の支払義務を負う。」

## ［2］── 事務管理の準拠法

　事務管理とは，日本民法によれば義務なくして他人の事務の管理をすることである。諸外国では，利他的な行為を奨励するか，他人のいらぬお節介を排除するかで，事務管理に対する考え方が異なる。ちなみに，英米法では後者の考えが強く，事務管理という一般的な制度は存在せず，国際私法上も事務管理は単位法律概念として認められていない。

　通則法14条は，事務管理の成立および効力は原因事実発生地法によると規定し，事務管理地法主義をとる。しかし，不当利得の場合と同様，事務管理が当事者間の他の法律関係と関連して行われたような場合には，その法律関係の準拠法によるべきである。このため，不当利得と同様に明らかにより密接な関係

がある地がある場合の例外条項が設けられている（15条）。

　海難救助の法的性質を事務管理またはこれに準ずるものとして，通則法14条以下によって準拠法を決定すべしとする見解がある（広島地裁呉支判昭和45・4・27下民集21巻3・4号607頁［百選37事件：奥田安弘］参照）。この見解によっても，契約による海難救助は契約準拠法による。通則法15条によった場合でも同様の結果となるだろう。公海上の海難救助では，救助船，被救助船のいずれかまたは双方の旗国法の適用が主張されるが，これも通則法15条によって根拠づけられる。

　以上に対し，海難ニ於ケル救援救助ニ付テノ規定ノ統一ニ関スル条約（海難救助条約）が適用される場合には，通則法の適用は問題とならない。

**【参考文献】**

17-①　池原季雄ほか「わが国における海事国際私法の現況」海法会誌復刊30号3-60頁（1986年）

17-②　金彦叔『国際知的財産権保護と法の抵触』（学術選書63，知的財産法）213-219頁（信山社，2011年）

17-③　高桑・論集「海事法律関係と法例の適用」328-354頁

17-④　出口耕自「国際不正競争の準拠法」日本国際経済法学会年報23号106-123頁（2014年）

17-⑤　道垣内正人「海事国際私法」落合誠一・江頭憲治郎編集代表『海法大系』669-693頁（商事法務，2003年）

17-⑥　横溝大「抵触法における不正競争行為の取扱い──サンゴ砂事件判決を契機として」知的財産法政策学研究12号185-240頁（2006年）

# 第18章　債権・債務の移転

【キーワード】　債権譲渡／債権の譲渡性／譲渡制限特約／債権譲渡の第三者に対する効力／証券化／債権の法定移転／保険代位／代位弁済／債務引受

## 1 概　　観

　本章では，債権・債務の移転の準拠法の問題を扱う。まず，債権の法律行為による移転（債権譲渡）について，(1)債権譲渡の譲渡当事者間の効力，(2)債権の譲渡性，(3)債権譲渡の債務者その他の第三者に対する効力を，次に，債権の法律上の移転（法定移転）について，最後に，債務引受について，それぞれ説明する。

## 2 債権譲渡の準拠法

------------------------------------------------

\* 通則法23条
　（債権の譲渡）
　債権の譲渡の債務者その他の第三者に対する効力は，譲渡に係る債権について適用すべき法による。

------------------------------------------------

　債権譲渡とは，譲渡人と譲受人とが法律行為（主に契約）によって債権を移転させることを意味する。通則法23条は，債権譲渡の第三者に対する効力を，譲渡対象である債権の準拠法に服するものとしている。
　債権譲渡の第三者に対する効力には，2つの問題が含まれている。第1に譲

受人が債務者に権利行使ができるかという問題（**[設例18－2]**）と，第2に譲渡人または譲受人（譲渡当事者）が譲渡の事実を債務者以外の第三者（債権質権者，債権の差押債権者，債権の二重譲受人）に対抗できるかの問題（**[設例18－3]**）である。適式の対抗要件を備えた第三者どうしの優劣問題も，後者の問題である。

　通則法23条は，(1)債権譲渡の譲渡当事者間の効力，そして，(2)債権の譲渡性の問題は適用対象としない。また，有価証券の譲渡は，後述第**21**章**4**で扱う。

### [1]――　債権譲渡の譲渡当事者間の効力

　債権譲渡の譲渡当事者間の債権債務関係は，債権譲渡の原因となる法律行為（原因行為）の準拠法による（第**12**・**13**章参照）。他方，通則法は，債権譲渡の成立や当事者間の効力，すなわち債権譲渡自体の準拠法に関する規定をおいていない。学説は2つに整理できる。第1に債権譲渡自体の準拠法を当事者が選択できるとする（当事者自治を認める）立場，第2に当事者自治を認めないで譲渡債権自体の準拠法による立場である。後者の債権準拠法説は，たとえば，契約から生じた債権は契約準拠法，不法行為から生じた債権は不法行為準拠法によると考える。

　債権譲渡は厳密には原因行為（たとえば債権の売買契約）自体ではなく，債権を移転する処分行為（準物権行為）であるから，形式的には債権を支配する準拠法によらせることに理由がある。しかし，日本法上は，たとえば債権売買の場合には，債権売買契約によって当事者間に債権を移転すべき義務の発生と債権移転の効果がともに発生するのが原則である。実体法との整合性を考慮すれば，国際私法上も債権譲渡の効力は売買契約の準拠法でみるのが合理的である。また，現代社会における債権譲渡の経済的機能の重要性を考えれば，債権流通の円滑化の観点からも当事者自治を認めるべきである（**[立法例18－1]**参照）。

---

　**【立法例18－1】　契約債務の準拠法に関する規則（ローマⅠ規則）**
　第14条　債権譲渡と任意代位
　1　債権譲渡又は任意代位における譲渡人と譲受人相互間の関係は，この規則にもとづき譲渡人と譲受人との間の契約に適用される法に規律される。

---

図18-1　債権の譲渡性

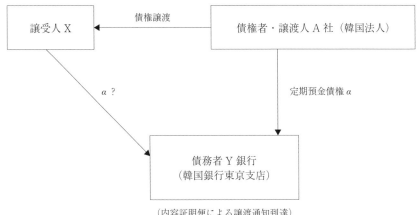

（内容証明便による譲渡通知到達）

> 2　譲渡又は代位される債権の準拠法は，債権の譲渡可能性，譲受人と債務者との関係，債務者に対する譲渡又は代位の対抗要件及び債務者による弁済の効果を決定する。
> 3　本条の債権譲渡の概念は，債権の完全な譲渡及び譲渡担保，質権，その他の債権に対する担保を含む。

## ［2］—— 債権の譲渡性

> **［設例18−1］　譲渡制限特約**（図18-1参照）
> 韓国法人A社は，韓国銀行Yの東京支店に対する定期預金債権αを有していたが，この定期預金債権αには譲渡制限特約があり，証書にはその旨の記載があった。AはXにこの定期預金債権αを譲渡した。XがYに対して定期預金債権αの払戻しを請求できるかは，どこの国の法により判断されるか。なお，定期預金債権αは，韓国政府がY銀行総裁に対してした，A株式売買代金を東京支店に預けおくことという決定に従い，Yが上記預金としたものであった。
> ＊東京地判昭和42・7・11金法485号33頁［百選46事件：藤澤尚江］を元に作成。

　ある債権が譲渡できるかどうかという債権の譲渡性の問題は，債権自体の性質の問題として，譲渡債権の準拠法によると考えられている。通則法に明文の規定はないが，理屈は通っている。設例をAY間の譲渡制限特約をXに対して主張できるかという問題ととらえれば，債権の譲渡性の問題と性質決定さ

れ，譲渡債権である定期預金債権 $\alpha$ の準拠法で判断することになる（定期預金債権の準拠法については，★**判例12—2** およびその**コメント**を参照）。

　以上に対して，設例を X が債務者 Y に対する権利行使ができるかという問題ととらえれば，その法律関係は債権譲渡の債務者に対する効力の問題と性質決定されるから，通則法23条の問題となる。

### [ 3 ]—— 債権譲渡の第三者に対する効力

(a) 債務者に対する効力

> **［設例18—2］ ハワイ貸金債権譲渡事件**
> 　日本に住む Y はハワイ旅行中に金に困り，ハワイに常居所を有する日系人 A からドルで借金をした。A はこれによって生じた貸金債権を日本に住む X に譲渡した。その後，Y が貸金を A に弁済したあとで，X が Y に対して，「Y 殿　私こと A は，貴殿に対する私の貸し金○○ドルを X に譲渡したことをここに通知します。」という書面を示して，弁済を求めた。Y はすでに A に弁済したことをどこの国の法に基づいて X に主張できるか。
> ＊最一小判昭和40・12・23民集19巻 9 号2306頁を元に作成。

　債務者 Y が旧債権者 A にした弁済は有効か（譲受人 X が債務者 Y に権利を行使できるか）の問題は，債権譲渡の債務者に対する効力として性質決定される。通則法23条によれば，譲渡に係る債権の準拠法を決定しなければならない。譲渡に係る債権は，Y と A との間の貸金契約から生じた債権であるから，債務者 Y のした弁済の有効性は貸金契約の準拠法に従う。貸金契約の準拠法は，通則法 7 条により，当事者による準拠法に関する明示の指定がない場合は黙示の意思の解釈で決めることになる。黙示の意思もない場合には，通則法 8 条の最密接関係地法によることになる。貸金契約を銀行サービスと類似とみれば，貸主 A による資金の給付行為が特徴的給付となり，A の常居所地法であるハワイ州法が最密接関係地法と推定される。したがって，Y は，ハワイ州法に基づき，A に弁済したことを主張することができる。

(b) 債務者以外の第三者に対する効力

> **［設例18—3］ 二重譲渡**（図18-2 参照）
> 　日本に在住する華僑の実業家 A はタイに本店のある T 銀行の東京支店 Y との間

図18-2 債権譲渡の第三者(債務者を含む)に対する効力

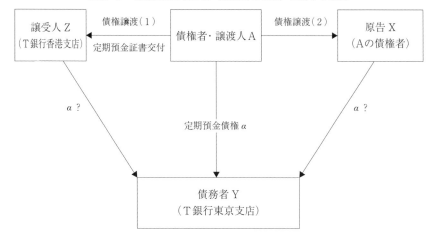

で定期預金契約を締結し,その結果Yに対して定期預金債権αを有することになった。Aは香港での事業のために同じくT銀行の香港支店Zから融資を受ける担保として,定期預金債権αを,預金証書をZに交付する方法でZに譲渡した(1)。ところが,Aは日本の事業について融資を受けていたXに対しても,同じ定期預金債権αを二重譲渡してしまった(2)。XとZのどちらが債権αを取得するかは,どこの国の法により判断されるべきか。
＊最一小判昭和53・4・20民集32巻3号616頁[百選30事件:野村美明]を元に作成。

　設例で,二重譲渡の譲受人間の優劣関係を債権譲渡の第三者に対する効力の問題と性質決定すれば,通則法23条に従い,譲渡債権の準拠法によって判断すべきことになる。譲渡債権の準拠法は定期預金契約の準拠法となる。【設例18—2】と同様に,定期預金契約の特徴的給付は銀行サービスの提供であると考えれば,それを提供した東京支店Yの所在地である日本の法が最密接関係地法と推定される。したがって,XとZとの優劣は,日本法により判断されるべきである。日本法に従い,XがZに自らが債権者であることを主張するためには,「確定日付ある証書」による債務者Yへの通知または債務者Yからの承諾が対抗要件として求められる(民法467条2項)。このとき,「確定日付ある証書」と認められるか(民法施行法5条参照)は,方式の問題として,通則法10条によることになる。

図18- 3　債権の証券化（売掛債権）

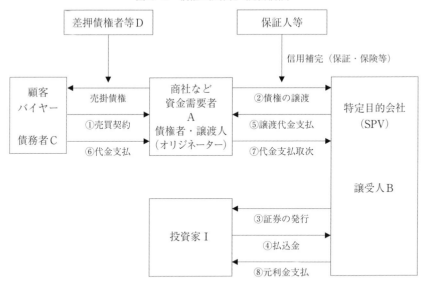

▼▼【もっとくわしく18―1】　債権の証券化（セキュリタイゼーション）と法的対応

　典型的な債権流動化（債権をキャッシュにする）取引は，大数の法則により，多数の債務者の1人1人の住所のいかんや，1つ1つの債権の不履行や差し押えによる価値把握とは関係なく組成される。重要なのは，キャッシュフロー（たとえば**図18- 3**の④→⑤や⑥→⑧のお金の流れ）の源泉である多数の債権が全体として有効に譲渡されたことである。**図18- 3**は，証券発行を利用した債権の流動化（「証券化」といわれる）の流れをあらわしている。資金が必要な債権者A（「オリジネーター」といわれる）が，譲受人B（特定目的事業体〔SPV〕）に売掛債権を集合的に譲渡している（②）が，Bはその譲渡代金を獲得するために，債権の生み出した⑥→⑧

のキャッシュフローを利用して投資家Iに支払うことにして（譲渡債権を引き当てに）投資家Iに社債などの証券を発行（証券化）する（③）。他方，Bは，証券に対するIの払込金④を利用してAに譲渡代金⑤を支払うことになる。なお，債権の流動性を高めるため，保証人等により保証・保険等が付される（信用補完）こともある。

　差押債権者DはA・B間の債権譲渡の第三者であるが，Aの破産の場合などに出現するDが「Aの債権」を差し押えたときに，A・B間の譲渡がDに対して対抗できないと，以上の証券化取引は根底から崩れてしまう。したがって，譲渡人が金融目的で債権を流動化させる取引においては，債権譲渡の債務者

以外の第三者に対する効力の問題は，譲渡人（債権者）の住所地（常居所地）に最も密接に関係しているといえる。

通則法23条は国際的な債権流動化のニーズがほとんどないという認識に基づいて立法されたが，多数の国際契約上の債権を一括譲渡する場合のように，準拠法が多様であったり不確定である場合には，譲渡債権の準拠法で譲渡の債務者以外の第三者に対する効力を判断するのは債権流動化取引を不安定にする。また，譲渡人が日本法の譲渡登記による簡便な対抗要件の方法（動産債権譲渡特例法4条参照）を利用することが困難となる。国際的な債権流動化の場合には通則法23

条の適用はなく，条理により，債務者以外の第三者に対する効力は譲渡人の常居所地法によらせるべきである。

企業の金融取引においては，譲渡人の所在地法（常居所地法）主義を採用した立法例として米国の統一商事法典や国際取引における債権譲渡に関する国連条約がある（参考文献18-⑨参照）。2005年のローマⅠ規則案では，企業取引に限らず，一般的に譲渡人の所在地法（常居所地法）が提案されていた。国際私法の現代化に関する要綱中間試案でも，学者を中心に主張されていた（補足説明207-208頁（原資料103-104頁）参照）【国際取引法】。

---

**【立法例18―2】　米国統一商事法典（Uniform Commercial Code）**

米国統一商事法典9-301条(1)は，債務者（debtor）の所在する法域の実質法が担保物に対する担保権の完成，完成および未完成の効果ならびに優先順位を規律すると規定しているが，この規定は担保取引だけではなく，債権の譲渡取引にも適用される（米国統一商事法典9-109条参照）。債権譲渡の場合は，債務者とは債権の売主である譲渡人を意味し，担保物に対する担保権とは債権譲渡を意味する。債権譲渡取引にも本条が適用されるのは，債権の譲渡取引と債権の担保取引とを区別するのが困難だからである。

---

## 3　債権の法定移転の準拠法

債権の法定移転とは，保険代位や弁済による代位のように，法律により債権が第三者に当然に移転する場合をいう。債権の法定移転の要件および効力については明文の国際私法規則はないが，通説はその原因たる事実（たとえば，保険金支払，弁済）の準拠法によるとする。債権の法律上の移転は，弁済等の原因たる事実の効果にほかならないからである（通説をとる裁判例として，神戸地

判昭和45・4・14判タ288号283頁［百選48事件：高杉直］）。他方，債権譲渡との類似性や競合の可能性などから，法定移転の第三者に対する効力は，通則法23条（または23条準用）により移転される債権の準拠法によるとの有力説もある。いずれの説でも，債権の移転可能性や債権の内容などについては，債権の性質の問題として移転される債権の準拠法による。

---

**［設例18－4］　保険代位**

　外国の保険会社Ｘ社は，日本の船会社Ｙが荷送人Ａと締結したイタリアからリベリアへのタイルの海上運送契約について，運送契約上の権利者である荷受人Ｂとの間で海上保険契約を締結した。リベリア到着後，タイルに損傷が発見されたので，ＸはＢに対しその損害を填補するために，保険金を支払った。ＢのＹに対する損害賠償債権が，Ｘに当然移転するか（ＸはＢの権利を代位するか）は，どこの国の法により判断されるか。なお，運送契約書（船荷証券）には，運送契約は日本法に準拠する旨の記載があり，海上保険契約に関しては，保険者の代位に関しスイス法に準拠する旨約定されていた。

＊東京高判昭和44・2・24高民集22巻1号80頁［百選新法対応補正版44事件：森田博志］を元に作成。

---

【参照条文】　日本保険法25条，保険契約に関するスイス連邦法72条（保険者が損害を填補したときは，その限度で，第三者に対する損害賠償債権を取得する）参照。

---

**［設例18－5］　代位弁済（［設例14－1］参照）**

　債権者Ｘ銀行（日本の銀行）と債務者Ａ社（Ｇ国法人）との融資契約について保証人となった日本人弁護士ＹがＡ社に代わって弁済した場合には，ＹがＸに代位するかどうかはどの国の法によるか。

---

　通説に従えば，**［設例18－4］**では保険代位の準拠法は，保険金支払いに適用される保険契約の準拠法（スイス法）となり，**［設例18－5］**の代位弁済の準拠法は，保証人による弁済に適用される保証契約の準拠法によることになる。

　保証契約は主たる債務の準拠法によるという黙示の意思が認められる場合があるだろう（→第**12**章**4**[**2**]）。黙示の意思がない場合には，通則法8条2項によれば，特徴的給付を保証債務の履行だとして，最密接関係地法は保証人の常居所地法と推定される。しかし銀行から融資を受けるための保証の場合や，資産の証券化のための信用補完の場合など，ビジネスの中心がむしろ債権者（銀

行）や債務者（オリジネーター）の主たる事業所の所在地であるときは，通則法
8条2項の推定は覆るだろう（「信用補完」および「オリジネーター」については，
【もっとくわしく18—1】，**図18-3** 参照）。

---

**【立法例18—3】　契約債務の準拠法に関する規則（ローマⅠ規則）**

　ローマⅠ規則15条は，第三者が債権者に弁済する契約上の義務を有する場合また
はその義務の履行として現実に弁済をした場合には，その第三者が債務者に対して
債権者に代位するかどうかは，弁済義務の準拠法により決定すると規定している。
契約外債務の準拠法に関する規則（ローマⅡ規則）19条も同様に，契約外債務につ
いて弁済義務の準拠法によると定めている。これらはいずれも日本の通説と同趣旨
である。

　なお，任意代位は，債権譲渡と同様，ローマⅠ規則14条に従い準拠法が決定され
る（【立法例18—1】参照）。

---

## 4　債務引受の準拠法

　債務引受とは，ある債務と同一内容の債務を，引受人が契約により引受ける
ことをいう。債務引受の準拠法はどう決定すべきか。通説は，債務引受は債権
譲渡に類似するから，国際私法上も債権譲渡の準拠法と同じように考え，引受
けの対象となる債務の準拠法によるべきとする。

　しかし，債務引受は債権譲渡の裏返しではない。日本法上の債務引受には，
引受により債務者が債務を免れる免責的債務引受と，引受人とともに債務者が
債務を負い続ける併存的債務引受とがある。免責的債務引受では，債務者が
免責され，実質的な債務者の変更が生じる。これは，資力の変更につながるか
ら，債権者にとっては「死活問題」である。したがって，免責的債務引受では
債権者保護を考慮し，引き受けの対象となる債務の準拠法によるべきである。
他方，併存的債務引受では，債務者は免責されず，債務者の交代は生じない。
併存的債務引受は，機能的に保証に類似し，保証との区別も困難なことからす
れば，引受契約の準拠法により規律すべきではなかろうか。

　ただし，債務引受は，債務者・引受人・債権者の三当事者間，債務者・引受

人間または債権者・引受人間の契約でなされるから，契約当事者間の関係は契約準拠法による。また，対象となる債務が引受可能か（債務の一身専属性）は，債務自体の性質の問題であるから当該債務の準拠法による。

**【参考文献】**

18-①　岡本善八「国際私法における債権譲渡」同志社法学39巻 1 = 2 号115-143頁（1987年）

18-②　北澤安紀「債権流動化と国際私法」国際私法年報 6 号 2 -32頁（2004年）

18-③　国友明彦「保険代位の準拠法」渡辺・野村編78-87頁

18-④　河野俊行「証券化と債権譲渡」渡辺・野村編124-136頁

18-⑤　河野俊行「債権譲渡」（特集・平成国際私法の発展と展望（ 3 ））民商136巻 2 号179-201頁（2007年）

18-⑥　野村美明「債権流動化と国際私法──立法試案」大阪大学法学部創立50周年論文集357頁（有斐閣，2002年）

18-⑦　野村美明「国際金融と国際私法（特集　国際取引法──その課題と展望──学会創立50周年記念・法例施行100周年記念）」年報 2 号90-116頁（2000年）

18-⑧　早川眞一郎「UNCITRAL 債権譲渡条約について」年報 3 号 1 -29頁（2001年）

18-⑨　藤澤尚江『債権・動産を活用した金融取引と国際私法』（同友館，2014年）

18-⑩　松岡博「責任保険契約における国際私法問題」阪大法学62号52-88頁（1967年）

18-⑪　横溝大「債権譲渡」ジュリ1325号62-70頁（2006年）

# 第19章　債権の消滅およびその他の問題

【キーワード】　相殺／消滅時効／累積適用／受動債権の準拠法／単独行為の準拠法／債権の準拠法／貨幣準拠法／金銭債権／債権者代位権／債権者取消権／代用給付権

## 1　概　　観

　この章では，まず，債権の消滅に関する **2** 相殺および **3** 消滅時効の問題をとりあげる。次に **4** 債権に関するその他の問題として，【1】金銭債権および【2】債権者代位権と債権者取消権について説明する。従来の教科書では，金銭債権は債権の目的として論じられてきた。しかし，債権の重要な目的は，契約（→第12章）や法定債権（→第16章，第17章）のなかでほとんど論じられている。また，債権者代位権と債権者取消権は，債権の対外的効力として説明されてきた。しかし，債権者代位権と債権者取消権の問題は，形式的な債権の効力というより，その機能に着目して，債務者の財産を保全する制度としてとらえるべきである。

## 2　相殺の準拠法

　相殺と呼ばれる制度は国際的に多様である。日本法でも民法に規定された意思表示による単独行為としての法定相殺と，各種の相殺契約がある。したがって，国際私法上，相殺という法律問題をどのように性質決定するかによって，準拠法の定め方も多様となる。通則法には相殺に関する規則は設けられていない。

図19-1　相　殺

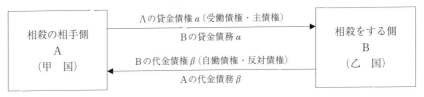

$2$つの説が対立している。第1に相殺は2個の債権を相互的に消滅させる制度であるからという理由で，2個の債権のそれぞれの準拠法によりともに相殺が「成立」しなければならないとする説がある（累積適用説）。これに対して，受働債権の準拠法説を主張する論者も増加している。次の例で説明しよう。

> **［設例19―1］　相殺**（図19-1参照）
> 　Aに対して甲国法による50万円の貸金返還債務（α）を負担するBが，Aに対して乙国法による30万円の売掛代金債権（β）を取得した場合に，BはAに対する意思表示によって自分の債務（α）を自分の債権（β）と対等額で消滅させることができるか（Aの貸金債権（α）は20万円に減少するか）。

　この例では，債権者Aからみた債権（α）つまり債務者Bの債務（α）が相殺の目的であり，相殺を受ける債権（α）（受働債権）を「主債権」という。これに対して，相殺に利用する債務者Bの債権（β）（自働債権）を，「反対債権」という。受働債権の準拠法説は，相殺という法律関係の中心は目的である主債権の準拠法（甲国法）にあると考えるのである。

　**［設例19―1］**で，AがBに対して貸金債権αを請求してきたので，BがAに対する代金債権βによる相殺の抗弁を主張するとする。主債権αは，反対債権βの限度において「弁済」を受けたと同様の結果になる。この場合に，主たる貸金債権αの「清算」による消滅の問題を債権自体の準拠法（受働債権の準拠法）すなわち甲国法によらせるのは自然である。

　実際的にも，主債権は債権者の意思をともなわずに債務者の行為によって相殺を通じて消滅させられるのに対して，反対債権の消滅はその債権者の行為に基づくから，主債権（受働債権）の重視は正当化される。

　**［設例19―2］**のような相殺が担保的機能を果たす場合においても，受働債

図19- 2　　相殺の担保的機能

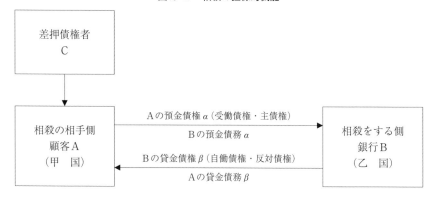

権の準拠法説は妥当な結果をもたらす。

> **［設例19—2］　相殺の担保的機能**（図19- 2参照）
> 　顧客Ａに対して甲国法による預金払戻債務（α）を負担する銀行Ｂが，Ａの差押
> 債権者Ｃに対する関係で，顧客Ａに対する乙国法による貸金債権（β）による相殺
> によって預金払戻債務（α）を消滅させることができるか。

　この例では，銀行Ｂは「債権者」として行為しており，相殺の目的はむし
ろ経済的価値の高い預金払戻債務すなわち預金債権（α）によって，貸金債権
（β）の優先的弁済を確実にすることにあるといえる（日本民法511条参照）。この
ような場合であっても，相殺を受ける預金払戻債務（α）の服する甲国法によ
る受働債権の準拠法説は，預金債権の貸金債権に対する経済的価値の優位性や
準拠法の適用関係の単純化という実質的根拠によって正当化されうる。相殺権
者Ｂと差押債権者Ｃは同じ預金債権αを取り合っているのであるから，その
優先順位の決着も，両者から等距離にあり，認識が容易な債権α，すなわち受
働債権の準拠法である甲国法で決定するのが合理的である。

　以上のように，受働債権の準拠法の適用は，相殺当事者はもちろんのこと，
その債権を当てにする第三者の期待利益の保護にもかなうといえる。

---
**【立法例19—1】契約債務の準拠法に関する規則　（ローマⅠ規則）**
　ローマⅠ規則17条は，「当事者間で相殺が合意されていない場合には，相殺は，相
殺を受ける債権に適用すべき法による」と規定し，受働債権の準拠法説によること

を明らかにしている。ただし，受働債権が契約から生じる場合に限ると解釈されている。受働債権が不法行為等から生じる契約外債務の場合については，契約外債務の準拠法の適用範囲と考えられる（ローマⅡ規則15条(h)参照）。

### ▼▼【もっとくわしく19－1】　問題は対立債権の準拠法が異なる場合

法例の制定当時には，弁済，相殺等によって債権が消滅するかどうかという問題は債権の効力として，法例7条および11条に規定した債権の効力に関する準拠法によって定めるべきであると考えられていた（債権準拠法説）。しかし，この説は対立債権の準拠法が異なる場合に困難を生じる。

相殺を日本法のように単独行為ととらえれば，単独行為の準拠法として適用通則法7条を適用して当事者自治を認めることも考えられる（単独行為準拠法説）。そうすると相殺の成立および効力は第1次的には相殺の意思表示をする当事者に委ねられることになる。この説は相殺を仕掛けられる側の利益に反する。相殺の場合には，同じ単独行為であっても契約の取消しや解除を契約準拠法によらせるのとは異なり，本文のような考慮が必要となる。

## *3*　消滅時効

債権の消滅時効の問題は，その債権の準拠法により判断される（通説）。消滅時効を実体の問題と法性決定するからである。これに対して，法例の起草者の1人であった梅謙次郎は，弁済とか相殺の問題は，債権の効力として債権の準拠法（契約の場合は法例7条〔通則法7条〕で決まる準拠法）によるが，時効は公益規定であるから，特に外国法による時効が日本法よりも長い場合または時効がない場合は，日本の時効期間によるという条文案を提案したが，採用されなかった。

大判大正6・3・17民録23輯378頁は，債権の準拠法たる米国法（行為地たる米領ハワイにおける米国法）の消滅時効が日本の消滅時効よりも長期である場合には，平成元年改正前法例30条（通則法42条）のような公序に反するとして（債権発生の原因である消費貸借契約の成立は法例の公布施行前であった），日本の時効を適用すべきであると判示している。

英米法では長らく消滅時効の問題を，実体的な権利を消滅するものではなく

裁判所での実現を許さないための制度だと理解して，手続と性質決定してきた。この場合には，手続は法廷地法によるという原則により，外国の消滅時効は適用されず，法廷地法によることになる（手続は法廷地法による→第**2**章**3**［**1**］）。しかし，現在では消滅時効は原則として実体問題とするか（ローマⅠ規則12条１項(d)，ローマⅡ規則15条(h)）手続問題に対する例外を認めて（米国），外国法上の消滅時効の適用を認めるようになっている。

---

**［設例19─3］　ニューヨーク弁護士委任事件**

　ニューヨーク州の弁護士Ｘは，日本法人Ｙ社から，Ｙ社のためにＡ社との取引に関し交渉，契約書案の作成等の業務を行うことを依頼された（委任契約）が，交渉は折り合いが付かず，打ち切られた。委任業務が終了した2014年７月以降，Ｘは委任契約に従い，Ｙに何度か報酬を請求したが，Ｙが応じないので，2020年６月，日本の裁判所に訴えを提起した。Ｘの請求に対し，Ｙは，Ｘの債権は５年の時効により消滅したと抗弁した（日本民法166条１項１号参照）。なお，ニューヨーク州法である民事手続法および規則213節は，契約上の債務に関する訴訟は６年以内に提起しなければならないと定めているとする。Ｙの抗弁は認められるか。

＊徳島地判昭和44・12・16判タ254号209頁［渉外判例百選56事件：相澤吉晴］を元に作成。

---

　［設例19─3］で消滅時効の問題を実体と性質決定すれば，委任契約の報酬債権の準拠法で判断することになる。委任契約の準拠法をニューヨーク州法だとすれば，ニューヨーク州の消滅時効である６年が適用されるから，Ｙの日本法による５年の消滅時効の抗弁は認められないことになる。このような結果が通則法42条の公序に反するとはいえないだろう。

## **4**　債権に関するその他の問題

### ［1］── 　金銭債権

(a)　貨幣準拠法

　金銭債権は，金銭の給付を目的とする。金銭とは，強制通用力を有する貨幣（通貨）のことである。通貨が所属する国の法律を貨幣準拠法という。

　貨幣制度の変更によってその通貨建ての金銭債権がどのような影響を受ける
かは，貨幣準拠法による。たとえばドイツの通貨はマルクからヨーロッパの単
一通貨であるユーロに変更されたから，マルク建ての貸付債権は，貸付契約の
準拠法が日本法であっても，貨幣準拠法であるドイツ法に従いユーロ建債権に
なる。通貨の問題は貨幣準拠法によるとの原則は，国際的にも広く受け入れら
れている（スイス国際私法147条参照）。

　これに対して，ユーロが導入されたことやユーロによる弁済の提供を受けた
ことを理由に，不可抗力による免責や契約を変更・破棄する権利（たとえば事
情変更の原則やハードシップ）が認められるかは，債権の実質（内容）の問題とし
て，債権の準拠法によるべきである（参考文献19-④91頁参照。）。

　なお，東京「市」が公債をフランスで発行したあとでフランスが平価を切り
下げてフランの価値が下がったという場合の償還請求について，契約準拠法で
あるフランス法で判断した大審院判例がある（大判昭和9・12・27民集13巻2386
頁［渉外判例百選41事件：西賢］参照）。大審院は，契約成立の時と弁済期との間
に貨幣価値の変動があっても債務者は弁済期当時の価値による貨幣で弁済すべ
きというフランス法の原則は，フランが切り下げられた場合にも適用されると
判示した。このような金銭債務は券面額で支払うべしという原則を，名目主義
（ノミナリズム）という。

（b）　代用給付権

　外国通貨金銭債権については，民法403条が債務者は履行地における為替相
場により日本の通貨で弁済できること（代用給付権）を定める。このような問
題は，債務者が外国通貨で弁済する意思があるかどうかで決まるから，一般的
には債権の内容に関わるものとして，債権の準拠法によるべきである。履行の
態様の問題と理解して履行地法による見解もある。

　債権者に履行地通貨による支払いの選択権があるかについても，同様に債権
の内容に関わる問題として，債権準拠法によればよい（日本法が債権準拠法の場
合には，★判例19－1を参照）。また，手形法41条は，債務者に対し，満期日に
おける相場によって支払地国の通貨で支払うことを認める一方，債務者が支払
いを遅滞したときは，満期日または現実の支払日の相場に従い，支払地国法の
通貨で支払うべきことを請求する選択権を所持人に与えている（同旨小切手法

36条参照）。代用給付権については，《主要文献》高桑・私法179頁以下参照。

### ★判例19—1　ドル建て債務保証事件

**最三小判昭和50・7・15民集29巻6号1029頁〔百選49事件：嶋拓哉〕**

　Y社が，沖縄返還前に沖縄に設立したA会社が沖縄のX銀行に対して負う米国ドル建て債務について，X銀行と極度元金額25万ドルの保証契約を締結したところ，A社が債務の履行をしなかったので，X銀行がY社に25万ドルを円貨に換算（1ドル＝360円）して9000万円の支払いを求めた。①本件保証契約は外為法に違反しているので，私法上無効か。②外国の通貨をもって債権額が指定されているとき，債権者は日本の通貨で請求できるか。③原判決言渡し前には1ドル＝308円になっていたから，日本の通貨での請求を許したとしても，25万ドル＝7700万円として判決すべきか。最高裁は以下のように判示した。

　①について，「右法令の各規定は，外国為替政策上の見地から本来自由であるべき対外取引を過渡期的に制限する取締法規にすぎないから，同法令に違反しても，そのためその行為の私法上の効力に影響を及ぼすものではなく，その行為は，私法上有効であると解すべきである」。

　②について，「外国の通貨をもつて債権額が指定された金銭債権は，いわゆる任意債権であり，債権者は，債務者に対し，外国の通貨又は日本の通貨のいずれによつて請求することもできる……」。

　③について，「〔略〕外国の通貨をもつて債権額が指定された金銭債権を日本の通貨によつて弁済するにあたつては，現実に弁済する時の外国為替相場によつてその換算をすべきであるが，外国の通貨をもつて債権額が指定された金銭債権についての日本の通貨による請求について判決をするにあたつては，裁判所は，事実審の口頭弁論終結時の外国為替相場によつてその換算をすべきであるから，その後判決言渡までの間に所論のような為替相場の変更があつても，これを判決において斟酌する余地はない。」

### [2]―― 債権者代位権と債権者取消権

　債権者代位権とは，債権者が自らの債権を保全するために，債務者に属する権利を行使する権利である（民法423条参照）。債権者取消権（詐害行為取消権）とは，債権者が債権の弁済を確保するために，債務者がした財産を減少させる法律行為（詐害行為）を取り消す権利である（民法424条参照）。債権者代位権と債権者取消権の行使要件（**[設例19—4]**），行使方法（裁判外でできるか，だれを相手にするか）および効果の準拠法については，通則法に規定はない。従来か

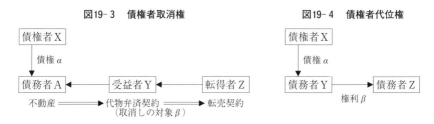

図19-3　債権者取消権　　　　　　　　　図19-4　債権者代位権

ら，①手続に関わるので法廷地法によるという見解と，②実体法上の制度であり債権の効力として性質決定して債権の準拠法によるという見解（通説）がある。

　債権者取消権は債務者（**図19-3**のA）が行った法律行為（たとえば代物弁済契約）を取り消すので，その法律行為の相手方や転得者（第三者：**図19-3**のY，Z）の利益を考慮する必要がある。そこで，通説は取り消される法律行為（β：代物弁済契約）の準拠法によってもその取消しが認められることを要求し，債権（α）の準拠法との累積的適用を主張する。

　債権者代位権の場合も同旨を説く通説に対して，債権者取消権のような第三者の利益を保護する必要性がないから，代位行使する権利（β）の準拠法を考慮する必要はないという見解がある。

　債権者代位権や債権者取消権に該当する各国の制度の趣旨や機能は多様であるから，機能的な準拠法決定をすべきである（**[設例19-4]**）。

---

**[設例19-4]　保険金請求代位行使事件**
　日本で発生した交通事故の被害者Xは，加害者である米国人Yの任意保険（保険契約の準拠法は米国法）の保険会社（米国法人）Zに，Yの保険金請求権の代位行使を求めて日本で訴えを提起した。代位行使ができるかどうかはどこの国の法で判断すべきか。

---

　通説は，債権者代位の問題に不法行為に基づく損害賠償請求権（**図19-4**のα）と保険契約による保険金請求権（**図19-4**のβ）の双方の準拠法を累積適用する。これに従えば，損害賠償請求権の準拠法は加害行為の結果発生地法である日本法であり（通則法17条参照），保険金請求権の準拠法は保険契約の準拠法である

米国法であるから（通則法 7 条参照），日本法および米国法の双方が認める場合にのみ，X は代位行使ができる。

　類似の事例で東京地判昭和37・7・20下民集13巻 7 号1482頁［百選47事件：楢崎みどり］は，外国法を準拠法とする保険契約に基づく保険金請求権について債権者代位権を行使しうるか否かは，法廷地法たる日本法によるとした。しかし，被害者から保険会社への直接請求が認められるかは，条理により，損害賠償債務の履行確保のために（優遇の原則），不法行為の準拠法と保険金請求権の準拠法の選択的適用を認めるべきと考えられる（ドイツ国際私法40条 4 項参照）。このとき，日本法（損害賠償請求権の準拠法）または米国法（保険金請求権の準拠法）のいずれかにより認められれば，X は代位行使できることになる。

【参考文献】

19-①　板谷優「外貨金銭債務の弁済と代用給付」金融研究22巻 4 号137-182頁（2003年）

19-②　田中徹「国際的金銭債権」遠藤浩ほか監修『現代契約法大系　第 9 巻』88-106頁（有斐閣，1985年）

19-③　西谷祐子「国際商事仲裁における相殺の準拠法」NBL977号28-29頁（2012年）

19-④　野村美明「国際金融と国際私法（特集　国際取引法——その課題と展望——学会創立50周年記念・法例施行100周年記念）」年報 2 号90-116頁（2000年）

# 第**20**章　物　権　一　般

**【キーワード】**　財産所在地管轄／目的物所在地法主義／物権変動／即時取得／静的安全
の保護／取引の安全／準拠法変更／譲渡／権利の得喪

## **1**　概　　観

　この章では最初に動産や不動難などの財産をめぐる事件の国際裁判管轄を説
明し，次にこれらに関する物権問題をいずれの国の法で判断すべきかについて
解説する。

## **2**　財産をめぐる事件の国際裁判管轄

　日本にあるベンツは外国で盗まれたものだから返せ（**[設例20—1]**，**★判例
20—1**）とかヨットを引き渡せ（**★判例20—3**）というような事件では，請求の
目的が日本国内にあるので日本に財産所在地管轄が認められる（民訴3条の3
第3号）。これに対して，日本で事業もせず事務所も持たない外国の会社と契
約した原告が，その会社が日本で所有する商品見本を差し押さえて，この会社
に契約上の支払いを求める場合などは，商品見本（被告の財産）の価額が著し
く低いときは，同条3号の財産所在地管轄は否定されるだろう（東京地判昭和
34・6・11下民集10巻6号1204頁参照）。
　つぎに，外国政府が日本に所有する土地に関する物権的権利が問題となった
場合（**★判例20—2**）には，日本に不動産所在地管轄が認められる（民訴3条の
3第11号）。これに対して，日本に所在する自動車や土地の登記や登録の有効性

250

など，登記または登録に関する訴えに関する管轄は，日本の裁判所に専属する（民訴３条の５第２項の専属管轄）。このような登記・登録をめぐる紛争について当事者が外国の裁判所で訴え提起を可能とするような裁判管轄合意をしたとしても，効力はない。民訴法３条の10が，管轄権の合意（民訴３条の７）を含む通常の管轄規定は日本の裁判所に専属する事件については適用しないと定めているからである。

------------------------------------------------

＊通則法13条
（物権及びその他の登記をすべき権利）
　動産又は不動産に関する物権及びその他の登記をすべき権利は，その目的物の所在地法による。
2　前項の規定にかかわらず，同項に規定する権利の得喪は，その原因となる事実が完成した当時におけるその目的物の所在地法による。

------------------------------------------------

## 3　物権の準拠法

　通則法13条は，動産および不動産に関する物権の問題を，目的物の所在地の法秩序に従わせることにしている（**目的物所在地法主義**）。通則法が制定される前の法例10条と同様である。目的物所在地法主義は，次のように正当化される。(a)所在地はだれからもみえやすく，(b)取引の保護にかなう（★**判例20—1**　ベンツ盗難事件）。「物権のように物の排他的な支配を目的とする権利においては，その権利関係が目的物の所在地の利害と密接な関係を有する」ともいわれる（★**判例12—2**　バンコック銀行債権質事件）。最後に，(c)所在地法主義が各国で認められることにより，国際的な判決の調和と所在地国における外国判決の承認を促進する。

　(b)の理由は，目的物所在地法が国家の経済秩序と密接に関係していることも意味する。すなわち①天然資源開発のための地下の権利（★**判例21—3**　アングロイラニアン石油事件）や②目的物所有者の債権者や所有者からの譲受人の信頼（★**判例20—4**　台湾法合有持分移転事件）は，目的物所在地法を拠り所としているのである。

　動産と不動産を区別しないで所在地法によらせる同則主義は，現在では国際的に広く認められた原則である。しかし，英米では，夫婦財産制や相続の場合に，不動産は所在地法によるが動産については所持人の住所地法によるという動産不動産を区別する異則主義を残している。

　通則法13条２項は，１項の定める物権的な権利に関する「権利の得喪」を，その原因事実の完成の当時の目的物所在地法に限定している。１項と２項の関係について，通説・判例は，同じ内容を有する法例10条の解釈論として，同条１項は物権の存在自体，２項は物権の得喪すなわち変動について規定するという。１項の物権の存在には，物権の種類，内容，成立および存続と効力が含まれる。

　なにが動産で不動産に当たるかは，通則法13条１項の目的物所在地法によって決定される。有価証券については，モノとしての「紙」（証券）と紙にあらわされた権利とを区別する必要がある。紙（証券）に対する権利は，本条により紙の所在地法（証券所在地法）で判断される。これに対して，紙に対する支配権の移転によって紙にあらわされた権利もまた移転するかどうかは，その権利の準拠法によって判断される。物の運送のために発行された証券については第21章 **2** で，間接保有（混蔵寄託）されている証券については第21章 **4** で述べる。

　後述（→第21章 **2**, **3**）のように，物権その他の登記すべき権利について目的物所在地法によれない場合は条理解釈によって国際私法規則を導くことになるが，根本的には通則法15条・20条のように，明らかにより密接な関係のある地の法が適用可能となる例外条項を設けることによって対応すべきである。

### ▼▼【もっとくわしく20－1】　通則法13条１項と２項の関係

　法例の起草者は１項で「権利はその目的物の所在地法による」というのは，権利の種類，権利の効力，権利の得喪に関する法律行為の効力など権利一切に関するものがその所在地法によるという意味であり，くどくなるのを避けるために簡潔に書いたという（法例議事速記録107頁［梅謙次郎発言］）。また，２項は主として時効などについて生じる疑問を決定するためのものであり，時効期間の進行の時における所在地法や時効期間の開始時における所在地法による立法主義を採用せず，時効完成当時の目的物所在地法主義をとったのだと説明していた（法例議事速記録105-106頁［穂積陳重発言］）。

# **4**　物権変動の準拠法

## ［1］——　即時取得

**［設例20－1］**は，日本で外車を買ったYがドイツの保険会社Xから当該外車はイタリアで盗まれたものだから返せといわれた事件である（**★判例20－1を簡略化した**）。Yが自動車の所有権を適法に取得していたのかどうか，Xは所有権を失ったのかどうかが問題となった。この法律関係を，動産に関する物権の得喪の問題と性質決定すれば，通則法13条2項によって準拠法を決定することになる。**静的安全の保護**（真の権利者の保護）と**取引の安全**のいずれを重視すべきかおよび権利の得喪の「原因となる事実が完成した当時」とはいつかがポイントである。

---

**［設例20－1］　ベンツ盗難事件―原因事実完成時の意味**

　本件自動車（メルセデスベンツ，以下「本件ベンツ」）は，1989年にドイツで新規登録された。ドイツ在住のAは，本件ベンツにつきドイツ法人であるXとの間でドイツ法を準拠法として自動車保険契約を締結し，本件ベンツを使用していた。Aは，1991年3月にイタリアで本件ベンツを盗まれたので，Xに保険金の支払いを請求し，Xは，Aに所定の保険金を全額支払った。上記保険契約の約款には，盗難等の理由により保険契約に従ってXが保険金を支払い，その支払いから1か月以内に盗難対象物が戻らない場合には，Xがその所有権を取得する旨の規定がある。日本法人Bは，1991年5月ころ，アラブ首長国連邦ドバイ市所在の中古車販売業者から約8万米ドルで本件ベンツを購入し，神戸港から輸入した。本件ベンツはC，D，Eに順次購入され，一般消費者であるEによって道路運送車両法に基づく新規登録された。その後，本件ベンツは，FおよびGを経て，1993年10月にYに取得された。GおよびYは，本件ベンツについて道路運送車両法に基づく移転登録を経由している。日本国内で本件自動車を購入した者らは，いずれも，輸出者が本件ベンツの所有権を有していたことを確認し得る車両証書等の書面の提示を受けていない。Xは，本件ベンツの所有権に基づき，本件ベンツを占有するYに対し，その引渡し等を請求した。XはYに対して本件ベンツの所有権を主張できるか。

---

　単純に考えれば，設例の「目的物の所在地法」は，本件ベンツが現実に所在

している日本だといえる。ところが，後掲★**判例20−1**の原審は，次のような理由でドイツ法を適用し，ドイツ民法によれば本件ベンツには即時取得による所有権の取得は認められないとした（ドイツ民法935条は，窃取された動産など所有者の意思によらずに占有が所有者から離脱した場合には，即時取得の適用を排除する。なお，ドイツ民法937条1項は，一定の場合に動産に10年間の取得時効を認める）。

　「自動車はもともと広範囲に移動することを予定した動産であって，移動する時々の所在地の法を適用するものと解するのは相当でなく，登録地での長期間の不使用，不在や権原のある者による新たな登録等により登録地への復帰可能性が事実上消滅したとみるべき事由があるなどの特段の事情がない限り，原則としてその自動車が本来の使用の本拠として予定している一定の中心的場所すなわち復帰地（登録地）の法をもって法例10条［通則法13条］2項にいう所在地法と解するのが相当である。」

　これに対して★**判例20−1**は，通則法13条（法例10条）2項にいう所在地法とは，権利の得喪の原因事実が完成した当時において，当該自動車が①運行の用に供しうる状態のものである場合にはその利用の本拠地の法，②運行の用に供しうる状態にない場合には，他国への輸送の途中であるなどの事情がない限り，物理的な所在地の法をいうと解釈する。

　★**判例20−1**によれば，即時取得における所有権取得の原因事実の完成時は，買主が本件ベンツの占有を取得した時点である。まず，BからEへの所有権取得については，本件ベンツは運行の用に供しうる状態になかったから，各占有取得時におけるその物理的な所在地の法は日本法である。次に，F，GおよびYの所有権取得については，本件ベンツはEによってすでに新規登録され，運行の用に供しうる状態になっていたから，利用の本拠地である日本の法によるという。なお，日本法では，自動車は登録を受けないと運行の用に供することはできないし，登録名義があれば即時取得できない（車両法4条・5条参照）。

　準拠法である日本法の解釈について，★**判例20−1**は，Eを民法192条の解釈上善意無過失であるとし，Eは即時取得により本件自動車の所有権を取得し，Xは本件自動車の所有権を失ったとした。そして，その後のYへ至る取得者は，いずれもEが取得した本件自動車の所有権を承継取得したことにな

り，この間にXの所有権の回復を認めるべき事情もないからという理由で，本件自動車の所有権に基づくXの請求を否定した。**【設例20―1】**も同様に考えることができる。

**【設例20―1】**でXがYに対してベンツの引渡しを請求したのがベンツの盗難の時から2年以内であったとすれば，Xは日本民法193条の回復請求権を行使できた可能性がある。また，Yのように盗品等を取引によって取得した者には，元の権利者に対して，一定の場合に代価弁償請求権（民法194条）や精算権（スイス民法典934条2項）が認められる場合がある。

なお，動産が文化財の場合には回復請求権や代価弁償請求権に関する例外がある。文化財の不法な輸出入等の規制等に関する法律（1970年の文化財の不法な輸入，輸出及び所有権移転を禁止し及び防止する手段に関する条約（ユネスコ条約））参照（同法6条は，条約上保護される外国文化財の盗難の被害者は，民法193条の規定による回復の請求に加え，盗難の時から2年を経過した後10年を経過するまでの期間は，占有者に対して占有者が支払った代価を弁償することによって，盗まれた文化財を回復することを求めることができると定める）。

> **[設例20―1(a)] 所有権の即時取得の準拠法**
> **【設例20―1】**では，ドイツの保険会社Xは本件ベンツの所有権を根拠としてその引渡しを請求したが，Eは即時取得によりベンツの所有権を取得したからXはベンツの所有権を失った。ではEによってベンツの所有権が即時取得される以前において，Xがベンツの所有権を有していたかどうかはいずれの国の法で判断すべきか。

**【設例20―1(a)】**は，保険代位によってAの所有権がXに移転するかどうかの問題（残存物代位に関する日本保険法24条参照）であり，物権的権利の得喪の問題と性質決定できるから，通則法13条2項により，移転の原因となった事実が完成した当時の目的物の所在地法が準拠法となる。

移転の原因である事実が完成した当時とはXによる保険金支払いの当時であり，その目的物の所在地法は，**★判例20―1**によれば，ベンツが①運行の用に供しうる状態のものである場合には利用の本拠地の法，②運行の用に供しうる状態にない場合には，原則的に物理的な所在地の法をいうとされる。①の場合は利用の本拠地として元の所有者がベンツを登録したドイツの法が準拠法

となる。しかし，Xによる保険金支払いの当時において盗難車が運行の用に供しうる状態かどうかや，その物理的な所在地がどこかを確定することは困難である。他方，保険契約者から保険者への物権的権利の移転は，目的物所在地法より保険契約の準拠法に密接に関係しているといえる。保険代位による物権的権利の移転には，目的物の所在地法の例外を認めるべきであろう。

この考え方によれば，**［設例20－1］**で保険契約の準拠法はドイツ法とされるから，保険代位によってAの所有権がXに移転するかどうかの問題は，ドイツ法により判断されることになる。

---

**［設例20－1(b)］　準拠法変更**

設例20－1では，日本法人Bは，ドイツで登録されイタリアで盗まれたベンツをドバイで購入している。ドバイ法で即時取得が認められると仮定すれば，Bはベンツを購入した時点（原因事実が完成した当時）においてベンツに対する物権的権利を取得したといえないか。

---

★**判例20－1**は，目的物の所在地法を，自動車が運行の用に供しうるか否かによって，利用の本拠地の法と解釈するかまたは物理的な所在地の法と解釈するかを変える。しかし，**［設例20－1(b)］**の示すように，運行の用に供しうるか否かは，自動車をスクラップにでもしない限り，客観的な事情だけからは明らかにならない。自動車を運行の用に供するためにナンバープレート，運行許可証または登録証書（道路交通条約18の2，特例法3条参照）が必要かなどは，自動車の物理的な所在地の法によって変わりうる。

ベンツがドバイにおいて運行の用に供しうる状態であると認められれば，利用の本拠地であるドイツ法が準拠法となり，ベンツの即時取得は認められない（**［設例20－1］**参照）。他方，ベンツが運行の用に供しえない状態にあると解釈されるのであれば，物理的所在地の法であるドバイ法によって即時取得が認められるはずである。

他方，★**判例20－1**は「運行の用に供し得ない状態の自動車については，一般の動産と同様に，当該自動車が他国の仕向地への輸送の途中であり物理的な所在地の法を準拠法とするのに支障があるなどの事情がない限り」と判示している。したがって，仕向地である日本への輸送の途中である本件ベンツにつ

いては，ドバイでＢが購入した時点においても，仕向地法である日本法が準拠法となるともいえる（→第**21**章**2**）。

　運行の用に供しうるかどうかというのは不明確で不確定な概念である。自動車に関する物権的権利の変動は，通則法13条２項に従い，原則として原因事実の完成時の現実の目的物所在地法（物理的な所在地法）によるべきである。

　**[設例20―1(b)]** のベンツに対する物権的権利が即時取得されるか否かは，輸送途中であったというような事情がない限り，通則法13条２項により，Ｂがベンツを購入した当時（原因事実完成時）の所在地法であるドバイ法によりうる。即時取得の要件および効果もドバイ法による。これに対して，ドバイ法により取得された物権的権利の存在と効力は，通則法13条１項により，そのときどきの所在地法による。したがって，ベンツが日本に輸入されてからは，ベンツに関する物権的権利は，日本法の許す範囲でその存在と効力が承認される。

　通則法１項は，２項とは異なり，連結点を原因事実完成時の所在地に固定していない（１項は変更主義，２項は不変更主義を採用していると説明される）ので，所在地の変更により物権の準拠法が変更するのである**【総論】（準拠法変更）**。旧所在地法上認められた物権的権利は，新所在地の法秩序で同様の機能を果たす物権的権利として承認される（機能的等価性による転換または転置）（→第**21**章**3**）。以上の考え方は，担保物権についても基本的にあてはまる（→第**21**章**3[2]**）。

### ★判例20―1　ベンツ盗難事件

最三小判平成14・10・29民集56巻８号1964頁［百選26事件：神前禎］

　「自動車が広範囲な運行の用に供されており，その物理的な所在地が変動している場合に，自動車の物理的な所在地を基準として準拠法を決めようとすると，当該自動車の移動とともに準拠法が変動することになり，また，特定の時点における当該自動車の物理的な所在地を確定することにも困難が伴うことがあるため，準拠法の決定が不安定になるという不都合が生ずる。このように自動車についての権利の得喪とその所在地国等の利害との関連性が希薄になっているといえる場合には，当該自動車が利用の過程でたまたま物理的に所在している地の法を準拠法とするよりも，その利用の本拠地の法を当該自動車の所在地法として，これを準拠法とするほうが妥当である。このような運行の用に供し得る自動車が取引の対象になっている場合，買主はその自動車の登録や管理の状況など当該自動車の本拠地を知るための情報を容易に得ることができるはずであるから，当該自動車が利用の過程でたまたま物理的に所在している

地の法を準拠法とするよりも，利用の本拠地の法を準拠法とするほうが，買主にとっての法的透明性がより高く，取引の安全に資することになる。

　他方，運行の用に供し得ない状態で取引の対象とされている自動車については，利用の本拠地がなく，権利の得喪はその原因事実が完成した当時における目的物の所在地国等の利害と密接な関係を有する上，その時点における物理的な所在地を確定する困難もない。また，このような自動車のうち，輸入国で新規登録をして運行の用に供することを前提に，登録がないものとして取引の対象とされているが，実際には他国で登録されていたという本件自動車のようなものについては，登録地法等物理的な所在地の法以外を準拠法とすると，取引に関与する者にとっては，いかなる地の法が準拠法になるのかを取引時には容易に知り得ないことがある。このような事態は，国際的取引に関与する者が自己の取引に影響を及ぼす可能性の大きい準拠法選択を明確に予測し，それに応じた対応をあらかじめとることができるようにすべきであるという要請に反し，国際私法の観点からの取引の安全を著しく害するものであるといわなければならない。したがって，権利の得喪の原因事実が完成した当時において運行の用に供し得ない状態の自動車については，一般の動産と同様に，当該自動車が他国の仕向地への輸送の途中であり物理的な所在地の法を準拠法とするのに支障があるなどの事情がない限りは，物理的な所在地の法を準拠法とすることが妥当である。」

　「以上によれば，自動車の所有権取得の準拠法を定める基準となる法例10条２項［通則法13条２項］にいう所在地法とは，権利の得喪の原因事実が完成した当時において，当該自動車が，運行の用に供し得る状態のものである場合にはその利用の本拠地の法，運行の用に供し得る状態にない場合には，他国への輸送の途中であるなどの事情がない限り，物理的な所在地の法をいうと解するのが相当である。」

## [2]──　譲　渡

　動産の譲渡による物権変動（たとえば **[設例20－1]** のドバイの中古業者からのベンツの購入）は，通則法13条２項により譲渡の時の目的物所在地法による。したがって，売買契約によって物権的権利が相手方に移転するか否か，売買契約（原因行為）が無効であれば物権的権利の取得も無効となるのか（物権的行為が有因行為か無因行為か）の問題も，目的物所在地法による（★判例20－2）。外国Ｇ国に所在する物品を買い受ける場合には，物品に対する所有権等の権利を取得できるかどうかはＧ国法による。

　例外として，輸送中の物，船舶などの輸送機および登録できる物がある（→第21章 **1**）。★判例20－3は，外国からヨットを買って占有する日本の業者Ｙに対し，同じヨットを買って米国で登録したＸがヨットの引渡しを求めた事

件で，登録地法である米国法を適用して X の請求を認めた例である。


### ★判例20 — 2　外国法上無効な契約による地上権設定行為
東京高判平成24・1・18判時2138号42頁

本件では，フィリピン共和国が所有する日本所在の土地について，開発業務に関する契約（SDA）が締結され，その準拠法としてフィリピン法が選択されたところ，SDA に基づく地上権設定行為の効力が問題となった。

「物権行為は，その準拠法である日本法によれば，有因行為であり（法律行為に基づく物権変動について，債権契約との間に有因であるのか，無因であるのかについても，通則法一三条が定める準拠法による。），本件地上権設定行為は SDA に基づくものであるから，SDA が準拠法であるフィリピン共和国法上有効であることが本件地上権成立・取得の前提となる。」「…… SDA は，資格を偽った者又は事後的資格審査を経ない者による契約として，フィリピン共和国法律第九一八四号『政府の調達行為の近代化，標準化及び規制等に関する法律』……に違反し，無効であると解される。

本件地上権設定行為は，原因行為である SDA が無効であるから，日本法上無効であるというほかはない。」


### ★判例20 — 3　ヨット引渡等請求事件
松山地判平成6・11・8判時1549号109頁

本件は，ヨットの所有者と主張する原告（米国デラウエア州法人）が，本件ヨットの所有権保存登記，運輸局の船舶原簿への登録をして，本件ヨットを現在占有使用している被告（ヨット等の輸入販売に従事する日本の業者）を相手に，本件ヨットの所有権に基づき，本件ヨットの引渡し，所有権保存登記の抹消登記手続，船舶原簿の抹消登録手続を求めるとともに，不法行為による本件ヨットの所有権侵害を理由に，損害賠償金4975万円（50万ドル）およびその遅延損害金の支払を求めた事案である。

「前記一の認定によると，パジリポ社は，遅くとも1990年春頃には本件ヨットをパルシファル社から買入れていたが，その登録手続が未了であったため，本件ヨットの登録は，依然として英国でパルシファル社を所有者としてなされていたところ，原告は，1990年6月4日パジリポ社から本件ヨットを195万ドルで買入れ，パルシファル社を売主とする売渡証書の交付を受け，同年9月3日パルシファル社を所有者とする英国での登録を抹消し，同年9月27日米国で原告で所有者とする登録を了した。

従って，被告が1990年10月20日パジリポ社との間で，本件ヨットを代金233万2000ドルで買入れる旨の契約を締結した時点では，本件ヨットは，既に米国で原告を所有者とする登録がなされていたものであり，米国ペンシルヴァニア州・フィラデルフィアに母港を有する米国船籍のヨットであった。

　ところで，物権準拠法は目的物の所在地法による（法例10条１項［通則法13条１項］）が，船舶や航空機の如く常時移動してその物理的な所在地の確定が困難であり，又は確定可能な場合にも，偶然に所在する場所により物権関係を決定することが不適当・不可能なものについては，右の所在地法は，登録地法（旗国法）を意味すると解されている。

　従って，登録済み船舶である本件ヨットの所有権の得喪は，登録地法（旗国法）である米国ペンシルヴァニア州法が準拠法となる。そして，米国ペンシルヴァニア州法では，所有権の取得について保護を受けるためには，前所有者の作成した売渡証書，又はこれに代わる宣誓陳述書の交付を受けることが必要である。

　原告は，前所有者パルシファル社作成の売渡証書の交付を受けて，本件ヨットの所有権を取得し，米国で本件ヨットの登録を了した。しかるに，被告は，原告から本件ヨットの売渡証書，又はこれに代わる宣誓陳述書の交付を受けていないので，本件ヨットの所有権取得につき保護を受けることができない。」

## ［3］── 物権変動か相続の効力か──法律関係の性質決定

　【2】でみたように，通則法13条２項は売買契約によって財産を処分した場合の物権変動の効力についても適用される。★判例20─4は，共同相続人の処分権は相続の問題としながら，そのような処分権の行使に権利移転（物権変動）の効果があるかを物権の問題と法性決定して法例10条２項（通則法13条２項）を適用している。

### ★判例20─4　台湾法合有持分移転事件　（★判例11─2）

　Ｘらは台湾出身の呉場と本間栄美子との間に出生した子であるが，呉場が死亡したことにより本件不動産につき各16分の１の持分を相続によって取得し，栄美子はＸらの親権者として右相続に係る持分の全部を2000万円で不動産業者Ｙに売り渡し（本件売買契約），本件不動産についてＸらからＹへ持分移転登記がされたところ，Ｘらは相続の準拠法である台湾民法によれば，本件不動産は共同相続人の合有に属し，Ｘらは，遺産の分割前においては共同相続人全員の同意がなければ本件不動産の持分を処分できないとして，本件売買契約の無効を主張し，右持分移転登記の抹消登記手続を請求した。Ｘらの請求は認められるか。

《コメント》

　最高裁は，本件の法律関係の性質を，呉場の相続人であるＸらが，その相続に係る持分について，第三者であるＹに対してした処分に権利移転（物権変

動）の効果が生ずるかの問題［処分権行使の対世的効果の問題］ととらえる。これによれば，準拠法は，法例10条（通則法13条）2項により，その原因である事実の完成した当時における目的物の所在地法である日本法となる。本件売買契約が呉場の共同相続人全員の同意を得ることなく締結されたとしても，日本法によれば本件契約による権利移転の効果が認められると結論している。

　これに対して，Ｘらが共同相続した本件不動産に係る法律関係がどうなるか（それが共有になるかどうか），Ｘらが遺産分割前に相続に係る本件不動産の持分の処分をすることができるかどうかの問題（処分権の問題）は，相続の効果に属するものと性質決定される。したがって，通則法36条（法例26条）により被相続人の本国法が準拠法となる（→第11章**3**[6]）。

　★**判例20－4**のように，相続準拠法（総括準拠法）の規律が物権準拠法（個別準拠法）上は実現することができない場合がある。しかし，このようなケースを「個別準拠法は総括準拠法を破る」というような一般論で説明すると，外国にある日本人の遺産処理を日本で行うことが困難となるなど実際上の不都合を来すおそれがあり（→参考文献20-②），相当ではない（→**[設例16－1]**）。

**【参考文献】**
20-①　西谷祐子「物権準拠法をめぐる課題と展望」（特集・平成国際私法の発展と展望（3））民商136巻2号202-205頁（2007年）
20-②　野村美明「外国にある日本人の遺産の処理――外国の銀行預金」野田愛子ほか編・家事関係裁判例と実務245題（判夕臨増1100号）428-431頁（2002年）
20-③　森田博志「物権準拠法の決定と適用範囲に関する問題提起」年報8号86-104頁（2006年）

# 第**21**章　個別の物権問題

【キーワード】　運送中の物／運送証券／輸送機／静的安全の保護／取引の安全／登録地法（旗国法）／法定担保物権／約定担保物権／債権質／間接保有証券／国家行為による物権変動／物権的行為の方式

## **1** 概　　観

　前章で見たように，動産および不動産に関する物権の問題は，原則として，目的物の所在地の法秩序に従う。しかし，所在地法の適用が常に適切であるとは限らない。たとえば，対象となる物が国境を越えて移動する場合，物理的な所在地を確定することは困難であり，確定されえたとしても，偶発的な地であるかもしれない。このような場合には特別な考慮が必要となる。本章は特別な考慮が求められうる場合，そして物権的行為の方式について検討する。

## **2** 運送中の物，運送証券および輸送機

### [1]── 運送中の物および運送証券

　★判例20─1によれば，「当該自動車が他国の仕向地への輸送の途中であり物理的な所在地の法を準拠法とするのに支障があるなどの事情が」あれば，その物権変動についても物理的な所在地法によらないでもよいことになる。通説は，運送中の物についての物権変動は，仕向地法によるべきという。

　運送中の物について船荷証券のような運送証券が発行されている場合は，証券と物についての所在地法（通則法13条）が問題となる。運送証券の処分（譲渡・質入など）は，証券所在地法による。

　これに対して運送証券の処分が物の引渡しの代わりになるのかは，証券の物権的効力と考えて証券所在地法によらせる見解もあるが，動産取引の安全のためには，物の所在地法によらせるべきである。証券があらわす権利の準拠法によらせることで，社債券や株券と統一的に扱うことができる（→本章4）。また，証券のペーパーレス化でも明らかなように，証券の物権的効力と証券の券面の所在（存在）との間には必然的な関係はない。なお，無記名債権の譲渡（準物権的行為）の効力は，これを動産的に扱って，証券の所在地法によらせるべきである。

### [2]──　輸送機

　船舶，航空機および鉄道車両などの輸送手段は，移動することがその本質的機能であるから，その所在地法によることは適切ではない。条理により所属国法によるべきである。なお，★判例20─1によれば運行に供しうる自動車については利用の本拠地（登録地）法によるが，これが**静的安全の保護**（真の権利者の保護）にかなうことは確かである。しかし，そもそも目的物所在地法主義を採用する重要な根拠が取引の安全であった以上，自動車に関する担保権を含む物権的権利を，運行の用に供するかどうかを問わず，物理的所在地法で一括して判断するのが**取引の安全**にかなうともいえる。

　なお，航空機，鉄道車両，および宇宙機（人工衛星など）の可動物件を対象とする担保権などの権利に関しては，私法統一国際協会（ユニドロワ UNI-DROIT）による「可動物件の国際的権益に関するケープタウン条約」があるが，日本は未批准である。この条約は，可動物件の性質に応じた議定書とともに，倒産手続における権利の処理，債務不履行と権利実行に関するルールを統一し，国際登録システムによる公示・優先順位決定を容易にしようとするものである（→参考文献21-②）。

## *3*　担保物権の準拠法

　担保物権も物権の一種として，その準拠法は目的物所在地法となるはずであ

る。しかし，物が国境を越えて移動する場合には，占有をともなわない担保権（所有権留保など）や登記・登録（公示）のない担保権を認めるかどうかで各国の法が異なるので，所在地法主義をどこまで貫徹するかが問題となる。日本では【設例21─1】のような船舶に関する担保についての裁判例が多く，設例は目的物所在地法による場合のいくつかの問題点を示している。

---

**［設例21─1］　パナマ船舶をめぐる担保権者間の争い**

　船用品供給業者である日本法人Ｘは，パナマ法人Ｙ1が所有するパナマ船籍船Ａ号に対し，Ａ号の傭船者である日本法人Ｙ2の発注により，船舶消耗品を供給したが，Ｙ2が倒産してしまった。Ｘは日本商法842条4号によれば，航海継続の必要により生じた債権（1174万円）を有する者として船舶の上に先取特権を有するから，その先取特権の実行としてＡ号の競売を申し立てた。Ａ号の最低売却価額は6500万円であるが，Ｙ1に対しては外国のＴ銀行がパナマ法により成立した船舶抵当権で担保された貸金債権4億6600万円を有している。日本法（商法848条1項）によれば航海継続の必要により生じた債権にかかる先取特権は船舶抵当権に優先するのに対し，パナマ法によれば船舶抵当権が優先する（パナマ海事法1407条7号・8号）。Ｘは債権を回収することができるか。

＊広島高決昭和62・3・9判時1233号83頁を元に作成。渉外判例百選33事件［谷川久］参照。

---

### ［1］──　法定担保物権

　法定担保物権（留置権および先取特権）の成立については，目的物の所在地法に加えて，被担保債権の準拠法を累積適用するというのが従来の通説であるが，法定担保物権も担保に供される物に関する物権の問題である以上，物権準拠法のみによって，その成立を判断すべきとする見解も有力である。近時の裁判例は，「法定担保物権は物権の問題であるとともに，法定担保物権は一定の債権を担保するために法が特に認めた権利であるから，被担保債権の準拠法がそのような権利を認めていないときにまでその成立を認める必要がない」と述べて通説と同様に，目的物の所在地法と被担保債権の準拠法を累積適用している（東京高決平成29・6・30判タ1446号93頁［横溝大・ジュリ1524号143頁]）。

　船舶先取特権の成立および効力は，他の法定担保物権と同じように，その目的物である船舶の所在地法による。ただし，成立については被担保債権（代金

債権）の準拠法を累積的に適用すべきとする見解や被担保債権の準拠法が認める以上の保護を与える必要はないとする見解がある（櫻田209頁，基本法コンメ63頁［高桑昭］，注釈Ⅰ382頁［竹下啓介］参照）。なお，ドイツ国際私法45条2項は，法定担保権の成立については被担保債権の準拠法，効力（優先順位）については原則に従い，船舶の所在地法によると定めている。**【設例21―1】**の場合は船舶所在地法も被担保債権の準拠法も日本法になると考えられるので，いずれの見解によっても船舶先取特権は成立する。船舶先取特権の効力も船舶抵当権の効力（後述）も船舶所在地法である日本法によるので，いずれの見解によってもⅩの債権は優先的に認められる。設例ではいずれにしても準拠法は日本法となるから，Ⅹは債権を回収できる。もっとも，輸送機に関する物権についてはその所属国法を準拠法とする見解（→本章2［2］）や船舶の所在地を現実の所在地ではなく旗国（登録国）と解釈する立場では，旗国法（登録国法）が準拠法となる。効力についてもこの見解をとるとすれば，設例の結果は異なる（前掲広島高決参照）。

### [2]―― 約定担保物権

　抵当権および質権については，成立および効力ともに目的物の所在地法によるのが通説である。もっとも，船舶抵当権については旗国法（登録地法）を準拠法とする見解がある。しかし，その効力については，**【設例21―1】**のようにしばしば船舶先取特権との優先順位が問題となるから，現実の所在地法（新所在地法）による見解もある。通説によれば**【設例21―1】**の船舶抵当権の成立は船舶の所在地法によることになるが，パナマのように便宜置籍船を受け入れる国では，そこに船籍（登録）があったとしても船舶が現実に所在することは少ないと考えられるので，船舶抵当権はパナマ法を旗国法として成立したと考えざるを得ないだろう。パナマ法により成立した船舶抵当権は日本法のもとでも存続すると考えられるが，その効力は日本法によるから，優先順位は船舶先取特権より後になる。

　なお，権利質（民法362条以下参照）に関しては，**★判例12―2**は，「権利質は物権に属するが，その目的物が財産権そのものであって有体物ではないため，直接その目的物の所在を問うことが不可能であり，反面，権利質はその客体た

265

る権利を支配し，その運命に直接影響を与えるものであるから，これに適用すべき法律は，客体たる債権自体の準拠法によるもの」と判示している。これに対して，債権質の第三者に対する効力を債権譲渡の第三者に対する効力と類似の問題ととらえ，債権譲渡の準拠法によらせる見解がある（基本法コンメ60-61頁［高桑昭］，百選30事件［野村美明］参照。もっとも，通則法23条のもとでは，債権譲渡の第三者効は譲渡対象債権の準拠法になるから，結論は判例とかわらない）。

　所有権留保や譲渡担保など，一般に公示が困難な担保の場合は，目的物の所在地法で存在・成立を認められたとしても，目的物が国境を越えると新所在地ではその存続が認められない，あるいは一定期間しか効力が認められない場合がある（スイス国際私法102条2項参照）。新所在地の取引の安全や公示制度など，物権秩序を混乱させるおそれがあるからである（ドイツ国際私法43条2項参照）。旧所在地法によって成立した担保権が新所在地法では存在しない場合であっても，機能的に類似（等価）の担保権の成立要件を満たせばそのような担保権への転換（転置ともいう）が認められる場合がある（機能的等価性）（→【設例20―1(b)】）。いずれにしても，担保権の効力は新所在地法によるのは前述したとおりである。

## *4*　仲介機関に保有される証券

　★**判例21―1**は，日本法人がユーロ市場で発行した外貨建てワラント債（新株予約権付社債）を証券会社Yから購入した投資家Xが，ワラント証券の交付を受けていないからという理由で引渡債務の不履行を主張した事件である。この事案では，問題となるワラント債証券は，Yに寄託され，さらにYによりYが参加する国際証券決済機関（ICSD: International Central Securities Depository）であるユーロクリア（ベルギー法人を中心とするグループ企業）に再委託される方法で保管されており，参加証券業者間の売買に基づく証券上の権利（数量）の移転および決済は，ユーロクリアに設けられた参加者の口座間の振替決済により行われるものとされていた。**【国際取引法】**

　★**判例21―1**のような国際的に間接保有（混蔵寄託）された証券上の権利の

移転は，どこの法によって決定されるか。この問題を物権と性質決定すれば，通則法13条の目的物所在地法が準拠法となり，ベルギー法が適用される可能性がある。これに対して，「売買契約の無効または債務不履行に基づく契約解除を原因とする債権的請求」と解釈すれば，判決のように，ＸとＹとの契約の準拠法を日本法とする黙示の意思を推認することも可能となる。

　株券の場合なら，紙（株券）に対する支配権の移転によって紙にあらわされた権利（株主権）も移転するかどうかは，その権利（株主権）の準拠法による。すなわち，会社の従属法（設立準拠法）による。同様に，社債券にあらわされた社債権の場合は，社債契約の準拠法による。これに対して，紙（株券）の譲渡や質入の成立や効力の問題は，証券所在地法によるはずである。

　判決の結論は，口座管理契約の準拠法によらせる後掲の口座管理機関が保有する証券に関するある権利についてのハーグ条約（ハーグ証券条約）（→【立法例21―1】）の立場に近い。これに対して，EU では，複数の規則が併存しているが，いずれによっても，間接保有証券が担保に供された場合の証券上の権利は，EU における登録簿，口座または中央預託機関の所在地法によると規定している。

### ★判例21―1　外貨建てワラント債購入事件

山形地裁酒田支判平成11・11・11金判1098号45頁，仙台高裁秋田支判平成12・10・4金判1106号47頁（控訴棄却，確定）［百選27事件：森下哲朗］

　Ｘは，山形県酒田市内において，長年にわたりホテルを経営してきた個人投資家である。Ｙは，有価証券の売買等を目的とする証券会社で，その本店は肩書所在地にあり，山形県酒田市内に支店を有している。Ｘは，Ｙから，外貨建てワラントを買い受けたが，右契約は，目的物である当該ワラントを表章する有価証券が存在したとは認められないから無効であり，そうでなくとも，ＹはＸに対し，本件売買契約に基づき，本件ワラントを表章する新株引受権証券を交付していないから，右証券の引渡債務の不履行を理由に契約を解除したなどとして，不当利得返還請求権又は契約解除による原状回復請求権に基づき，Ｙに対し，支払い済みの代金のうち反対売買による差益を差し引いた残額（差損金相当額）の支払いを求めた。Ｙはユーロ・クリアの参加者である。以下では第１審判決を引用する。

　「本件の争点について判断する前提として，日本国又はベルギー国（本件ワラントを表章する有価証券の保管場所とされているユーロクリアの所在地）のいずれの法律に準拠すべきかが問題となる。原告の本訴請求は，本件売買契約の無効又は債務不履

行に基づく契約解除を原因とする債権的請求であるから，その争点である契約の効力及び解除の成否について適用されるべき準拠法は，第一次的に契約当事者の意思により定まるものと解される（法例7条1項［通則法7条］）。これを本件についてみると，本件売買契約に先立ち，原・被告間で取り交わされた外国証券取引口座設定約諾書〔略〕には，右事項に関する準拠法を明示した規定はないが，同約諾書の13条3号に，外国有価証券の保管方法については，当該売買等の行われた国の諸法令及び慣行に従う旨の規定があるほか，本件売買契約が締結され，代金の決済が行われた場所は日本国であり，原告の住所地及び被告の本店所在地も日本国である上，本件ワラントの各発行会社が日本法人であること〔略〕等の事実からすると，原告及び被告は，少なくとも黙示的に日本法に準拠する旨の意思を有していたものと推認するのが合理的である。また，原告の不当利得返還請求権の成否については，更に法例11条［通則法14条は内容の変更］1項によっても日本法が適用されることになる。」

「被告は，昭和54年4月，ユーロクリアの運営会社（モルガン・ギャランティー・トラスト・カンパニー）との間で，ユーロクリアの保管振替システムに参加する契約を締結して，ユーロクリアに口座を開設し，同システムを利用して外国証券取引を行うに至ったこと，右システムの参加者は，ベルギー法（1967年11月10日有価証券の流通促進に関する勅令62号）に基づき，その保有する外国証券を，同種・同量のものと代替可能な証券としてユーロクリアに寄託（混蔵寄託）し，同一銘柄の証券全体（通常，発行会社により，その権利内容を記載した一枚の大券が発行される。）に対し，保有数量に応じた権利を有するものとされ，参加者間の売買に基づく権利（数量）の移転及び決済は，ユーロクリアに設けられた参加者の口座間の振替決済により行われるものとされていること，原告は，被告との間で，外国証券取引口座設定約諾書を取り交わすことより，その保有する外国証券を被告に混蔵寄託し，被告において右証券の保管を保管機関に委託（再寄託）すること〔略〕及び被告に寄託した証券については，被告から預り証の交付又はこれに代わる月次報告書による報告を受けること等〔略〕を合意しており，そこで，被告は，本件売買契約にあたっても，ユーロクリアの保管振替システムを利用することとし，本件ワラントにつき，その発行会社により，同一銘柄のワラント全体の権利内容を表章する一枚の大券〔略〕所定の取締役会決議の日，発行日，銘柄，発行価格，総量，権利行使期間等の事項が記載され，発行会社の代表取締役の署名があるもの。以下「本件大券」という。）が発行され，ユーロクリアに保管されていることを前提に，右システムの他の参加者（証券会社）〔略〕から，本件売買契約に必要な銘柄・数量のワラントを買い受け，右参加者との間では，ユーロクリアに指示して，口座振替による決済を行ったこと，そして，本件売買契約に基づく受渡日等に，〔略〕原告に対し，売買の目的とされたワラントの預り証〔略〕」を交付し，あるいは月次報告書による報告をした。

「ユーロクリアの保管振替システムの参加者が，ユーロクリアの運営会社との契約

に基づき，その保有するワラントをユーロクリアに寄託したときは，当該銘柄のワラントの大券に対し，その保有するワラントの数量に応じた共有持分を有するとともに間接占有を有するものと解することができる。

　そうすると，被告が，前記認定のとおり，ユーロクリアの保管振替システムの他の参加者（証券会社）からワラントを買い受けた際，右参加者との間で，ユーロクリアに指示して口座振替による決済を行った行為は，当該ワラントを表章する新株引受権証券の指図による占有移転（民法184条）に当たるものと解することができる。その結果，被告は，このような指図による占有移転による「交付」（商法341条ノ14第１項）によって，原告から，本件大券に対する占有（間接・共同占有）を取得するとともに，当該ワラントの数量に応じた共有持分を取得し，当該ワラントを譲り受けたものと認められる」

　「原告は，前記認定のとおり，被告との間で，外国証券取引口座設定約諾書を取り交わすことにより，外国証券を被告に混蔵寄託し，被告においてこれを保管機関に再寄託すること，及び被告に寄託された証券については，被告から当該証券の預り証の交付又はこれに代わる月次報告書による報告を受けること等を合意しており，このような法律関係を前提に，被告が原告に対し，本件売買契約の目的とされたワラントにつき，預り証又は月次報告書を交付した行為は，当該ワラントを表章する新株引受権証券の占有改定（民法183条）に当たるものと解することができる。その結果，被告は，このような占有改定による「交付」によって，原告に対し，本件大券に対する占有（間接・共同占有）を移転するとともに，当該ワラントの数量に応じた共有持分を移転し，当該ワラントを譲渡したものと認められる。」

【立法例21―１】　口座管理機関が保有する証券に関するある権利についてのハーグ条約

＊第４条　本則

　１　第２条第１項に掲げるすべての事項についての準拠法は，口座管理契約において，その口座管理契約を規律する法律として明示に合意された国の法律（ただし，口座管理契約によって当該事項について他の国の法律を適用することを明示的に定めた場合には，その法律）とする。ただし，この規定によって定められた法律は，関連口座管理機関が当該合意の時において次に掲げる事務所を当該国内に有する場合にのみ適用する。

　（a）　当該事務所が，単独であると，当該国若しくは他の国における当該関連口座管理機関の他の事務所又は当該口座管理機関のために行為するその他の者と共同してであるとを問わず，

　（ⅰ）　証券口座への記録を行い又はモニターしているもの

　（ⅱ）　当該口座管理機関によって保有される証券に関する支払又は法人活動を管理

　　　しているもの
　(ⅲ)　その他証券口座を管理する営業又はその他の通常の業務に従事しているもの
　(b)　口座番号，バンクコードその他の特定のための手段により証券口座を当該国
において管理しているものとして特定されているもの
　2　省略
＊第5条要旨：第4条によって準拠法が決定できない場合には，関係口座管理機関
の法人設立地，営業所所在地，法人設立がされていない場合にはそれが組織された
地を，準拠法とする。
＊第6条要旨：発行者の設立地，証券の所在地，証券保有者の登録簿の所在地など
は，準拠法の決定において考慮しない。

# *5*　国家行為による物権変動

　外国の私人（多国籍企業など）に支配されていた資源や設備が国有化された場
合，それにともなう物権的権利の変動は，(ア)通常の国際私法規則（通則法13条）
で定める目的物所在地法で判断すべきか，(イ)外国の国有化法への特別連結を認
めるか，または(ウ)外国判決の承認（→第2章**3**）に準じて外国国家行為の承認
を考えるか。
　★**判例21 — 2** は(ア)を肯定した。なお，私人に対する補償の基準を「十分で
実効的かつ迅速な補償」とすべきか「適当な補償」でよいかが長らく国際法上
争われてきた。現在では2国間や地域における投資保護協定または自由貿易協
定（Free Trade Agreement＝FTA）で，前者のより高い基準が採用される傾向
がある。【国際取引法】

### ★判例21 — 2　アングロイラニアン石油事件
　東京高判昭和28・9・11高民集6巻11号702頁［百選17事件：竹下啓介］
　Ｘ社（英国会社アングロイラニアン石油）が1933年にイランとの間で石油コンセッ
ション（採掘精製販売に関する利権付与）契約を締結したところ，1951年にイラン国
石油国有化法により石油事業は国有化され，関連するすべての権利はＡ社に帰属す
ることになった。一方，日本の石油会社Ｙは1953年Ａ社から石油を買い受け，アバ
ダン港で引渡しを受けて日本に輸送し，日本において保管していた。Ｘ社は石油国有

化法は国際法に違反して無効であるから本件石油はなおＸの所有に属すると主張した。

「右石油が石油国有化法施行の当時既に湧出又は採取せられたものであるとすれば，……イラン国政府が石油国有化法で収用したものであるから，それとともにＸ社の権利は喪失したものと解せざるを得ない。又仮に右石油が石油国有化法施行以後に採掘せられたものとすれば，たとえその石油が，もとＸ社の権利に属していた地域から採取され，さらにもとＸ社の権利に属していた工場で精製されたとしても，……石油国有化法が一応有効であると認めざるを得ない以上，それがＸ社人の権利に属するとはとうてい認められないところである。しかして，法例第10条［通則法13条］によれば，<u>動産及び不動産の所有権の得喪は，その原因である事実の完成した当時における目的物の所在地法によつて定まるものなるところ，以上詳細に説明したように，本件石油に関する権利はその所在地法であるイラン国法において，Ｘ社はその権利を失つたものである。従つて当裁判所としても，Ｘ社は本件石油に対する権利を有しないものと解する外ない。</u>［下線筆者］」

# *6* 物権的法律行為の方式

物権的権利の設定および処分に関する方式については，通則法10条５項によれば同条２から４項の行為地法などの選択適用はされない。したがって，同条１項により物権的法律行為の実質を定める準拠法によることになるから，結局その方式は通則法13条で定まる物権の準拠法で判断すべきことになる。

## 【参考文献】

21-①　北坂尚洋「間接保有された有価証券の権利関係の準拠法――2002年 EU 指令，UCC 及びハーグ条約草案のアプローチについて」阪大法学52巻３・４号899-924頁（2002年）

21-②　小塚荘一郎「資産担保金融の制度的条件――可動物件担保に関するケープタウン条約を素材として」上智法学46巻３号43-78頁（2003年）

21-③　道垣内正人「担保物権の準拠法――証券決済システムを通じた担保付取引の場合」渡辺・野村編117-124頁（2002年）

21-④　森下哲朗「国際的証券振替決済の法的課題（１）～（５）」上智法学論集44巻１号１-79頁，44巻３号35-81頁，45巻３号149-198頁，50巻４号45-104頁，51巻１号13-55頁（2000-2007年）

21-⑤　早川眞一郎「国際取引と担保」国際法学会編『国際取引』（日本と国際法の100年）66-92頁（三省堂，2001年）

# 第**22**章 知的財産権

**【キーワード】** 特許権／著作権／ベルヌ条約／パリ条約／属地主義／登録国法／保護国法／国際裁判管轄／職務発明

## *1* 概 観

　知的財産権とは，人の知的な創造活動の結果を，法律上の権利として保護するものである。ここには，特許や商標などの産業上利用される産業財産権（工業所有権）と，文化的創作物に付与される著作権等が含まれる。権利の対象が発明や表現など無体の情報であることから，これらを総称して，無体財産権と呼ぶこともある。また，実質法レベルでは不正競争防止法上認められる権利も知的財産権に含まれることがあるが（知的財産基本法2条），国際私法上は不法行為の枠組みでとらえられる（→第17章**4**）。

　知的財産権は，権利の発生について登録が必要か否かで分類される。特許権，商標権，意匠権，実用新案権などが，監督官庁に登録することで権利が発生するのに対して，著作権は，条約の規定により，権利の発生にいかなる方式も要しない（文学的及び美術的著作物の保護に関するベルヌ条約5条2項第1文）。この分類は，知的財産権の国際私法上の問題を論じる際にも意識しなければならない。そこで，以下では，登録を要する知的財産権を代表するものとして特許権を，登録を要しない権利として著作権を取り上げる。特許権以外の産業財産権（たとえば，商標，意匠，実用新案等）は特許権の議論が，著作隣接権の議論には著作権の議論が，それぞれ妥当する。

　知的創造活動の結果にどのような権利を付与するかは，各国の産業・文化政策に深く関連する。そのため，ある国で付与された知的財産権の成立（有効

性）・移転・効力等はその国の法によって定められ，効力は当該国の領域内において
のみ認められるとされる（属地主義）（最判平成 9・7・1 民集51巻 6 号2299
頁［BBS 事件］参照）。この属地主義の根拠については議論があるが，知的財産
権分野の諸条約においても前提として受け入れられている（工業所有権の保護に
関するパリ条約 2 条 2 項，ベルヌ条約 5 条 2 項等）。

　知的財産権の属地主義を，各国の産業・文化政策との関わりの観点から強調
すると，知的財産権は公法的な位置づけとなり，国際私法上の問題が生じな
い，と考えられることにもなる（後掲カードリーダー事件控訴審判決★判例 1 ― 1
参照）。これに対して，知的財産権の問題を，一般的な私法上の問題と同様に
取り扱うべきであるとの見解もあり，現在はこの見解が主流である（★判例 1
― 1　カードリーダー事件最高裁判決）。

　この見解からは，知的財産権の問題は，それぞれの権利の「保護国法」によ
ることになる。保護国とは，特許など産業財産権については当該権利が登録さ
れた国であり，権利の発生に登録が必要とされない著作権については「著作権
の利用行為ないし侵害行為がなされた国」と理解するのが通説的見解である。

---

**【立法例22―1】　文学的及び美術的著作物の保護に関するベルヌ条約**

第 5 条　〔保護の原則〕

1　著作者は，この条約によつて保護される著作物に関し，その著作物の本国以外
の同盟国において，その国の法令が自国民に現在与えており又は将来与えることが
ある権利及びこの条約が特に与える権利を享有する。

2　前項の権利の享有及び行使には，いかなる方式の履行をも要しない。その享有
及び行使は，著作物の本国における保護の存在にかかわらない。したがつて，保護
の範囲及び著作者の権利を保全するため著作者に保障される救済の方法は，この条
約の規定によるほか，専ら，保護が要求される同盟国の法令の定めるところによる。

（ 3 項以下省略）

---

**【立法例22―2】　契約外債務の準拠法に関する規則（ローマⅡ規則）**

第 8 条　知的財産権の侵害

1　知的財産権の侵害から生じる契約外債務の準拠法は，保護が求められる国の法
（the law of the country for which protection is claimed）とする。

（ 2 項以下省略）

# **2**　知的財産事件の国際裁判管轄

　2012（平成24）年の民訴法改正では，知的財産権に関する規定の新設も議論されたが，最終的に見送られた。そのため，現状，知的財産権一般に関する国際裁判管轄についての規定はない。

　ただし，特許や商標など，登録によって発生する知的財産権の存否に関しては，規定が新設された（民訴3条の5第3項）。この規定は，登録を要する知的財産権のうち，日本で登録されたものについては，その存否または効力に関する訴えの管轄権は我が国に専属すると定める。ゆえに，日本で登録された特許や商標など，登録を要する知的財産権の存否（成立（有効性），無効）に関する訴えは，登録国である日本に専属する。これは，権利の属地性を理由とする。

　なお，★**判例22—1**　サンゴ砂事件では，特許権に基づく差止請求訴訟において相手方が抗弁として特許の無効を主張することが認められているような場合が問題となった。裁判所は，当該特許についての無効判断は，訴訟当事者間において効力を有するものにすぎず，当該特許権を対世的に無効とするものではないから，特許無効の抗弁の許容が登録国以外の国の国際裁判管轄を否定する理由とはならないと判示した。

　これに対して，知的財産権の侵害訴訟の管轄は，明文では定められていない。民訴法3条の5第3項に従って登録国の専属管轄とする見解もあるが，判例・通説は一般の国際裁判管轄と同じように判断する立場を採っている。

　請求の目的である知的財産権が日本にある場合には，財産所在地管轄が肯定される（民訴3条の3第3号）。登録知的財産権の場合は，登録から所在が概念しやすい。これに対して著作権については，最判平成13・6・8（★**判例16—1**　ウルトラマン事件）が，日本における著作権を有しないことの確認請求について，請求の目的物である財産すなわち著作権が日本に存在するとして，財産所在地管轄を認めている。

　知的財産権の侵害事件では，不法行為管轄も問題となる（民訴3条の3第8号）。知的財産権の侵害行為が日本で行われた場合には，日本の国際裁判管轄

が認められる（東京地判平成26・7・16，東京地判平成26・9・5（いずれも判例集等未登載））。

# 3　特許権の準拠法

　カードリーダー事件控訴審判決（東京高判平成12・1・27判時1711号131頁★**判例1—1**参照）は，属地主義の原則を理由として，特許権の基づく差止請求及び廃棄請求については準拠法決定の問題は生じないと判示した。これに対して，最高裁（★**判例1—1**）は準拠法の決定を必要と判断した。このように，特許権を公法的なものではなく，国際私法上の問題としてとらえるとして，個々の事項をどのように取り扱うかは見解が分かれている。

　特許権の存否・有効性の問題は，登録国法による。ここには，特許権の成立要件，消滅（存続期間，発明者死亡の時の相続人不存在）等の問題が含まれる。これは，特許権が各国における出願・登録によって権利として認められ，属地主義の原則によってその効力はそれぞれの領域に限定されることから，登録国が最も密接な関係がある地と考えられるためである。また，外国の国家行為の承認という観点から，これを根拠づける見解もある（注釈I 644-645頁［道垣内正人］）。

　権利の帰属（特許権，特許を受ける権利，実施権が誰に帰属するか）の問題も登録国法による。その理由は，特許権の存否・有効性の問題で挙げられたものがほぼ妥当する。

　特許権侵害の場合，特許権に基づく差止請求・廃棄請求は，特許権の独占的・排他的効力に基づくものであって，正義・公平の観点から損害の填補を目的とする不法行為とは異なるものと区別して，「特許権の効力」と法性決定するのが最高裁の立場である（★**判例1—1**　カードリーダー事件）。「特許権の効力」の準拠法についての明文の規定は存在しないから，条理により，問題となる特許権と最も密接な関係を有する当該特許権の登録国の法が準拠法として導かれる。この判例に従い，特許権に基づく差止請求について，登録国法を適用したのがサンゴ砂事件（★**判例22—1**）である。

　これに対して，特許権侵害に基づく損害賠償請求は，不法行為と法性決定される。損害賠償は特許権の効力と関連はするが，「特許権特有の問題ではなく，飽くまでも当該社会の法益保護を目的とするもの」だからである。したがって，原則として通則法17条により結果発生地法が準拠法として指定されるが，同法20条から22条の規定も適用されるから，結果発生地以外の地の法の適用や，日本法の累積的適用の余地もある。

　このように，差止請求・廃棄請求と，損害賠償請求を別個の単位法律関係として扱うことには，学説上は異論もある。これらの見解は，差止・廃棄請求と損害賠償請求をとりたてて区別せず，一括して同じ準拠法によるという立場を採る。具体的にどの国の法が準拠法となるべきかについては，保護国法によるべきとする見解（注釈Ⅰ455頁［西谷祐子］）と，不法行為地法によるべきとする見解（参考文献22-①252頁）に，さらに分かれる。

### ★判例22—1　サンゴ砂事件（★判例17—2）

　この事件では，知的財産権の関連では，ＸおよびＡによる米国内におけるＸ製品の販売につき，Ｙが上記米国特許権に基づく差止請求権を有しないことの確認が求められた。　この点，判決は，カードリーダー事件判決に従い，米国特許法を適用すると「Ｘの製品は，本件特許発明の技術的範囲に属しないから，これを米国内において販売等する行為は，本件米国特許権を侵害しない」から，Ｙは本件米国特許権に基づく差止請求権を有しないと判示した。

## **4**　著作権の準拠法

　著作権の準拠法についても，保護国法によるとする見解が有力であるが，その根拠については議論が分かれている。

　保護国法を導く国際私法規則がベルヌ条約に定められているという説が有力に主張されており，裁判例もこの立場を採用している（★判例22—2　中国詩事件）。これに対して，ベルヌ条約は国際私法規則を持たないとの見解に立てば，同条約から準拠法を導くことはできない。そこで，この見解の場合には，条理により，保護国法が準拠法として指定される。

★**判例22 ― 3**　　中国詩事件は，著作権の侵害に基づく差止請求，著作権及び著作者人格権の侵害に基づく損害賠償請求，著作者の死後における人格的利益の保護のための差止請求及び謝罪広告請求，及び名誉毀損が問題となった事例である。

著作権の侵害に基づく差止請求は，「著作権を保全するための救済方法」と法性決定された。そして，ベルヌ条約5条2項第3文より，「保護が要求される国の法令」が準拠法として指定されている。

著作者の死後における人格的利益の保護のための差止請求及び謝罪広告請求も同様に「作者の権利を保全するための救済方法」と法性決定された上で，ベルヌ条約6条の2第3項より，保護国法が準拠法となっている。

著作者人格権の侵害に基づく差止請求は，この事件では直接には問題となってはいないが，同じく「著作者の権利を保全するための救済方法」と法性決定され，ベルヌ条約6条の2第3項より保護国法が導かれると考えられる。

これに対して，著作権及び著作者人格権の侵害に基づく損害賠償請求は，不法行為と法性決定されている。これは，★**判例1 ― 1**　　カードリーダー事件の立場を踏襲したものである。そこで，通則法17条より結果発生地法が準拠法となり，20条から22条の適用の余地もある。

このように，差止請求・廃棄請求と損害賠償請求を別個の単位法律関係として法性決定することについて，学説上は批判も存在することは，特許権の項ですでに指摘した。

なお，名誉毀損については，不法行為（特則）の章を参照（→**第17章3**）。

### ★**判例22 ― 2**　　中国詩事件

東京地判平成16・5・31判タ1175号265頁，東京高判平成16・12・9（控訴棄却，確定）

中国・厦門出身の著名な詩人であるA（故人）は，生前，創作した詩を編纂した詩集を中国で出版していた。被告Y2は日本で働きつつ小説を執筆している中国人であり，自身の執筆した小説の中で，Aの詩集のうちの一部の詩の中国語原文及びY2自身による和訳を使用した（なお，被告Y1は出版社であり，この小説を日本で出版した者である）。

当該作品中においては，小説中の人物がこれらの詩の作者として登場するという設

定になっており，その人物はアルコール中毒で，時に暴力的な人物として描かれていた。故Aの相続人である原告Xらは，①Yらの行為は本件詩についての著作権（翻案権）を侵害するとして，被告小説の印刷・製本・販売および頒布の差止，および損害賠償を，②Yらの行為はAが本件詩について有する著作者人格権（氏名表示権及び同一性保持権）を侵害するものとして，小説の頒布等の差止め（著作権法116条），謝罪広告ならびに損害賠償を，③被告小説における描写及びそのような小説の頒布はAの名誉を毀損するものとして損害賠償を，それぞれ求めた。

「著作権に基づく差止請求は，著作権の排他的効力に基づく，著作権を保全するための救済方法というべきであるから，その法律関係の性質を著作権を保全するための救済方法と決定すべきである。著作権を保全するための救済方法の準拠法に関しては，ベルヌ条約5条(2)により，保護が要求される国の法令の定めるところによると解するのが相当である。本件において保護が要求される国は，我が国であり，上記差止請求については，我が国の法律を準拠法とすべきである。

著作権侵害を理由とする損害賠償請求の法律関係の性質は，不法行為であり，その準拠法については，法例11条1項［通則法17条は内容変更］によるべきである。上記損害賠償請求について，法例11条1項［通則法17条は内容変更］にいう「原因タル事実ノ発生シタル地」は，被告小説の印刷及び頒布行為が行われたのが我が国であること並びに我が国における著作権の侵害による損害が問題とされていることに照らし，我が国と解すべきである。よって，同請求については，我が国の法律を準拠法とすべきである。」

「著作者の死後における人格的利益の保護のための差止請求及び謝罪広告請求は，著作者の人格的利益すなわち著作者の権利を保全するための救済方法というべきであるから，その法律関係の性質を著作者の権利を保全するための救済方法と決定すべきである。著作者の権利を保全するための救済方法の準拠法に関しては，ベルヌ条約6条の2(3)により，保護が要求される国の法令の定めるところによると解するのが相当である。本件において保護が要求される国は，我が国であり，上記差止請求及び謝罪広告請求については，我が国の法律を準拠法とすべきである。なお，ベルヌ条約6条の2(2)により，上記請求権を行使すべき者も，保護が要求される国である我が国の法律によって定められる。

著作者人格権侵害を理由とする損害賠償請求の法律関係の性質は，不法行為であり，その準拠法については，法例11条1項［通則法17条は内容変更］によるべきである。上記損害賠償請求について，法例11条1項［通則法17条は内容変更］にいう「原因タル事実ノ発生シタル地」は，被告小説の印刷及び頒布行為が行われたのが我が国であること並びに我が国における著作者人格権の侵害が問題とされていることに照らし，我が国と解すべきである。よって，同請求については，我が国の法律を準拠法とすべきである。」

　契約による著作権の譲渡については，譲渡当事者間の関係は法律行為と法性決定される。したがって，通則法7条以下により指定される契約準拠法に規律される（★判例22─3　キューピー著作権事件判決）。

　これに対して，譲渡の第三者に対する効力は，「著作権という物権類似の支配関係の変動」とした上で，物の直接的利用に関する排他的権利である物権に関する通則法13条に依拠しつつ，保護国法が導かれるとするのが裁判所の立場である（★判例22─3および東京高判平成15・5・28判時1831号135頁ダリ事件控訴審判決も同旨）。この時も保護国は，通説によれば利用行為・侵害行為がなされた地と理解される。

　複数の国で利用・侵害行為がなされた場合には，その複数の地の法が準拠法として適用される。このため，インターネットを介した著作権侵害の場合には，理論的には，少なくともベルヌ条約加盟国はすべて保護国であることになり，きわめて煩雑な結果となる。この点について，学説上は，著作権侵害が特にいずれの国に向けられているかにより，実質的に損害が発生した保護国の法のみを適用すべきとの見解がある（注釈Ⅰ456頁［西谷祐子］）。

### ★判例22─3　キューピー著作権事件
東京高判平成13・5・30判時1797号111頁［百選新法対応補正版48事件：駒田泰土］

　日本人Ｘは，米国人Ａが創作したすべてのキューピー作品に係る我が国著作権等（本件著作権を含む）を，Ａの遺産財団（ミズーリ州法により設立）から，頭金として15,000アメリカドル，ランニング・ロイヤリティとしてキューピー製品及び物品に係るＸ自身の純収入の2％を支払うほか，キューピー作品に関して第三者から受領した金額の2分の1を対価として支払う旨の約定により譲り受けたとして，日本のＹ食品会社に対し，イラスト及び人形の複製等の差止め等を求めた。Ｙは，本件著作権が発生せず，またはこれが消滅したと主張し，本件著作権がＸに移転した事実を争い，本件著作権の及ぶ範囲についてもＸの主張を争った。

　「著作権の譲渡について適用されるべき準拠法を決定するに当たっては，譲渡の原因関係である契約等の債権行為と，目的である著作権の物権類似の支配関係の変動とを区別し，それぞれの法律関係について別個に準拠法を決定すべきである。」

　「まず，著作権の譲渡の原因である債権行為に適用されるべき準拠法について判断する。……著作権移転の原因行為である譲渡契約の成立及び効力について適用されるべき準拠法は，法律行為の準拠法一般について規定する法例7条1項により，第一次

的には当事者の意思に従うべきところ，著作権譲渡契約中でその準拠法について明示の合意がされていない場合であっても，契約の内容，当事者，目的物その他諸般の事情に照らし，当事者による黙示の準拠法の合意があると認められるときには，これによるべきである。Ｘの主張する本件著作権の譲渡契約は，アメリカ合衆国ミズーリ州法に基づいて設立された遺産財団が，我が国国民であるＸに対し，我が国国内において効力を有する本件著作権を譲渡するというものであるから，同契約中で準拠法について明示の合意がされたことが明らかでない本件においては，我が国の法令を準拠法とする旨の黙示の合意が成立したものと推認するのが相当である。」

「一般に，物権の内容，効力，得喪の要件等は，目的物の所在地の法令を準拠法とすべきものとされ，法例10条［通則法13条］は，その趣旨に基づくものであるが，その理由は，物権が物の直接的利用に関する権利であり，第三者に対する排他的効力を有することから，そのような権利関係については，目的物の所在地の法令を適用することが最も自然であり，権利の目的の達成及び第三者の利益保護という要請に最も適合することにあると解される。著作権は，その権利の内容及び効力がこれを保護する国（以下「保護国」という。）の法令によって定められ，また，著作物の利用について第三者に対する排他的効力を有するから，物権の得喪について所在地法が適用されるのと同様の理由により，著作権という物権類似の支配関係の変動については，保護国の法令が準拠法となるものと解するのが相当である。……そうすると，本件著作権の物権類似の支配関係の変動については，保護国である我が国の法令が準拠法となるから，著作権の移転の効力が原因となる譲渡契約の締結により直ちに生ずるとされている我が国の法令の下においては，上記の本件著作権譲渡契約が締結されたことにより，本件著作権は遺産財団からＸに移転したものというべきである。」

著作権の帰属，すなわち最初の著作者の決定の問題は，おおむね条理によることになる（ベルヌ条約に抵触規則を見出す見解に立てば，映画の著作物のみは明文の規定（14条の2第2項(a)）がある）。条理によるとして，保護国法の適用を導く説，著作物の本国法（本源国法）による説，職務著作については雇用契約の準拠法による説など，見解が分かれている。

★判例22—4　キューピー職務著作事件は，職務著作は使用者と被用者の雇用契約の準拠法であるアメリカ合衆国法によると判示した。

### ★判例22—4　キューピー職務著作事件
東京高判平成13・5・30判時1797号131頁
キューピー著作権事件（★判例22—3）と同じ日本人Ｘが，Ａの遺産財団から著

作権を譲り受けたと主張し，日本の銀行Ｙを訴えたものである。Ｙは，本件著作物はＡが勤務していた出版社等に係る職務著作物として制作されたものであり，当該出版社等にその著作権が原始的に帰属した旨を主張した。

「Ｙは，本件著作物ないし本件人形はＡがスタッフとして勤務していた出版社等に係る職務著作物として制作されたものであって，当該出版社等にその著作権が原始的に帰属した旨主張する。Ｘが主張する本件著作権は，我が国における著作権であるが，職務著作に関する規律は，その性質上，法人その他使用者と被用者の雇用契約の準拠法国における著作権法の職務著作に関する規定によるのが相当であるから，Ｙ主張の職務著作物該当性については，アメリカ合衆国法によることになる。……」

認定された事実によれば，「本件著作物について，Ｙ主張の職務著作物と認める余地はなく，本件著作権は，本件著作物の制作により，原始的にＡに帰属したものというべきである。」

## 5　職務発明

企業等に勤める従業者等が，業務の一環として行った発明を職務発明と呼ぶ。日本法上，権利は原則として発明をなした従業者等に帰属するが，雇用契約や勤務規則によって予め定めておけば，使用者等は特許を受ける権利を得ることができ，この時，従業者等はその対価として，「相当の金銭その他の経済上の利益を受ける権利」を有する（特許法35条）。

このような権利の準拠法をいかに定めるかについて，保護国法の原則に従えば，特許権の最初の権利帰属の問題と性質決定されるから，登録国法によることになる。また，職務著作と同様に，契約準拠法によると考えることもできる。あるいは，特許法35条の定めを法廷地の絶対的強行規定として，直接適用するという見解もあり得る（→第13章**5**[2]）。

判例は，特許法のこのような規定の強行法規性を否定し，使用者・従業者との間の債権債務関係は当事者間の雇用契約の準拠法により，特許を受ける権利等の外国での取り扱いや効力については権利自体の準拠法である登録国法によると判示した（★**判例22─5**　日立製作所事件）。

なお，当事者間の基礎となる関係が雇用関係であることから，従業者に不利な外国法が契約準拠法として選択されている場合には，通則法12条の労働者保

護の特例が適用されることになろう（→第13章**4**）。

### ★判例22―5　日立製作所事件

東京高判平成16・1・29判時1848号25頁，最三小判平成18・10・17民集60巻8号2853頁［百選52事件：横溝大］

　Y社の従業員であったXが，在職中にした発明につき，Y社に対し，（平成27年改正前）特許法35条3項に基づく相当の対価の支払いを求めた事案で，原審は，Y社は社内規定に基づきXから本件各発明を譲り受けた上で補償金を払ったが，その金額は特許法旧35条が定める「相当の対価」に満たないものであるとし，また，従業員等が使用者に対し職務発明について特許を受ける権利等を譲渡したときは，同規定中の「特許を受ける権利若しくは特許権」には，当該職務発明により生じるわが国における特許を受ける権利等のみならず，当該職務発明により外国の特許を受ける権利等を含むと解すべきであるなどとし，相当の対価として1億6284万6300円の支払いを命じた。最高裁はYの上告を棄却し，準拠法について以下の通り判示した。なお，平成27年の改正で，特許法35条文言は変更されている。

　「外国の特許を受ける権利の譲渡に伴って譲渡人が譲受人に対しその対価を請求できるかどうか，その対価の額はいくらであるかなどの特許を受ける権利の譲渡の対価に関する問題は，譲渡の当事者がどのような債権債務を有するのかという問題にほかならず，譲渡当事者間における譲渡の原因関係である契約その他の債権的法律行為の効力の問題であると解されるから，その準拠法は，法例7条1項［通則法7条］の規定により，第一次的には当事者の意思に従って定められると解するのが相当である。

　なお，譲渡の対象となる特許を受ける権利が諸外国においてどのように取り扱われ，どのような効力を有するのかという問題については，譲渡当事者間における譲渡の原因関係の問題と区別して考えるべきであり，その準拠法は，特許権についての属地主義の原則に照らし，当該特許を受ける権利に基づいて特許権が登録される国の法律であると解するのが相当である。」

　「本件において，YとXとの間には，本件譲渡契約の成立及び効力につきその準拠法を我が国の法律とする旨の黙示の合意が存在するというのであるから，XがYに対して外国の特許を受ける権利を含めてその譲渡の対価を請求できるかどうかなど，本件譲渡契約に基づく特許を受ける権利の譲渡の対価に関する問題については，我が国の法律が準拠法となるというべきである。」

　「我が国の特許法が外国の特許又は特許を受ける権利について直接規律するものではないことは明らかであり（（…）1883年3月20日のパリ条約4条の2参照），特許法35条1項及び2項にいう「特許を受ける権利」が我が国の特許を受ける権利を指すものと解さざるを得ないことなどに照らし，同条3項にいう「特許を受ける権利」についてのみ外国の特許を受ける権利が含まれると解することは，文理上困難であって，

外国の特許を受ける権利の譲渡に伴う対価の請求について同項及び同条４項の規定を直接適用することはできないといわざるを得ない。

　しかしながら，同条３項及び４項の規定は，職務発明の独占的な実施に係る権利が処分される場合において，職務発明が雇用関係や使用関係に基づいてされたものであるために，当該発明をした従業者等と使用者等とが対等の立場で取引をすることが困難であることにかんがみ，その処分時において，当該権利を取得した使用者等が当該発明の実施を独占することによって得られると客観的に見込まれる利益のうち，同条４項所定の基準に従って定められる一定範囲の金額について，これを当該発明をした従業者等において確保できるようにして当該発明をした従業者等を保護し，もって発明を奨励し，産業の発展に寄与するという特許法の目的を実現することを趣旨とするものであると解するのが相当であるところ，当該発明をした従業者等から使用者等への特許を受ける権利の承継について両当事者が対等の立場で取引をすることが困難であるという点は，その対象が我が国の特許を受ける権利である場合と外国の特許を受ける権利である場合とで何ら異なるものではない。そして，特許を受ける権利は，各国ごとに別個の権利として観念し得るものであるが，その基となる発明は，共通する一つの技術的創作活動の成果であり，さらに，職務発明とされる発明については，その基となる雇用関係等も同一であって，これに係る各国の特許を受ける権利は，社会的事実としては，実質的に１個と評価される同一の発明から生じるものであるということができる。また，当該発明をした従業者等から使用者等への特許を受ける権利の承継については，実際上，その承継の時点において，どの国に特許出願をするのか，あるいは，そもそも特許出願をすることなく，いわゆるノウハウとして秘匿するのか，特許出願をした場合に特許が付与されるかどうかなどの点がいまだ確定していないことが多く，我が国の特許を受ける権利と共に外国の特許を受ける権利が包括的に承継されるということも少なくない。ここでいう外国の特許を受ける権利には，我が国の特許を受ける権利と必ずしも同一の概念とはいえないものもあり得るが，このようなものも含めて，当該発明については，使用者等にその権利があることを認めることによって当該発明をした従業者等と使用者等との間の当該発明に関する法律関係を一元的に処理しようというのが，当事者の通常の意思であると解される。そうすると，同条３項及び４項の規定については，その趣旨を外国の特許を受ける権利にも及ぼすべき状況が存在するというべきである。

　したがって，従業者等が特許法35条１項所定の職務発明に係る外国の特許を受ける権利を使用者等に譲渡した場合において，当該外国の特許を受ける権利の譲渡に伴う対価請求については，同条３項及び４項の規定が類推適用されると解するのが相当である。

　本件において，Ｘは，Ｙとの間の雇用関係に基づいて特許法35条１項所定の職務発明に該当する本件各発明をし，それによって生じたアメリカ合衆国，イギリス，フラ

ンス，オランダ等の各外国の特許を受ける権利を，我が国の特許を受ける権利と共に
Ｙに譲渡したというのである。したがって，上記各外国の特許を受ける権利の譲渡に
伴う対価請求については，同条３項及び４項の規定が類推適用され，Ｘは，Ｙに対
し，上記各外国の特許を受ける権利の譲渡についても，同条３項に基づく同条４項所
定の基準に従って定められる相当の対価の支払を請求することができるというべきで
ある。」

**【参考文献】**

22-①　木棚照一『国際工業所有権法の研究』（日本評論社，1989年）

22-②　金彦叔『国際知的財産権保護と法の抵触』（学術選書63，知的財産法）（信山社，2011年）

22-③　小泉直樹「いわゆる属地主義について」上智法学論集45巻１号（2001）１-40頁

22-④　河野俊行編『知的財産権と渉外民事訴訟』（弘文堂，2010年）

22-⑤　駒田泰土「ベルヌ条約と著作者の権利に関する国際私法上の原則」国際法外交雑誌98巻４号（1999）463-489頁

22-⑥　駒田泰土「著作権をめぐる国際裁判管轄及び準拠法について」年報６号63-85頁（2004年）

22-⑦　駒田泰土「職務著作の準拠法」知的財産法政策学研究５号（2005）29-49頁

22-⑧　申美穂「いわゆる『知的財産法における属地主義』の多義性とその妥協性」年報９号226-285頁（2007年）

22-⑨　田村善之「職務発明に関する抵触法上の課題」知的財産法政策学研究５号１-27頁（2005年）

22-⑩　出口耕自「競争法・知的財産法」国際法学会編『国際取引』（日本と国際法の100年）118-142頁（三省堂，2001年）

22-⑪　早川吉尚「国際知的財産法の解釈論的基盤」立教法学58号188-212頁（2001年）

22-⑫　松岡博編著『国際知的財産法の潮流』（帝塚山大学出版会，2008年）

22-⑬　山口敦子「雇用関係の中で創作された著作物の原始的著作権者の準拠法」年報14号100-121頁（2012年）

# 資　　料

## 1.　婚姻届（サンプル例）

# 婚　姻　届

平成13年　6月　4日届出

長　殿

| 受　理 | 平成　年　月　日 | 発　送 | 平成　年　月　日 |
|---|---|---|---|
| 第　　　　号 | | | 長印 |
| 送　付 | 平成　年　月　日 | | |
| 第　　　　号 | | | |

| 書類調査 | 戸籍記載 | 記載調査 | 調査票 | 附　票 | 住民票 | 通　知 |
|---|---|---|---|---|---|---|

| 字訂正 | | | 夫　に　な　る　人 | 妻　に　な　る　人 |
|---|---|---|---|---|
| 字削除 | | （よみかた） | はりかわ　けんいち | きたやま　のりこ |
| 字加入 | (1) | 氏　　名 | 堀川　憲一 | 北山　法子 |
| 印　印 | | 生年月日 | 昭和52年　4月　15日 | 昭和54年　10月　29日 |

| (2) | 住　　所 （住民登録をして いるところ） | 京都市北区上賀茂 岩ヶ垣内町×× 番地 番 | 京都市左京区修学院 泉殿町×× 番地 番 |
|---|---|---|---|
| | | 世帯主の氏名 堀川憲一 | 世帯主の氏名 北山　茂 |

| (3) | 本　　籍 （外国人のときは 国籍だけを書い てください） | 京都市北区紫野 宮東町×× 番地 番 | 京都市左京区修学院 泉殿町×× 番地 番 |
|---|---|---|---|
| | | 筆頭者の氏名 堀川　学 | 筆頭者の氏名 北山　茂 |

| | 父母の氏名 父母との続き柄 （他の養父母は その他の欄に 書いてください） | 父　堀川　学 | 続き柄 | 父　北山　茂 | 続き柄 |
|---|---|---|---|---|---|
| | | 母　　　いずみ | 長男 | 母　　　千賀 | 長女 |

| (4) | 婚姻後の夫婦の 氏・新しい本籍 | ☑夫の氏 ☐妻の氏 | 新本籍（左の☑の氏の人がすでに戸籍の筆頭者となっているときは書かないでください） 京都市北区上賀茂岩ヶ垣内町×× 番地 番 |
|---|---|---|---|

| (5) | 同居を始めたとき | 13年　6月 | （結婚式をあげたとき，または，同居を始めた ときのうち早いほうを書いてください） |
|---|---|---|---|

| (6) | 初婚・再婚の別 | ☑初婚　再婚（☐死別 ☐離別　年　月　日） | ☑初婚　再婚（☐死別 ☐離別　年　月　日） |
|---|---|---|---|

| (7) | 同居を始める 前の夫妻のそれ ぞれの世帯の おもな仕事と | 夫　妻 1．農業だけまたは農業とその他の仕事を持っている世帯 | |
|---|---|---|---|
| | | 夫　妻 2．自由業・商工業・サービス業等を個人で経営している世帯 | |
| | | 夫　妻 3．企業・個人商店等（官公庁は除く）の常用勤労者世帯で勤め先の従業者数が1人から99人ま での世帯（日々または1年未満の契約の雇用者は5） | |
| | | 夫✓　妻 4．3にあてはまらない常用勤労者世帯及び会社団体の役員のいる世帯（日々または1年未満の契約 の雇用者は5） | |
| | | 夫　妻 5．1から4にあてはまらないその他の仕事をしている者のいる世帯 | |
| | | 夫　妻 6．仕事をしている者のいない世帯 | |

| (8) | 夫妻の職業 | （国勢調査の年…　　　年…の4月1日から翌年3月31日までに届出をするときだけ書いてください） 夫の職業　　　　　　　　妻の職業 |
|---|---|---|

| | その 他 | |
|---|---|---|

| | 届出人 署名押印 | 夫　堀川　憲一　㊞ | 妻　北山法子　㊞ |
|---|---|---|---|

| | 事件簿番号 | 住所を定めた年月日 |
|---|---|---|
| | | 夫　　年　月　日 |
| | | 妻　　年　月　日 |

## 記入の注意

鉛筆や消えやすいインキで書かないでください。

この届は、あらかじめ用意して、結婚式をあげる日または同居を始める日に出すようにしてください。その日が日曜日や休日でも届けることができますが、できれば前もって窓口でみてもらっておいてください。

婚姻後の新住所地に住民登録をしていないときは、前住所地の役場の転出証明書をそえて転入届をしてください。

この届けと同時に転入届をだすときは、住所欄には新しい住所を書いてください。

夫または妻になる人が20歳に達していないときは、父母（養子のときは養父母）の同意書を添付するか、またはその他欄に「○○の婚姻に同意する」と記載して父母が署名押印してください。

| | | 証 人 | |
|---|---|---|---|
| 署　名　押　印 | | 嵯峨　治 ㊞ | 松尾政子 ㊞ |
| 生　年　月　日 | | 昭和23年　8月　27日 | 昭和31年　12月　21日 |
| 住　　　所 | | 京都市右京区太秦 上ノ段町×× 番地番号 | 京都市西京区桂 御所町×× 番地番号 |
| 本　　　籍 | | 京都市右京区太秦 上ノ段町×× 番地番 | 京都市西京区桂 御所町×× 番地番 |

→ 「筆頭者の氏名」には、戸籍のはじめに記載されている人の氏名を書いてください。

→ 父母がいま婚姻しているときは、母の氏は書かないで、名だけを書いてください。
養父母についても同じように書いてください。

→ □には、あてはまるものに☑のようにしるしをつけてください。
外国人と婚姻する人が、まだ戸籍の筆頭者となっていない場合には、新しい戸籍がつくられますので、希望する本籍を書いてください。

→ 再婚のときは、直前の婚姻について書いてください。
内縁のものはふくまれません。

京都市内の区役所（支所・出張所）へ届けるときに必要なもの
　夫および妻になる人の本籍地がともに同じ区役所（支所・出張所）の管轄で、その区役所（支所・出張所）に出すとき　→届書1通
　夫または妻になる人のどちらかの本籍地の区役所（支所・出張所）に出すとき　→届書1通と本籍地でない者の戸籍謄本1通
　夫および妻になる人がともに本籍地でない住所地等の区役所（支所・出張所）に出すとき　→届書1通と夫および妻になる人の戸籍謄本各1通
届出人や証人の印はそれぞれ別のものを使用し朱肉で押印してください。

届け出られた事項は、人口動態調査（統計法に基づく指定統計第5号、厚生労働省所管）にも用いられます。

| 本人確認処理 | | |
|---|---|---|
| 届出人 | 確認内容 | |
| 夫 | 来，済（免・旅・　　）・通知 | |
| 妻 | 来，済（免・旅・　　）・通知 | |

→ 婚姻前の氏名でかならず本人がかいてください。

| 持参するもの | 連　絡　先 |
|---|---|
| 届出人の印鑑 | 電話（　　　）　　　番 自宅・勤務先・呼出（　　　） |

| 使者 | 住所 | | | |
|---|---|---|---|---|
| | 氏名 | | 確認 | 済（免・旅・　　）・未 |

## 2.　離婚届（サンプル例）

# 離　婚　届

平成 18 年 10 月　2 日届出

　　　　長　殿

| 受理 | 平成　　年　　月　　日 | 発送 | 平成　　年　　月　　日 |
| --- | --- | --- | --- |
| | 第　　　　　号 | | 長 印 |
| 送付 | 平成　　年　　月　　日 | | |
| | 第　　　　　号 | | |

| 書類調査 | 戸籍記載 | 記載調査 | 調査票 | 附票 | 住民票 | 通知 |
| --- | --- | --- | --- | --- | --- | --- |
| | | | | | | |

| | | | | |
| --- | --- | --- | --- | --- |
| (1) | 氏　名 | （よみかた） | 夫　ほりかわ　　　けんいち | 妻　ほりかわ　　　　のりこ |
| | | | 堀　氏川　　憲　名一 | 堀　氏川　　法子　名 |
| | 生年月日 | | 昭和52年　4月　15日 | 昭和54年　10月　29日 |
| | 住　所 | | 京都市北区上賀茂 | 京都市北区紫野 |
| | （住民登録をしているところ） | | 岩ヶ垣内町××　番地　号 | 御所田町××　番地　号 |
| | | 世帯主の氏名 | 堀川憲一 | 世帯主の氏名　堀川法子 |
| (2) | 本　籍 外国人のときは国籍だけを書いてください | | 京都市北区上賀茂岩ヶ垣内町××　番地　号 | |
| | | 筆頭者の氏名 | 堀川憲一 | |
| | 父母の氏名 父母との続き柄 （他の養父母はその他の欄に書いてください） | | 夫の父　堀川　学　　続き柄 | 妻の父　北山　茂　　続き柄 |
| | | | 母　　いずみ　長男 | 母　　千賀　長女 |
| (3)(4) | 離婚の種別 | | ☑協議離婚 □調停　　年　　月　　日成立 □審判　　年　　月　　日確定 | □和解　　年　　月　　日成立 □請求の認諾　年　　月　　日認諾 □判決　　年　　月　　日確定 |
| | 婚姻前の氏にもどる者の本籍 | | □夫　　は　□もとの戸籍にもどる ☑妻　　　　☑新しい戸籍をつくる | |
| | | | 京都市左京区下鴨塚本町××　番地　号 | 筆頭者の氏名　堀川法子 |
| (5) | 未成年の子の氏　名 | | 夫が親権を行う子 | 妻が親権を行う子　堀川　優護 |
| (6)(7) | 同居の期間 | | 13年　6月　から （同居を始めたとき） | 18年　4月　まで （別居したとき） |
| (8) | 別居する前の住　所 | | 京都市北区上賀茂岩ヶ垣内町××　番地　号 | |
| (9) | 別居する前の世帯のおもな仕事と | | □1．農業だけまたは農業とその他の仕事を持っている世帯 □2．自由業・商工業・サービス業等を個人で経営している世帯 □3．企業・個人商店等（官公庁は除く）の常用勤労者世帯で勤め先の従業者数が1人から99人までの世帯（日々または1年未満の契約の雇用者は5） ☑4．3にあてはまらない常用勤労者世帯及び会社団体の役員の世帯（日々または1年未満の契約の雇用者は5） □5．1から4にあてはまらないその他の仕事をしている者のいる世帯 □6．仕事をしている者のいない世帯 | |
| (10) | 夫妻の職業 | | （国勢調査の年・・・　年・・・の4月1日から翌年3月31日までに届出をするときだけ書いてください） 夫の職業 | 妻の職業 |
| | その他 | | | |
| | 届出人署名押印 | | 夫　堀川憲一　㊞ | 妻　堀川法子　㊞ |
| | 事件簿番号 | | | |

記入の注意
鉛筆や消えやすいインキで書かないでください。
筆頭者の氏名欄には、戸籍のはじめに記載されている人の氏名を書いてください。
本籍地でない役場に出すときは、2通または3通出してください。（役場が相当と認めたときは、1通で足りることもあります。）。また、そのさい戸籍謄本も必要です。
そのほかに必要なもの　調停離婚のとき → 調停調書の謄本
　　　　　　　　　　　審判離婚のとき → 審判書の謄本と確定証明書
　　　　　　　　　　　和解離婚のとき → 和解調書の謄本
　　　　　　　　　　　認諾離婚のとき → 認諾調書の謄本
　　　　　　　　　　　判決離婚のとき → 判決書の謄本と確定証明書

| 証　人 （協議離婚のときだけ必要です） | | |
|---|---|---|
| 署　名 押　印 | 嵯峨　治　㊞ | 松尾　政子　㊞ |
| 生年月日 | 昭和23年 8月 27日 | 昭和31年 12月 21日 |
| 住　所 | 京都市右京区太秦 上ノ段町×× 番地番号 | 京都市西京区桂 御所町×× 番地番 |
| 本　籍 | 京都市右京区太秦 上ノ段町×× 番地 | 京都市西京区桂 御所町×× 番地番 |

父母がいま婚姻しているときは、母の氏は書かないで、名だけを書いてください。
養父母についても同じように書いてください。
□には、あてはまるものに□のようにしるしをつけてください。

今後も離婚の際に称していた氏を称する場合には、左の欄には何も記載しないでください（この場合にはこの離婚届と同時に別の届書を提出する必要があります。）。

同居を始めたときの年月は、結婚式をあげた年月または同居を始めた年月のうち早いほうを書いてください。

届け出られた事項は、人口動態調査（統計法に基づく指定統計第5号、厚生労働省所管）にも用いられます。

未成年の子がいる場合は、次の□のあてはまるものにしるしをつけてください。
（面会交流）
　☑取決めをしている。
　□まだ決めていない。
（養育費の分担）
　☑取決めをしている。
　□まだ決めていない。

未成年の子がいる場合に父母が離婚をするときは、面会交流や養育費の分担など子の監護に必要な事項についても父母の協議で定めることとされています。この場合には、子の利益を最も優先して考えなければならないこととされています。

## 3. 売買契約書*

## PURCHASE ORDER

Date:

Purchase Order No.:

Seller: Tompkins Company
100 County Road
Seattle, Washington
U. S. A.

Buyer: Merlin Enterprise, Inc.
235 Orchard Road, Singapore

Ship to: Merlin Xandoria, Co.
123 Main Street, Xandoria City
Xandoria

| Item Name / Product Number | Quantity | Unit Price | Total Amount |
|---|---|---|---|
| 5 Pack Paper Towel (TPT011) | 10,000 | US$15 | US$150,000 |

Subtotal: US$150,000
Tax Rate: 7%
Tax: US$10,500
Total: US$160,500

Special Instructions: [＿＿＿＿＿＿＿＿＿]

Approved by                           Acknowledged by
(Purchaser's authorized signatory):   (Tompkins's authorized signatory)

_____              _____

Date:                                 Date:

# GENERAL TERMS AND CONDITIONS

The following terms and conditions apply to this contract unless otherwise specified on the face hereof and/or agreed upon in writing:

## 1. SHIPMENT
The date of the bill of lading shall be accepted as a conclusive date of shipment. Partial shipment is allowed.

## 2. PAYMENT
Buyer shall cause to be opened an irrevocable letter of credit in favor of Seller for the payment of 100% of the contract price within such number of days as notified by Seller to Buyer. Such letter of credit shall be maintained until payment in full of the contract price. The letter of credit shall be opened by such a bank and upon such terms as are acceptable to Seller. Seller's obligation to ship the goods specified on the face hereof ("Goods") shall be conditioned upon the issuance of such letter of credit.

## 3. TAXES
Buyer agrees that all payments to be made hereunder shall be made without setoff or counterclaim and free and clear of, and without deduction for, any taxes, levies, imposts, duties, charges, fees, deductions, withholdings or restrictions or conditions of any nature whatsoever now or hereafter imposed, levied, collected, withheld or assessed by any country or by any political subdivision or taxing authority thereof or therein.

## 4. INCREASED COSTS
If Seller's cost of performance is increased after the date of this contract by reason of increase of freight rates, taxes, other governmental charges, packing charges, insurance rates including war risk, or other cause which is beyond Seller's reasonable control, then Buyer shall compensate Seller for such increased costs or damages or losses.

## 5. DELIVERY
The delivery of Goods shall be made according to the trade terms described on the face hereof. The trade terms shall be interpreted according to INCOTERMS 2010, published by the International Chamber of Commerce.

## 6. TITLE AND RISK
Risk of loss or damage to Goods shall be transferred from Seller to Buyer at the same time as delivery of Goods under paragraph 5 above. Title to Goods shall pass from Seller to Buyer simultaneously with the transfer of risk of loss unless the face hereof contains the term "retention of title" or similar expression, in which event title to Goods shall be retained by Seller until full payment of the contract price is made by Buyer.

## 7. INSURANCE & FREIGHT
If Seller is to effect insurance according to the trade terms, such insurance shall be effected by Seller for 10% over the invoice amount. Any unforeseen increase in freight and/or marine and war risk insurance premium, subsequent to the date of this contract, shall be for Buyer's account.

## 8. INSPECTION
If the Seller or its designee of conducts an inspection of Goods prior to shipment, such inspection shall be considered final. When it is agreed that Buyer will conduct an additional inspection, Buyer must inform Seller of the identity of its appointed inspector at the time of the formation of this contract and such inspection fees shall be borne by Buyer.

## 9. WARRANTY
SELLER HEREBY DISCLAIMS ANY AND ALL WARRANTIES WITH RESPECT TO GOODS, EXPRESSED OR IMPLIED, INCLUDING, BUT NOT LIMITED TO, WARRANTIES OF MERCHANTABILITY, FITNESS FOR A SPECIFIC PURPOSE, INTELLECTUAL PROPERTY RIGHTS AND WARRANTIES AGAINST DEFECTS OF GOODS UNDER APPLICABLE LAWS.

## 10. CLAIMS
Any claim by Buyer regarding Goods shall be notified by Buyer to Seller within thirty (30) days after the arrival thereof at the destination specified in the relative Bill of Lading. If Buyer claims for alleged breach of warranties, Buyer shall, together with such notice, submit an independent surveyor's report and full and final written statement specifying the particulars of all defects which Buyer has discovered. In the event Buyer fails to provide such notice (and the report and the written statement, if applicable) within such thirty (30) days period, Buyer shall be deemed to have waived any claim with respect to Goods and Seller shall not be liable therefor. With respect to a defect in Goods properly notified by Buyer, Seller shall repair, replace or otherwise cure such defect as Seller deems fit, which shall be exclusive of any other remedy provided by law.

資　料

## 11. INTELLECTUAL PROPERTY
Seller shall not be responsible for any infringement of patent, trademark, design, copyright or other intellectual property rights with respect to Goods. Nothing contained herein shall be construed as transferring any intellectual property rights in Goods.

## 12. FORCE MAJEURE
If the performance of this contract, including the shipment of Goods, is prevented or delayed in whole or in part by reason of any prohibition of export, refusal to issue export license or other governmental restriction, war, revolution, riot, strike or other labor dispute, fire, flood, typhoon, peril or accident of the sea or any other cause beyond the reasonable control of Seller, then Seller shall not be liable for non-shipment or late shipment of Goods, and Buyer must accept any shipment made within a reasonable time after the termination of the aforesaid cause, or, at Seller's option, must accept the termination of all or any part of this contract if such event exceeds a sixty (60) day period.

## 13. PACKING
The make-up, packing, packaging and marking shall be at Seller's option.

## 14. EVENT OF DEFAULT
In the event (i) Buyer breaches any of the terms and conditions of this contract or any other agreement(s) with Seller, (ii) Buyer becomes or threatens to become insolvent or unable to pay its debts when due, (iii) the whole or any substantial part of the business of Buyer is transferred to a third party by agreement, order of court or otherwise, (iv) a receiver, trustee or similar officer for it or for all or a substantial part of its property or assets is and/or shall be appointed for Buyer and/or any bankruptcy, insolvency, reorganization, arrangement, dissolution, liquidation or similar proceeding relating to it under the laws of any jurisdiction is instituted by or against Buyer and/or (v) any other event occurs which could in the reasonable opinion of Seller have a material adverse effect on the ability of Buyer to perform any of its obligations hereunder or under any other agreement(s) with Seller, then Seller shall have the right to (i) terminate all or any part of this contract or any other agreement(s) with Seller and/or (ii) postpone or suspend shipment of or delivery of Goods, and all outstanding sums paid to Seller under this contract or any other agreement(s) with Seller shall, upon the occurrence of such event, be immediately due and payable to Seller. Buyer shall pay to Seller default interest on such sum(s) at fifteen percent (15%) per annum during the period from and including the due date thereof but not including the date of the payment in full of said sum(s) (both before and after judgment). Buyer shall be obligated under this paragraph without any requirement that Seller send any notice of default in the payment and it shall be presumed any such required notice was delivered by way of the occurrence of such event.

## 15. LIMITATION OF LIABILITY
IN NO EVENT SHALL SELLER BE LIABLE FOR ANY INCIDENTAL, SPECIAL, INDIRECT OR CONSEQUEN-TIAL DAMAGES OF BUYER, INCLUDING WITHOUT LIMITATION, LOSS OF PROFITS OR OTHER ECO-NOMIC LOSS, THAT MAY ARISE UNDER OR IN CONNECTION WITH THIS CONTRACT. TOTAL LIABIL-ITY OF SELLER UNDER THIS CONTRACT, WHETHER BASED ON CONTRACT, TORT OR OTHERWISE, SHALL NOT EXCEED 100% OF THE CONTRACT PRICE.

## 16. GOVERNING LAW
This contract shall be governed in all respects by the laws of the State of Washington, without regard to conflict of law principles. United Nations Convention on Contracts for the International Sale of Goods shall not apply to this contract.

## 17. ARBITRATION
In the event any controversies or differences arise between the parties out of this contract, they shall consult with each other and use their best efforts to settle such disputes, controversies or differences. In the event that any dispute or controversy arising out of or relating to this contract, including the breach of any material term(s), condition(s) or provision(s) herein has not been settled within thirty (30) days after such dispute or controversy is first raised by either party, such dispute or controversy shall be finally settled by arbitration, which shall be held in Seattle, Washington, U. S. A., in accordance with the Rules of Arbitration of the International Chamber of Commerce conducted in English. The decision of the arbitrators shall be final and binding on the parties hereto and will be enforceable in any court of competent jurisdiction. In any arbitration proceeding hereunder, the arbitrator(s) are authorized to award reasonable attorney's fees and other arbitration-related costs to the prevailing party. Notwithstanding the foregoing, either party hereto shall be entitled to seek injunctive relief or any other provisional remedy in a court of competent jurisdiction.

*Reproduced with permission from Mitsuru Chino, *A Lawyer's Introduction to Cross-Border Deals*, (forthcoming).

# 事 項 索 引

## 【た　行】

事項索引

# 判 例 索 引

## 【地方裁判所】

## 【家庭裁判所】

■執筆者紹介（執筆順，＊は編著者）

＊野村　美明（のむら　よしあき）　大阪大学特任教授
担当：第1章，第12章，第13章，第16章，第19章，第20章

＊高杉　直（たかすぎ　なおし）　同志社大学法学部教授
担当：第2章，第9章，第10章

＊長田　真里（ながた　まり）　大阪大学大学院法学研究科教授
担当：第3章，第6章，第8章

小池　未来（こいけ　みく）　富山大学経済学部講師
担当：第4章

黄　軔霆（こう　じんてい）　帝塚山大学法学部教授
担当：第5章，第11章

岩本　学（いわもと　まなぶ）　富山大学経済学部准教授
担当：第7章

中林　啓一（なかばやし　けいいち）　広島修道大学法学部准教授
担当：第14章

小野木　尚（おのぎ　ひさし）　大阪経済法科大学准教授
担当：第15章

山口　敦子（やまぐち　あつこ）　名城大学法学部准教授
担当：第17章

藤澤　尚江（ふじさわ　なおえ）　筑波大学ビジネスサイエンス系准教授
担当：第18章

西岡　和晃（にしおか　かずあき）　大和大学政治経済学部講師
担当：第21章

羽賀由利子（はが　ゆりこ）　金沢大学人間社会研究域法学系准教授
担当：第22章

Horitsu Bunka Sha

## 新・ケースで学ぶ国際私法

2008年 5 月30日　初　版第 1 刷発行
2014年11月25日　第 2 版第 1 刷発行
2020年 4 月15日　新　版第 1 刷発行

編著者　　野村美明・高杉　直
　　　　　長田真里

発行者　　田　靡　純　子

発行所　　株式会社 法律文化社

〒603-8053
京都市北区上賀茂岩ヶ垣内町71
電話 075(791)7131　FAX 075(721)8400
https://www.hou-bun.com/

印刷：共同印刷工業㈱／製本：㈱藤沢製本
装幀：白沢　正

ISBN978-4-589-04077-0
©2020 Y. Nomura, N. Takasugi, M. Nagata
Printed in Japan

松岡 博編［αブックス］

# レクチャー国際取引法〔第2版〕

A 5 判・312頁・3000円

問題指向型アプローチに基づく設例の具体的叙述と，コラムや図表を通じた親しみやすさを追求した入門書の改訂版。国際ビジネスの実務動向を反映させたほか，新規立法や重要判例にも目配りをして内容をアップデート。

---

松岡博著／高杉 直補訂

# 国際関係私法講義〔改題補訂版〕

A 5 判・400頁・3700円

著者の国際私法方法論の一端を示し好評を博した旧著『現代国際私法講義』（2008年）の改題補訂版。補訂にあたり，国際取引法を追加し，司法試験選択科目にも対応した。

---

小林友彦・飯野 文・小寺智史・福永有夏著

# WTO・FTA法入門〔第2版〕
―グローバル経済のルールを学ぶ―

A 5 判・228頁・2400円

WTOを重視する従来の書籍とは一線を画し，FTAの役割もふまえ両者をバランスよく学べる。米国トランプ政権の保護主義的政策，WTO紛争処理手続の機能不全，日 EU 経済連携協定，日米貿易協定，TPP11など最新動向を補足。

---

日本国際経済法学会編／村瀬信也編集代表

# 国 際 経 済 法 講 座 Ⅰ
―通商・投資・競争―

A 5 判・516頁・6000円

この20年間の国際経済法の主役たる WTO の動態分析を中心に公法秩序の鳥瞰図を示す。存在感を増す FTA，EPA 等の地域経済統合，独自の発展を遂げる投資家・国際仲裁制度，国際競争法のグローバルな展開を取り上げる。

---

日本国際経済法学会編／柏木 昇編集代表

# 国 際 経 済 法 講 座 Ⅱ
―取引・財産・手続―

A 5 判・506頁・6000円

グローバル経済が各国政策や企業行動に与えた影響を私法の面から分析する。法の適用に関する通則法や対外国民事裁判権法の成立，日本の CISG への加入など国際取引法の流れを分析するとともに知的財産法等にも論究。

―法律文化社―

表示価格は本体（税別）価格です